START WITH
WHY

START WITH WHY

START WITH WHY

SIMON SINEK

New York Times bestselling author of ***Leaders Eat Last*** and ***The Infinite Game***

HOW GREAT LEADERS INSPIRE
EVERYONE TO TAKE ACTION

세계사

리더 중에는 조직을 이끄는 이와 사람을 움직이는 이가 있다.
조직을 이끄는 리더는 권력과 영향력을 차지한다.
사람을 움직이는 리더는 우리에게 열의를 불어넣는다.

우리는 결국 사람을 움직이는 진정한 리더를 따른다.
의무가 아니라 자발적인 마음으로 따른다.
리더가 아니라 자신을 위하는 마음으로 따른다.

이 책은 누군가에게 열의를 불어넣고 싶은 사람
그리고 열의를 받고자 하는 사람을 위해 썼다.

차례

지은이의 말 WHY를 발견하다

인생에서 매우 중요한 시기에 WHY(왜)라는 개념을 처음 발견했다. 학문이나 이론 개념을 찾으려고 한 것은 아니었다. 당시 나는 일에 싫증이 나서 어둠 속을 헤매고 있었다. 직업이나 일에는 아무 문제가 없었는데도 더 이상 일에서 흥미가 느껴지지 않았다. 겉으로 드러나는 모습만 보면 수입이 좋았고 대형 고객사도 확보했으니 행복해야 마땅했다. 그러나 행복하지 않았고 성취감도 느낄 수 없었다. 나는 열정을 다시 불태울 방법을 찾아야만 했다.

그러던 중 WHY를 발견했고 세상을 바라보는 시각이 완전히 바뀌었다. 나만의 WHY를 발견한 후로 인생의 어느 때보다 큰 열정을 느꼈다. 간단하고 강력하며 실행으로 옮길 수 있는 이 개념을 친구들에게 전했다. WHY를 알게 된 그들은 깊은 영감을 받아 삶의 큰 변화를 이뤄나갔다. 그 후 친구들은 주변의 소중한 사람에게 WHY를 전하고 싶어 했고 내게 그 역할을 부탁했다. 그렇게 WHY라는 개념이 퍼지기 시작했다.

나는 직접 실험 대상자가 되어보기로 결심했다. 실행에 옮겨보지도 않은 일을 타인에게 알리고 권하는 것은 옳지 않아 보였기 때문이다. 그래서 이 개념을 최대한 실천으로 옮겼고 많은 변화를 이루었다. 내가 WHY라는 메시지를 전하는 사람이 된 이유는 바로 내가 삶에서 이룬 변화를 사람들에게 알리기 위해서다.

이제는 WHY의 개념을 책으로 설명할 기회를 얻은 덕분에 직접 나서지 않고도 널리 퍼뜨릴 수 있게 됐다. 당시 내 일에는 전속 마케팅 담당자가 없었다. 언론보도도 드문드문했다. 그런데도 테드TED에 소개된 내 강연 영상이 널리 퍼진 이유는 소셜 미디어 홍보 전략 때문이 아니었다. 강연 메시지에 공감한 사람들이 다른 이들에게 이를 전했기 때문이었다.

WHY로 시작하는 방법을 알게 된 조직이나 사람이 늘어날수록 많은 사람이 일로써 깊은 성취감을 느끼며 열의로 가득 찬 아침을 맞이할 것이다. 그것이 바로 내가 WHY를 널리 알려야 할 최고의 이유라고 생각한다.

열의를 불태우자!

뉴욕에서

사이먼 시넥

들어가며 세상을 바꾼 이들의 공통점

이 책은 사람들에게 열의를 주는 뛰어난 리더의 사고방식과 행동 특징, 의사전달 방법을 다룬다. 열의를 불어넣는 능력을 타고난 리더도 있겠지만 이를 선천적인 역량이라고 단정할 필요는 없다. 우리는 모두 이 능력을 개발할 수 있다. 어떤 리더나 조직이든 몇 가지 원칙만 지킨다면 사람들이 아이디어를 내고 비전을 추구하도록 열의를 주는 일이 가능해진다. 누구나 리더가 되는 방법을 익힐 수 있다.

이 책은 결점을 바로잡는 데만 목적을 두지 않는다. 저마다의 장점에 집중해 바람직한 결과를 만들어내는 방법을 알려주는 데 목적이 있다. 나는 기존에 제시되었던 해결책이 틀렸다고 생각하지 않는다. 온전한 근거를 기초로 하는 해답은 더없이 타당하기 때문이다. 그러나 잘못된 질문에서 출발하거나 대의를 이해하지 못하면 결국 잘못된 길로 빠질 수밖에 없다.

방향이 어긋난 일은 언젠가 드러나기 마련이다.

지금부터 뛰어난 리더에게 공통적으로 나타나는 성향을 소개하고자 한다. 이들은 모두 WHY로 시작한다.

1.

야심 찬 목표, 대중의 폭발적인 관심, 서로 돕겠다고 자청하는 전문가들, 풍부한 자금.

1900년대 초반, 성공에 필요한 조건을 두루 갖춘 새뮤얼 피어폰트 랭글리Samuel Pierpont Langley는 인류 최초로 비행기 조종사가 될 준비를 시작했다. 그는 스미스소니언협회Smithsonian Institution 고위 관료이자 저명한 수학과 교수였고, 하버드 대학교에 재직했던 인물이다. 앤드루 카네기Andrew Carnegie나 알렉산더 그레이엄 벨Alexander Graham Bell과 같이 유명한 정재계 인사와도 친분이 있었다. 미 육군성은 랭글리의 프로젝트에 5만 달러를 지원했다. 당시로서는 굉장한 금액이었다. 랭글리는 재능과 기술이 뛰어난 당대 최고 인재들과 함께 드림팀을 결성했다. 팀은 최고의 자원을 갖췄고, 언론은 그들이 가는 곳이라면 어디든 쫓아다녔다. 전 국민이 이 프로젝트에 관심을 쏟았고, 하루빨리 성공 기사가 나기를 기다렸다. 그가 꾸린 드림팀과 풍부한 자원으로 보아 성공은 보장된 듯했다. 하지만 세계 최초로 비행기를 띄운 주인공은 따로 있었다.

바로 랭글리와 몇백 킬로미터 떨어진 곳에서 비행기를 발명하는 데 열중하던 윌버 라이트Wilbur Wright와 오빌 라이트Orville Wright 형제였다. 형제의 열정이 대단했던 나머지 고향 오하이오주 데이턴Dayton 주민 몇몇은 그들에게서 영감을 받았고, 함께 팀을 이뤄 열정적으로 헌신했다. 랭글리와 달리 라이트 형제에게 지원금을 주는 사람은 아무도 없었다. 그들에겐 정부 보조금도, 고위층 인맥도 없었다. 팀원 가운데 석사나 박사 학위는커녕 대학 문턱을 밟아본 사람도 없었다. 형제 역시 마찬가지였다. 그들은 초라한 자전거 가게에 모여 비전을 실현하기 위해 힘을 모았다. 1903년 12월 17일, 라이트 형제는 마침내 인류 최초로 하늘을 비행하는 데 성공했다.

더 뛰어난 능력을 갖추고 자금이나 교육 수준도 앞선 랭글리는 실패하고, 라이트 형제가 성공을 거둔 이유는 무엇이었을까?

그저 운의 문제는 아니었다. 라이트 형제와 랭글리는 모두 동기가 확실했다. 양쪽 다 열심히 했고 과학적 사고도 뛰어났다. 그들은 같은 목표를 추구했다. 하지만 주변에 영감을 주고, 세상을 바꿀 기술을 개발하도록 팀을 이끈 진정한 리더는 라이트 형제였다. 이는 형제가 WHY에서 시작했기 때문이다.

2.

1965년 캘리포니아 대학교 버클리 캠퍼스University of California, Berkeley에서는 미국의 베트남전쟁 참전을 반대하고자 학생들이 입영 통지서를 공개적으로 불태우는 일이 일어났다. 이 지역은 반정부, 반체제 정서의 온상지였다. 버클리와 오클랜드Oakland에서 발생한 무력 충돌과 폭동 장면은 세계 곳곳에 방영됐고, 미국 전역과 유럽에서 반전 지지 운동이 벌어졌다. 결국 미국은 군사 개입을 중단했다. 그로부터 3년이 지난 1976년, 이 지역에선 다른 혁명의 불씨가 타오르기 시작했다.

당시 젊은 혁명가들은 세상이 돌아가는 방식에 도전장을 내밀며 새로운 영향을 미치고자 했다. 이들은 권위주의 체제에 돌을 던지거나 무기를 드는 방식으로 대항하지 않고, 자기만의 방법으로 기존 체제를 뒤엎었다. 애플 컴퓨터Apple Computer 공동 창립자 스티브 워즈니악Steve Wozniak과 스티브 잡스Steve Jobs도 그런 혁명가였다. 두 사람은 비즈니스 분야를 전장으로 삼았고 무기로 퍼스널 컴퓨터를 택했다.

워즈니악이 애플I을 내놓았을 때는 퍼스널 컴퓨터 혁명이 꿈틀대기 시작하던 시기였다. 서서히 주목받기 시작한 컴퓨터는 주로 비즈니스 도구로 여겨졌다. 개인이 사용하기에는 너무 고가의 장비였고 다루기가 복잡했기 때문이다. 워즈니악은 컴퓨터로 숭고한 목적을 이루고자 했다. 그는 퍼스널 컴퓨터를 평범한 사람이 기업에 맞서도록 해줄 도구라고 생각했다. 개인이 컴퓨터를 소유하면 풍부한 자원을 갖춘 기업과 같은 수준의 일을 수행할 수 있다고 믿었다. 퍼스널 컴퓨터는 공정한 경쟁의 장을 펼쳐주고 세상이 돌아가는 방식을 바꿔줄 물건이었다. 워즈니악은 적당한 가격에 사용하기 쉬운 애플Ⅰ을 개발했고, 이어 한층 더 개선된 애플Ⅱ를 내놓았다.

그러나 혁신적인 아이디어와 제품도 팔리지 않으면 아무런 소용이 없는 법이다. 워즈니악의 절친한 친구였던 스물한 살 스티브 잡스는 애플을 알릴 방법을 분명히 이해하고 있었다. 잉여 전자 부품을 판매한 경험이 있었던 잡스에게는 뛰어난 세일즈맨 그 이상의 능력이 있었다. 그는 세상에 큰 영향을 미치고 싶어 했고 회사를 세워 이를 이루려고 했다. 애플은 잡스가 혁명의 불씨를 지피기 위해 사용한 도구였다.

애플은 창립 첫해 단 한 가지 제품으로 매출 100만 달러를 기록했고, 다음 해에는 1,000만 달러, 4년 차에는 무려 1억 달러를 기록했다. 애플 컴퓨터는 단 6년 만에 직원 3,000명에 매출 10억 달러를 달성한 회사가 됐다.

퍼스널 컴퓨터 혁명에 참여한 사람은 잡스와 워즈니악만이 아니었다. 당시 업계에는 특출난 사람이 많았고, 잡스와 워즈니악은 오히려 비즈니스를 잘 모르는 편에 속했다. 애플이 특별한 까닭은 두 사람에게 기업을 빠르게 성장시키는 능력이나 퍼스널 컴퓨터를 차별화할 기술이 있었기 때문이 아니다. 애플이 그토록 특별해진 이유는 특정 패턴을 끊임없이 반복했기 때문이다. 애플은 다른 경쟁사와 달리 컴퓨터뿐 아니라 소형 가전, 음악, 휴대전화, 광범위한 엔터테인먼트 등 다양한 산업 분야에서 관습에 도전하는 데 성공했다. 이유는 간단하다. 애플은 사람들에게 영감을 주며 WHY로 시작하는 조직이었다.

3.

평범한 한 사람이 있었다. 미국의 민권법이 제정되기 전, 그는 여러 어려움을 겪고 있었다. 당시 민권 문제로 고통받는 사람은 그만이 아니었다. 따라서 이 주제로 힘 있는 목소리를 낼 만한 사람은 많았다. 하지만 그들 중 마틴 루서 킹Martin Luther King Jr. 목사에게는 특별한 재능이 있었다. 바로 사람들에게 열의를 불어넣는 법을 아는 것이었다.

킹 목사는 민권운동을 성공시켜 진정한 변화를 이루려면 자신과 측근만으로 충분하지 않다는 사실을 깨달았다. 국가를 바꾸려면 기운을 북돋우는 말과 설득력 있는 연설만으로는 부족했다. 평범한 시민 수만 명이 하나의 비전을 위해 단결해야 했다. 1963년 8월 28일 오전 11시, 그들은 워싱턴에서 '새로운 길로 나아가야 할 때'라는 메시지를 전했다.

민권운동을 주도한 사람들이 수천 장의 집회 초청장을 뿌리거나 날짜를 확인할 수 있는 웹사이트를 개설한 것도 아닌데 수많은 사람이 몰려들기 시작했다. 오고 또 왔다. 그렇게 총 25만 명이 나라의 수도에 모였다. 미국을 변화로 이끌어 역사에 길이 남을 리더가 "I Have a Dream"(나에게는 꿈이 있습니다)이라고 연설하는 장면을 보기 위해서였다.

전국 각지에서 인종과 민족을 불문한 사람들을 한날한시에 끌어모으려면 특별한 능력이 필요했다. 모든 이의 민권을 보장하는 국가가 되는 방법을 아는 사람은 많았지만, 이것이 실현되도록 사람들을 이끌 리더는 마틴 루서 킹뿐이었다. 오직 그만이 WHY로 시작했기 때문이다.

◆◆◆

세상에는 그저 조직만 이끄는 리더와 사람을 이끄는 진정한 리더가 있다. 그러나 진정한 리더라고 해서 반드시 강한 주자인 것은 아니다. 애플은 당시 컴퓨터 시장에서 미국 점유율 6퍼센트, 세계 점유율은 3퍼센트로 컴퓨터 제조기업 중 선두주자라고 보기는 어려운 수준이었다. 그런데도 그들은 업계 변화를 주도하며 다른 산업에서도 두각을 드러냈다. 마틴 루서 킹 또한 경력이 특별하지 않았지만 한 나라의 변화를 이끌었다. 라이트 형제는 유인 동력 비행기를 발명하는 경쟁에서 우세한 주자가 아니었는데도 인류 최초로 비행 기술의 새 시대를 여는 데 성공했고 세상을 완전히 변화시켰다.

그들의 목표는 남들과 다르지 않았고 세운 체계와 행동 과정 또한 쉽게 따라 할 수 있었다. 하지만 라이트 형제와 애플, 마틴 루서 킹은 돋보이는 인물이었다. 좁은 길을 택한 그들의 영향력은 쉽게 모방할 수 없었다. 그들은 특별한 일을 해낸 극소수의 진정한 리더였고 우리에게 깊은 영감을 주었다.

많은 조직은 사람들이 특정 목표를 실천할 만한 동기를 부여하고 싶어 한다. 그중 어떤 이들은 구매 욕구를 북돋우려 한다. 어떤 이들은 지지나 투표를 호소한다. 어떤 이들은 사람들이 더 성실하고 똑똑하게 일할 수 있도록 의욕을 주려고 하며, 또 다른 이들은 그저 규칙만 따라주기를 바라기도 한다. 사람들에게 동기를 주는 일은 그리 어렵지 않다. 이는 대개 외부 요인과 연관이 있다. 매력적인 보상을 제안하거나 처벌 위협을 가하면 원하는 행동을 끌어낼 수 있다. 제너럴모터스General Motors, GM는 이런 방법을 써서 소비자가 자사 제품을 선택하도록 유도하는 데 크게 성공했고, 약 80년 동안 전 세계 자동차 기업 중 가장 많은 차를 판매했다. GM이 업계를 선도한 것은 사실이지만 결과적으로 그들이 진정한 리더는 아니었다.

반면 진정한 리더는 사람들이 자발적으로 행동하도록 마음 깊이 열의를 준다. 이들은 성과 보상이나 혜택 같은 요인과 별개로 사람들에게 목적의식이나 소속감을 심어줄 수 있다. 진정한 리더는 설득이 아니라 의지를 불어넣어 행동을 끌어낸다. 의지로 충만한 사람은 행동에 자발적인 동기가 있다. 이런 사람들은 성과 보상에 휘둘리지 않는다. 더 높은 가격이나 불편함을 감수하며 심지어 개인적인 고통도 마다하지 않는다. 타인에게 열의를 주는 리더는 자신을 따르는 사람들이 스스로 전체에 이익이 되는 행동을 하게끔 만든다.

누군가에게 열의를 줄 수 있는 조직이나 리더는 형태와 규모가 매우 다양하다. 이들은 기업의 상장 여부와 관계없이 어디에나 있다. 소매업부터 제조업까지 모든 산업에서 나올 수 있다. 이들은 어느 분야에 있든 업계에 어마어마한 영향을 미친다. 충성심 높은 고객과 직원이 이들 주변에 모인다. 다른 동종업계 회사보다 수익도 높은 경우가 많다. 그리고 혁신적이다. 이 모든 것을 오랫동안 유지할 능력도 있다. 이들은 산업을 변화시킨다. 심지어 몇몇은 세상을 바꿔놓기도 한다.

라이트 형제, 애플, 킹 목사는 좋은 리더의 예가 된다. 할리데이비슨Harley-Davidson, 디즈니Disney, 사우스웨스트항공Southwest Airlines도 마찬가지다. 존 F. 케네디John F. Kennedy와 로널드 레이건Ronald Reagan 역시 사람들에게 열의를 불어넣는 리더였다. 이들에게는 규모나 업계를 막론하고 같은 방식으로 사고하며 의사를 전달한다는 공통점이 있다.

이들의 방식은 대개 다른 사람들과 정반대다.

우리가 모두 이들의 생각과 행동, 의사 전달 방식을 배운다면 어떻게 될까? 나는 소수가 아닌 대다수가 타인에게 열의를 주는 세상을 상상해본다. 연구 결과에 따르면 미국인 80퍼센트는 꿈꾸던 직업을 갖지 못한다고 한다. 그러나 사람들에게 열의를 주는 조직이 많아진다면 정반대 결과가 나오는 세상에 살 수 있다. 인구의 80퍼센트가 자기 직업을 사랑하는 세상이 올 수도 있다는 뜻이다. 자기 일을 사랑하는 사람들은 생산적이고 창의적이다. 그들은 행복하게 퇴근하기 때문에 가정에 긍정적인 영향을 준다. 직장 동료와 클라이언트, 고객에게도 더 친절하게 대한다. 영감을 받아 열의로 충만해진 직원은 더 강한 기업과 경제를 만든다. 이 책을 쓴 이유가 바로 여기 있다. 나는 사람들이 각자 열의를 느끼는 일을 하도록 돕고 싶다. 그렇게 함으로써 함께 힘을 모아 신뢰감과 충성심이 표준이 되는 기업과 경제, 더 나아가 그런 세상을 만들고 싶다. 이 책은 무엇을 어떻게 해야 하는지 알려주지 않는다. 이 책의 목적은 행동 방책이 아니라 WHY를 일깨워주는 데 있다.

당신은 열린 마음으로 새로운 아이디어를 받아들일 수 있는가? 오래도록 지속될 성공을 찾고 있는가? 성공하는 데 다른 사람의 도움이 필요하다고 믿는가? 그렇다면 도전 과제를 하나 주겠다. 지금부터 WHY로 시작하라.

1부

방향을 잃어버린 세상

1장

우리는 착각에 빠져 있다

1월의 추운 어느 날, 43세 남성이 국가 최고 지도자로 취임 선서를 하고 있었다. 옆에는 전임자가 서 있었는데 그는 15년 전 독일의 패배를 초래한 전쟁에서 자국 군대를 이끈 유명한 장군이었다. 한편 방금 취임한 젊은 지도자는 독실한 로마 가톨릭 집안에서 자랐다. 그는 퍼레이드를 다섯 시간 동안 지켜본 뒤 취임을 축하하며 새벽 3시까지 깨어 있었다.

43세 남성이 누구인지 알아차렸는가?

위 글의 주인공이 존 F. 케네디라고 생각했을지도 모르지만 때는 1933년 1월 30일이었으며, 그는 아돌프 히틀러였다.

여기서 중요한 점은 우리가 가정을 한다는 것이다. 우리는 이따금 불완전하거나 틀린 근거로 세상에서 일어나는 일을 짐작한다. 앞의 예시는 정보가 불완전한 경우였다. 대부분이 설명을 보고 사례의 주인공을 존 F. 케네디라고 생각한다. 작고 사소한 정보인 날짜를 제시하기 전까지는 말이다.

가정과 인지는 행동에 영향을 주기 때문에 중요하다. 우리는 '안다고 생각하는 것'을 근거로 결정을 내린다. 그리 머지않은 과거만 해도 대다수 사람이 지구가 평평하다고 믿었다. 이런 인식은 행동에 영향을 미쳤다. 그래서 이 시기에는 세상을 탐험하는 사람이 매우 드물었다. 당시 사람들은 멀리 이동하면 지구 끝자락 절벽으로 떨어질까봐 두려워했고 대부분 자신이 사는 지역에서 크게 벗어나지 않았다. 하지만 지구가 둥글다는 사소한 사실 하나가 밝혀진 뒤 그들은 크게 변화했다. 사람들은 지구를 탐험하기 시작했다. 교역로가 열리고 향신료 무역이 시작됐다. 수학과 같은 새로운 학문이 발전하면서 온갖 혁신과 진보가 폭발적으로 일어났다. 잘못된 가정 하나를 바르게 수정했을 뿐인데 전 인류가 진일보하는 결과가 나타났다.

조직이 만들어지고 의사결정이 이뤄지는 과정을 생각해보자. 우리는 정말 조직의 성패 이유를 잘 알고 있을까? 불확실한 짐작을 하고 있진 않을까? 성공의 정의가 주가 달성이든, 특정 금액을 버는 일이든, 매출이나 목표수익 달성이든, 승진이든, 사업 시작이든, 불우한 사람을 돕는 일이든, 공직에 오르는 일이든 우리는 비슷한 방식으로 이를 이루고자 한다. 간혹

즉흥적으로 행동하는 사람도 있지만, 대개는 조금이라도 자료를 수집해 지식에 기초한 결정을 내리려고 한다. 자료 수집에는 설문조사나 시장조사 같은 공식적인 방법도 있고, 친구나 동료에게 조언을 요청하거나 자신의 경험을 뒤돌아봄으로써 새로운 관점을 얻는 등의 비공식적인 방법도 있다. 우리는 이런 과정이나 목표에 관계없이 지식과 정보를 바탕으로 결정을 내리고자 한다. 더 중요한 것은 우리가 '올바른' 판단을 내리기 위해 노력한다는 사실이다.

하지만 자료를 많이 모았다고 해서 무조건 옳은 결정을 내리는 것은 아니다. 옳지 못한 결정에 따르는 영향은 크지 않을 수도 있지만 대참사를 일으킬 만큼 클 수도 있다. 사실 우리는 세상을 정확히 인식하지 못할 때도 그 부정확한 인식을 토대로 결정을 내린다. 많은 이가 장 시작 부분에서 언급한 사람을 존 F. 케네디라고 생각했던 것과 같다. 그들은 자기 생각이 옳다고 믿었을 것이다. 심지어 돈을 걸고 내기할 수도 있었다. 이처럼 불완전한 가정은 어떤 행동이 되기도 한다. 내가 날짜라는 작은 정보를 주기 전까지만 해도 누군가는 케네디가 확실하다고 단정했을 것이다.

잘못된 가정이 결과로 이어지지 않을 때도 있다. 그런데도 우리는 일의 성패 이유를 안다고 생각한다. 과연 정말 그럴까? 원하는 결과를 얻었다고 해서 앞으로 같은 방식을 반복해도 된다고 생각해서는 안 된다. 주변에 주식 투자를 하는 친구가 있다. 그는 투자가 잘되면 자신이 똑똑하며 주식을 현명하게 고르는 능력이 있기 때문이라고 생각한다. 하지만 돈을 잃으면 항상 시장을 탓한다. 이 두 가지 논리가 모두 잘못됐다고 생각하지는 않는다. 그의 성공과 실패는 예지력과 무지함에 따라 결정되거나, 순전히 시장 운에 따라 결정되거나 둘 중 하나다. 둘 다일 수는 없다.

통제할 수 있는 요인들로 최상의 결과를 도출하려면 어떻게 해야 할까? 논리로만 보면 정보와 자료를 더 많이 모으는 일이 핵심이다. 그래서 우리는 이와 비슷한 일들을 한다. 책을 읽고, 콘퍼런스에 참석하고, 팟캐스트를 듣고, 친구나 동료에게 조언을 구한다. 지식을 더 많이 얻어 무엇을 어떻게 해야 하는지 알아내기 위한 일이다. 그러나 자료를 모으고 훌륭한 조언을 많이 얻었는데 일이 잘 풀리지 않을 때도 있다. 그뿐 아니라 효과가 있긴 했지만 오래가지 않거나 예상치 못한 일이 일어나는 경우도 있다. 이 장 시작 부분에서 정답을 아돌프 히틀러라고 확신하며 예측한 사람들 역시 마찬가지다. 나열한 정보만 놓고 보면 히틀러와 존 F. 케네디 둘 다 해당하므로 누구든 정답이 될 수 있었다. 그렇기에 자신이 안다는 생각이 드는 순간을 주의해야 한다. 자료에 기초한 가정이라도 우리를 잘못된 길로 인도할 수 있다.

우리는 사실을 직관적으로 이해한다. 유용한 자료와 훌륭한 조언이 충분히 쌓여 있는데도 일이 생각대로 잘 풀리지 않는다면 사소하지만 중요한 정보 하나를 놓쳤기 때문이라고 착각하기 쉽다. 이럴 때 우리는 뒤로 돌아가서 모든 자료를 다시 확인하고, 필요하다면 새 정보를 수집해 무슨 일을 해야 할지 알아내며, 모든 과정을 처음부터 다시 시작하기도 한다. 하지만 정보를 더 수집한다고 해서 항상 도움이 되는 것은 아니다. 애초에 틀린 가정을 전제로 모든 과정을 수행했다면 더욱 그렇다. 이런 경우에 반드시 고려해야 할 요소가 있다. 이 요소는 분석적이고 이성적인 정보에 목마른 우리 뇌가 아니라 그 외부에 존재한다.

자료나 주변 조언과 정보 없이 직감으로 일을 처리한 경우에 오히려 일이 잘 해결되고 심지어 더 좋은 결과를 얻을 때가 있다. 우리는 삶과 비즈니스에서 의사를 정할 때 직감과 이성을 두고 저울질한다. 그래서 여러 측면의 선택 사항을 자세히 분석하고 훌륭한 조언과 설득력 있는 근거를 모은 뒤에도 결국 출발 지점으로 돌아오게 된다. 기대 효과를 도출하고 지속적으로 행할 수 있는 방책을 마련하는 방법은 무엇일까? 어떻게 하면 예리한 통찰력으로 앞을 내다볼 수 있을까?

여기서 훌륭한 일화 하나를 소개하고자 한다. 미국의 모 자동차 기업 임원들이 일본 자동차 공장의 조립 공정을 견학할 때 일이다. 일본 자동차 기업은 미국과 마찬가지로 공정 마지막 단계에서 경첩과 문짝을 연결했다. 하지만 한 가지 단계가 빠져 있었다. 미국 공장에서는 직원 한 명이 고무망치로 문짝 가장자리를 두들겨 유격 없이 완벽하게 맞추는데 여기서는 그 과정이 빠져 있는 것이었다. 이를 지켜본 한 임원이 놀라서 문은 언제 맞추느냐고 물었다. 견학을 안내하던 일본인 직원은 쑥스러운 듯 웃으며 이렇게 대답했다. "설계 과정에서 정확히 맞춰 제작합니다." 일본 공장에서는 문제가 발생한 뒤에 자료를 수집해 해결책을 찾지 않았다. 처음부터 원하는 결과를 얻는 방향으로 모든 과정을 설계했다. 바랐던 결과가 나오지 않는 것은 시작 지점에서 잘못된 결정을 했기 때문이라는 사실을 이들은 이해하고 있었다.

제조 공정을 통과한 완성품만 놓고 보면 미국과 일본 자동차 기업에서 만든 문짝 둘 다 완벽하게 들어맞는다. 하지만 일본 자동차 기업에서는 고무망치를 두들길 직원을 고용할 필요가 없고 고무망치를 살 필요도 없다. 문짝 내구성도 더 강할 테고, 어쩌면 사고가 났을 때 구조적으로 더 안전할 수도 있다. 이는 처음부터 딱 들어맞게 부품을 설계한 덕분에 가능한 일이었다.

아직도 수많은 리더와 조직이 고무망치를 두들기고 있다. 계획한 대로 결과가 나오지 않으면 단기적인 효과가 있는 임

시방편의 전략을 원하는 결과가 나올 때까지 반복한다. 이런 전략이 구조적으로 얼마나 견실할까? 그런데도 수많은 조직이 부실한 방법으로 목표를 달성하고 있다. 더 많은 일을 달성하는 조직, 적은 직원과 자원으로 더 많은 성과를 거두는 조직, 더 큰 영향력을 행사하는 조직은 최초의 설립 목적에 부합하도록 운영하고, 제품을 만들며, 심지어 채용할 때도 기업 목적과 성향이 잘 맞는 직원을 뽑는다. 위대한 리더는 겉으로 비슷해 보일 수 있는 결과에서도 보이지 않는 가치를 발견하고 이해한다.

우리가 내리는 지시, 세우는 방책, 원하는 결과는 출발점이 모두 같다. 바로 초기 의사결정이다. 원하는 결과를 얻기 위해 다 만들어진 자동차 문짝을 맞추는 조직이 있는가 하면 애초에 설계 완성도를 높이는 방식으로 시작하는 조직도 있다. 단기 결과만 놓고 보면 양쪽이 비슷할 수도 있지만 장기간 성공을 거두는 조직은 오직 한쪽, 애초에 문짝을 정교하게 설계해야 하는 이유를 아는 쪽이다.

2장

조직을 서서히 무너뜨리는 달콤한 케이크

행동에 영향을 주는 두 가지 방법

오늘날 시장에서 판매되는 제품이나 서비스 대부분에는 가격과 수준이 유사한 경쟁 상품이 있다. 선발주자의 이익은 몇 개월을 채 넘기지 못한다. 아주 참신한 제품을 선보인다 해도 얼마 못 가 비슷하거나 더 나은 제품이 출시되기 때문이다.

그런데 회사에 고객이 당사 제품을 선택하는 이유를 물으면, 대부분 품질이 우수하거나 특색이 있거나 저렴하거나 서비스가 좋아서라고 대답한다. 이는 고객이 자사를 택한 이유를 모른다는 말과 같다. 아주 흥미로운 깨달음이다. 고객이 자사를 택하는 이유를 모르는 회사는 직원들이 어떤 마음을 갖고 일하는지도 모르는 경우가 많다.

고객이 자사를 택하는 이유와 직원들의 목적의식조차 모르는 회사가 어떻게 기존 직원의 충성심을 끌어내고 신규 직원을 유치할 수 있을까? 오늘날 많은 회사가 조직을 움직이는 원동력이 무엇인지 판단할 때 실제로 불완전하거나 완전히 틀린 가정을 하고 있으며, 이를 전제로 의사를 결정하고 있다.

행동에 영향을 주는 방법은 딱 두 가지다. 조종하거나 열의를 불어넣는 것이다. 여기서 조종이란 꼭 부정적인 의미는 아니다. 조종은 매우 흔하며 꽤 온화한 전략이다. 사실 대부분은 어릴 때부터 이 전략을 쓴다. "이거 주면 너랑 단짝 해줄게"라고 말하며 또래에게 원하는 것을 얻어내는 전략은 몇 세대에 걸쳐 아이들이 사용해온 무척 효과적인 조종 방법이다. 새로운 단짝을 기대하며 사탕을 건네준 경험이 있는 아이들은 이 방법이 정말로 효과가 있다고 말한다.

조종은 경영에서 정치에 이르기까지 모든 형태의 영업과 마케팅에 만연해 있다. 전형적인 조종의 예로는 가격인하, 프로모션 그리고 공포 마케팅이나 동조 압력peer pressure, 소비자 열망을 이용한 마케팅 등이 있다. 제품 구매 또는 투표나 지지와 같이 특정 행동을 유도하려고 혁신을 약속하는 일도 마찬가지다. 고객이 왜 자사를 선택하는지 확실히 모르는 조직은 조종 전략을 과도하게 많이 사용해 원하는 바를 이룬다. 그럴 만도 하다. 조종은 효과가 있기 때문이다.

최저가 경쟁의 딜레마

기업은 가격 경쟁에 뛰어들기를 꺼리면서도 어쩔 수 없이 그렇게 한다. 그만큼 효과적이기 때문이다. 때로는 효과가 좋아 그 유혹을 주체하기 힘들 때도 있다. 대부분 기업은 큰 사업을 시작할 기회가 찾아왔을 때 그 기회를 잡기 위해 가격을 낮춘다. 어떻게 결정 과정을 합리화했든 간에 가격인하는 고도로 효과적인 조종 방법이다. 가격을 떨어뜨리면 고객은 모인다. 매 시즌 막바지가 되면 재고 정리 할인행사를 쉽게 볼 수 있다. 가격을 낮추면 진열대 위 재고가 빠르게 사라지고 다음 시즌 제품을 진열할 공간이 생긴다.

하지만 가격 경쟁에 뛰어들면 기업은 엄청난 대가를 치르거나 상당한 딜레마에 빠질 수 있다. 가격인하는 판매자에게 마치 헤로인처럼 작용한다. 단기에 큰 이익을 볼 수 있어 시행하면 할수록 습관처럼 굳어진다. 저렴해진 제품이나 서비스에 익숙해진 소비자에게 다시 가격을 올려 받기란 쉽지 않다. 판매자는 경쟁력을 갖추기 위해 가격을 계속해서 낮춰야 한다는 압박을 받고, 이에 따라 이익은 점점 줄어든다. 그러면 그 과정에서 발생한 손해를 회복하기 위해 매출을 더욱 올려야 한다. 매출을 올리는 가장 빠른 방법으로 판매자는 또다시 가격인하를 택한다. 결국 기업은 가격인하에 중독되어 악순환에 빠진다. 마약 세계에서는 이런 사람들을 약물의존자라고 부른다.

비즈니스 세계에서는 비슷한 성격을 지닌 것을 '상품'이라고 부른다. 보험, 컴퓨터, 이동통신 서비스 등 판매용으로 포장되어 나온 수많은 제품이 모두 '상품'에 속한다. 가격 경쟁으로 '상품'이 된 재화는 끝도 없이 늘어나고 있다. 자사 제품을 '상품'으로 취급할 수밖에 없어진 기업을 살펴보면 대부분 스스로 화를 불러온 경우가 많다. 가격인하가 비즈니스를 활성화하는 데 적법한 방법이 아니라고 할 수는 없다. 하지만 문제는 수익성 유지에 있다.

월마트Wal-Mart는 이 법칙에서 예외로 보인다. 가격 경쟁에 뛰어들어 경이로운 성공을 거뒀기 때문이다. 하지만 성공을 거두는 데는 많은 비용이 들었다. 월마트는 거대한 규모 덕에 가격 경쟁의 본질적인 문제점을 어느 정도 극복했지만, 가격을 무엇보다 중요하게 여기고 이에 집착하는 바람에 각종 스캔들에 휘말리며 명성에 흠집을 냈다. 스캔들은 모두 상품을 낮은 가격에 판매하려고 무리하게 비용을 낮추려는 시도에서 비롯됐다.

가격인하에는 항상 대가가 따른다. 당신은 수익을 얼마나 포기할 수 있는가?

혜택의 유혹, 속고 있는 소비자

GM의 목표는 미국 자동차 시장에서 점유율 1위를 달성하는 일이었다. 1950년대 미국의 자동차 제조사는 GM, 포드Ford, 크라이슬러Chrysler, AMC 네 군데였다. 외국 자동차 기업이 진입하기 전까지는 GM이 시장을 장악하고 있었다. 시장에 새로운 경쟁사가 생기면 GM의 목표는 이루기 어려워질 것이 분명했다. 지난 50년간 자동차 시장이 얼마나 많이 변했는지는 굳이 설명할 필요가 없을 정도다. 그런데도 GM은 20세기 대부분에 걸쳐 압도적인 지위와 점유율을 굳건히 지켰다.

하지만 1990년 토요타Toyota가 미국 시장에 본격적으로 등장하면서 상황이 바뀌었다. 1990년 7.8퍼센트에 불과했던 토요타의 시장 점유율은 2007년이 되자 16.3퍼센트까지 올랐다. 반면 같은 기간 GM의 시장 점유율은 35퍼센트에서 23.8퍼센트까지 떨어졌다. 급기야 2008년 초에는 생각지도 못한 일이 일어났다. 국산 자동차보다 외산 자동차를 구매하는 소비자가 많아진 것이다.

1990년 이후 GM을 비롯한 여러 미국 자동차 기업은 일본과 피 튀기는 경쟁 구도에 놓이며 하락하는 시장 점유율을 지키고자 앞다투어 판매 유인책을 내놓았다. 일례로 GM은 대대적인 홍보를 펼치며 승용차와 트럭 구매자에게 500달러에서 최고 7,000달러까지 캐시백 혜택을 제공했다. 이 프로모션은 꽤 오랫동안 탁월한 효과를 발휘했다. 매출은 다시 늘어났다.

하지만 GM은 프로모션을 장기간 펼친 탓에 수익성 악화의 늪에 빠졌다. 2007년에는 차량 한 대당 729달러의 손해를 보는 수준에 이르렀다. 주원인은 프로모션이었다. GM은 이 프로모션을 계속할 수 없다는 사실을 깨닫자 캐시백 금액을 줄이겠다고 발표했다. 매출은 곤두박질쳤다. 캐시백이 없어지자 고객도 사라졌다. 업계는 스스로 고객을 캐시백 중독자로 만들었고 정가를 주고 사면 어리석다는 인식을 키웠다.

'1+1'이나 '장난감 무료 증정' 같은 프로모션은 오늘날 매우 흔한 일이 되어 조종이라고 인지하는 것조차 어렵다. 디지털카메라를 사러 매장에 간다고 가정해보자. 크기, 화소, 가격, 브랜드 등 원하는 조건을 갖춘 제품 두세 개는 쉽게 찾을 수 있을 것이다. 아마 그중 한 제품 정도는 프로모션 중이라 전용 가방이나 메모리카드를 무료 증정하고 있을 가능성이 크다. 제품 기능이 비슷한 상황에서는 이런 작은 차이가 결정적인 역할을 한다. 기업 간 거래B2B에서는 프로모션을 '부가가치 추가 제공'value added이라고 말한다. 상황만 다를 뿐 혜택을 무료로 제공해 상대방의 리스크를 줄여줌으로써 거래를 성사시키는 원리는 같다. 가격인하와 마찬가지로 프로모션 역시 효과가 좋다.

소매업계에는 프로모션으로 소비자를 조종하는 관행이 완

전히 자리 잡아 이 원리를 일컫는 용어까지 생겼다. 바로 '낙전수입'breakage이다. 낙전수입은 프로모션이 진행 중인데도 혜택을 받지 못하고 정가를 지불하는 고객 비율을 보여준다. 소비자가 캐시백을 받기 위해 거쳐야 하는 절차가 귀찮아서 혜택을 포기할 때 주로 일어나는 일이다. 판매자는 이 절차를 의도적으로 복잡하고 불편하게 만들어 소비자의 실수나 불이행을 유도하는 방식으로 낙전수입을 늘린다.

예전에는 소비자가 캐시백을 받으려면 포장 상자에서 바코드를 오려내고, 캐시백 신청서에 제품 관련 정보와 구매 정보를 꼼꼼히 적어 영수증 사본과 함께 제출해야 했다. 바코드가 아닌 다른 부분을 오려 보내거나 필수 기재 항목을 빠뜨리기라도 하면 캐시백을 받기까지 몇 주에서 몇 개월이 걸리기도 하고 아예 지급이 거부되기도 했다. 업계에는 소비자 혜택을 신청하지 않거나 혜택으로 받은 상품권을 현금화하지 않는 고객을 가리키는 용어도 있다. 바로 '슬리피지'slippage다.

추후 적립을 비롯한 다양한 조종전략으로 얻는 판매자의 단기 이익은 명확하다. 캐시백이나 추후 적립 혜택이 제공되면 소비자는 일부 금액을 돌려받을 수 있다고 판단해 구매를 고려하거나 정가를 지불한다. 하지만 그런 고객의 약 40퍼센트는 자신이 생각한 만큼 저렴한 가격으로 제품을 구매하지 못한다. 꼼꼼하게 챙기지 못하는 소비자에게는 부당한 일이지만 어쨌든 판매자들은 이 같은 조종전략에 의존한다.

기관에서 기업의 이런 꼼수를 면밀히 조사하고 있지만 제대로 규제하기는 쉽지 않은 상황이다. 기업들은 계속해서 적립이나 할인 신청 절차를 번거롭게 유지하며 여기서 발생하는 이익을 취할 것이다. 조종전략은 판매자에게 큰 이익이 된다. 그렇다면 여기에는 어떤 대가가 따를까?

공포감: 우리의 강력한 조종자

어떤 사람이 주머니에 바나나를 넣은 채 총을 지닌 척하고 은행을 강탈하더라도 무장 강도죄가 성립된다. 분명 아무도 총에 맞을 위험이 없지만 사람들은 강도가 진짜 총을 소지했다고 생각하므로 법적으로도 총을 지녔다고 간주하는 것이다. 이유는 분명하다. 두려움을 자극하면 사람들이 자신의 요구에 따르리라는 사실을 이용해 그들을 위협했기 때문이다. 공포는 그 대상의 실재와 관계없이 가장 강력한 조종 방법이다.

"IBM 컴퓨터를 샀다고 해고당한 사람은 아무도 없다"라는 말이 있다. 이는 온전히 두려움에서 빚어진 행동을 나타내는 표현이다. 기업 내 구매 담당 직원이 비품 구입을 맡았다고 가정해보자. 대부분 직원은 저렴하고 품질 좋은 제품이 있더라도 잘 알려진 브랜드가 아니라면 그 제품을 선택하지 않는다. 일이 잘못되어 해고당할까봐 업무의 원래 목적을 무시하고 기업에 가장 이익이 되는 일보다 자신에게 안전한 길을 택하기 때문이다.

공포가 조장되면 객관적인 사실은 부차적인 것이 된다. 인간의 마음속에는 생물학적으로 생존 욕구가 깊이 자리 잡고 있어서 정확한 사실과 수치가 주어지더라도 한번 발생한 공포감은 쉽사리 사라지지 않는다. 테러가 효력을 발휘하는 이유도 이와 같다. 테러를 당해 목숨을 잃을 확률보다 많은 사람이 목숨을 잃을지도 모른다는 공포감이 문제다.

공포감을 조성하면 효과적으로 사람들을 조종할 수 있어 누군가는 이를 선의로 이용하기도 한다. 예컨대 부모는 자녀의 올바른 행동을 유도하면서 종종 공포감을 부추긴다. 사람들에게 윤리 규범 준수를 권할 때도 공포감이 사용된다. 아동 안전을 증진하고, 에이즈 인식을 개선하고, 안전벨트 착용을 촉구하는 등의 공익광고에서도 공포감을 조장하는 방법이 흔히 쓰인다. 1980년대에 TV에서 자주 볼 수 있었던 광고 중에 청소년 약물남용 방지를 위한 정부 프로그램을 홍보하는 공익광고가 있었다. 자주 패러디됐던 이 광고는 한 남성이 달걀을 든 채 이렇게 말하며 시작한다. "이것은 당신의 뇌입니다." 그는 뜨거운 기름이 지글거리는 프라이팬 위로 달걀을 톡 깨뜨리며 말한다. "이것은 마약을 하는 당신의 뇌입니다. 질문 있나요?"

청소년에게 겁주려는 목적으로 만들어진 다른 광고에서는

이런 구절도 나온다. "코카인을 한다고 섹시해지지 않습니다. 그저 생명을 빼앗길 뿐입니다."

이 밖에 정치인이 사람들에게 상대 당에 투표하면 세금이 오르고 경찰 예산이 줄어들 것이라고 말하거나, 방송사가 시청자에게 저녁 뉴스를 보지 않으면 건강이나 안전이 위협받을 수 있다고 말하는 일은 모두 공포감을 부추기려는 행동이다. 기업들도 제품을 판매하려고 보편적인 불안감을 이용한다. 제품이나 서비스를 구매하지 않으면 좋지 않은 일이 일어날 수 있다고 경고하는 식이다.

심장 전문병원 광고에는 이런 말이 나온다. "36초에 한 명씩 심장마비로 사망하고 있습니다." 가정 오염물질을 검사하는 업체 트럭에는 이런 광고가 붙어 있다. "이웃집에서 라돈이 검출됐습니다! 당신의 가정은 안전합니까?" 보험회사에서는 이렇게 말한다. "더 늦기 전에 정기보험에 가입하세요."

제품을 구매하지 않았을 때 발생할 두려운 결과를 경고하며 물건을 판매하는 방식은 자사를 택했을 때 얼마나 큰 가치를 얻을 수 있는지 알려주기 위해 소비자 머리에 총을 겨누는 일과 다름없다. 어쩌면 총이 아니라 바나나였을지도 모른다. 그렇지만 이 전략은 효과가 있다.

열망을 자극하는 광고

마크 트웨인Mark Twain은 이렇게 말했다. "금연은 내가 한 일 중에서 가장 쉬웠다. 그래서 나는 수백 번이나 했다."

공포감을 유발하는 마케팅이 끔찍한 일을 피하려는 욕구를 자극한다면, 열망을 이용한 마케팅은 바람직한 방향으로 나아가고자 하는 욕구를 자극한다. 이런 광고는 사람의 욕망을 이용한다. 특정 제품이나 서비스를 구매하면 목표를 이루고 원하는 결과를 더욱 쉽게 얻을 수 있다고 말한다. "더 행복한 인생을 위한 여섯 단계" "44사이즈를 입고 싶다면 복근 운동을 하세요!" "단 6주 만에 부자가 될 수 있습니다"와 같은 문구가 모두 조종이다. 사람들이 갖고 싶어 하는 것과 이상적으로 여기는 모습을 이용해 선택을 유도한다.

열망을 자극하는 긍정 문구는 의지가 약한 사람이나 목표 달성에 대한 두려움이 큰 사람에게 효과가 있다(이유나 시기는 다르더라도 대부분 그럴 때가 있다). 이런 문구를 이용하면 피트니스센터 등록을 유도할 수 있지만, 그 사람이 일주일에 세 번씩 센터에 가도록 하려면 반드시 의지를 불어넣어야 한다. 건강한 라이프스타일을 유지하며 정기적으로 운동하는 사람이라면 "쉽게 살을 빼는 여섯 단계"와 같은 문구에 휘둘리지 않는다. 쉽게 현혹되는 건 오히려 그렇지 않은 사람들이다. 수많은 사람이 꿈의 몸매를 만들기 위해 여러 다이어트 방법을 전전하고 있다는 사실은 이제 뉴스거리도 아니다. 그러나 어떤 방법을 택하더라도 목표를 이루려면 규칙적으로 운동하고 균형 잡힌 식습관을 유지해야 한다는 조건이 따른다. 다시 말해 굳은 의지가 필요하다는 뜻이다. 매년 1월이면 피트니스센터에 등록하는 사람들이 전월 대비 약 12퍼센트 증가한다고 한다. 새해에는 더 건강한 인생을 살겠다고 다짐하는 이가 많기 때문이다. 하지만 이들 중 연말까지 꾸준히 운동하는 사람은 극소수뿐이다. 열망을 자극하는 문구는 행동을 유도할 수 있지만 그 행동은 대부분 오래가지 못한다.

열망을 이용한 조종은 소비시장뿐 아니라 기업 간 거래에서도 꽤 효과적이다. 기업 규모와 관계없이 관리자라면 모두 성과를 내고 싶어 한다. 그래서 성과에 유익한 방향으로 결정을 내리고 컨설팅을 받으며 새로운 시스템을 도입한다. 하지만 문제는 시스템 자체가 아니라 대부분 이를 유지하지 못하는 데서 발생한다. 내게도 이런 경험이 있다. 지난 수년간 바라는 바를 이루기 위해 여러 방법을 써보고 새로운 시스템을 도입하기도 했지만 2주만 지나면 원래대로 돌아가기 일쑤였다. 특별한 방법을 쓰지 않고도 바라는 성과를 얻는 비결이 있었으면 좋겠다. 하지만 그런 비결이 있다고 해도 오래 지속하기는 힘들 것이다.

이루는 데 긴 시간이 필요한 열망에 단기적으로 반응하는 이런 현상은 기업에서도 똑같이 나타난다. 경영 컨설턴트인 내 친구는 매출이 10억 달러에 이르는 회사에서 목표와 비전 달성을 돕는 일을 맡은 적이 있다. 경영진은 문제가 무엇이든 조직에 장기적으로 유익한 해결책보다 즉각적이고 저렴한 해결 방법을 좋아한다고 했다. 그들은 문제가 처음 발생했을 때 올바른 방법으로 해결하자고 하면 예산이 부족하고 기한이 임박했다고 말하면서 이 방법, 저 방법을 단기적으로 써보는 일에는 돈과 시간을 아끼지 않았다. 마치 버릇처럼 다이어트를 반복하는 사람 같았다.

동조 압력: 다수와 유명인이 우리에게 주는 압박감

"치과의사 다섯 명 중 네 명은 트라이덴트 껌을 선호합니다." 껌 제조사에서는 소비자를 이렇게 유혹한다. "한 일류 대학에서 수행한 이중맹검 연구에 따르면……." 정보 제공식 광고에서는 이렇게 운을 띄우곤 다음과 같이 소비자를 부추긴다. "전문가가 선호하는 제품이라면 당신에게도 충분히 좋을 것입니다." 또 다른 광고에서는 이렇게 말한다. "100만 명이 넘는 고객님의 극찬을 받은 제품으로……." 모두 다수를 내세워 압박하는 마케팅이다. 수많은 사람과 전문가가 선호하는 제품이라고 말함으로써 기업은 구매자에게 자사 제품이 더 낫다는 믿음을 주려 한다. 이런 동조 압력은 효과적이다. 사람들은 자신을 제외한 대다수나 전문가가 자신보다 잘 알 것이라고 생각하기 때문이다. 동조 압력이 효력을 발휘하는 이유는 대다수나 전문가가 항상 옳기 때문이 아니라 사람들의 마음속에 자신이 틀릴 수도 있다는 두려움이 있기 때문이다.

매출을 올리기 위해 유명인을 내세워 광고하기도 한다. '저 사람이 쓴다면 분명 좋은 제품일 거야'와 같은 생각을 노리는 방법이다. 만약 타이거 우즈Tiger Woods가 나이키Nike 골프 제품이나 타이틀리스트Titleist 골프공을 광고한다면 이 논리는 타당할 것이다. (실제로 나이키는 타이거 우즈와 계약한 덕에 골프계에서 유명 회사로 자리매김했다.) 하지만 타이거 우즈는 GM 자동차, 경영 컨설팅 서비스, 신용카드, 식품, 태그호이어Tag Heuer 시계 등 다양한 제품을 광고했다. 특히 태그호이어는 '골퍼용으로 특별히 설계된 시계'가 5,000그램/1미터의 충격도 견딘다고 광고했는데 사실 그 정도 강도라면 골퍼가 아니라 골프공이 경험할 만한 충격에 가깝다. 그런데도 이 시계는 타이거 우즈가 광고했기 때문에 유용한 제품이라 각인된다. 유명인을 내세운 광고는 연예인처럼 되고 싶어 하는 욕구를 이용한다. 이를 가장 잘 보여주는 광고가 게토레이Gatorade의 '마이클 조던처럼 되고 싶어요' 캠페인이다. 이 광고는 게토레이를 마시면 커서 마이클 조던처럼 될 수 있다며 청소년을 유혹한다. 하지만 많은 사례처럼 이런 광고에서는 제품과 유명인의 연관성을 찾기 어렵다. 드라마 로 앤 오더Law & Order로 유명한 샘 워터스턴Sam Waterston은 대형 증권사 TD아메리트레이드TD Ameritrade 온라인 트레이딩을 광고했다. 하지만 살인마를 기소하는 검사 역할로 널리 알려진 배우가 증권사와 어떤 관계가 있는지는 알 수 없다. 사람 자체가 믿을 만하다는 뜻일지도 모르겠다.

주변 영향을 쉽게 받는 청소년 외에도 동조 압력을 느끼는 이는 많다. 우리는 대부분 영업 직원에게 압박을 받은 경험이 있다. 이들은 경쟁사의 70퍼센트가 서비스를 이용하고 있으니 당신도 써보지 않겠느냐고 말한다. 하지만 그 70퍼센트가 전부 바보라면 어떻게 해야 할까? 서비스 사용 이유가 엄청난 '부가가치 추가 제공'이나 거부하기 어려운 할인 혜택을 받았기 때문이라면 어떻게 해야 할까? 영업 직원들이 이렇게 말하는 이유는 단 한 가지, 제품 구매 압박이다. 이들은 소비자에게 유용한 것을 놓치고 있다거나 혼자만 모르고 있다는 조바심을 주려고 한다. 그리고 다수가 가는 길로 따라가야 안전하지 않겠냐고 말한다.

내 어머니 말을 인용하자면, 친구가 오븐에 머리를 집어넣는다고 당신도 따라 할 셈인가? 그런데도 마이클 조던이나 타이거 우즈가 출연료를 받고 어떤 제품을 광고하면 그 제품이 유행하는 것이 오늘날의 현실이다.

참신함과 혁신 사이

2004년 과한 경쟁이 붙은 휴대전화 시장에 모토로라Motorola가 진입한다는 언론 보도가 나왔다. "모토로라는 디자인과 기술 혁신으로 새로운 휴대전화 레이저Razr를 출시했다. 항공기 동체용 알루미늄 외형에 내장형 안테나와 에칭 기법을 활용한 키패드 등의 최신 기술이 합쳐져 두께가 단 13.9밀리미터에 불과한 얇은 휴대전화가 등장했다."

결과는 성공적이었다. 수백만 명이 레이저를 사려고 달려들었다. 유명인들이 레드카펫 위에서 이 제품을 들고 있었다. 각국 총리들이 레이저로 통화하는 모습도 보였다. 레이저는 5,000만 대 이상 판매되었고, 모토로라가 큰 성공을 거뒀다는 사실을 부정할 사람은 아무도 없었다. 에드 잰더Ed Zander 전 모토로라 CEO는 돌풍을 일으킨 신제품을 두고 이렇게 말했다. "레이저는 기존 휴대전화 시장의 기대를 넘어섬으로써 모토로라 혁신의 역사를 이어나가고 있으며, 앞으로 무선 통신업계에 등장할 신제품의 새로운 기준을 세웠다." 모토로라는 이 제품 하나로 엄청난 이익을 거뒀다. 이는 기념비적인 혁신으로 길이 남을 만한 사건이었다.

그런데 정말 그랬을까?

잰더는 신제품 출시 후 4년도 채 지나지 않아 퇴출당했다. 모토로라 주가는 레이저 출시 당시 평균 주가보다 50퍼센트가량 하락한 선에서 거래됐다. 경쟁사들은 레이저의 특장점과 기능을 능가하는 혁신적인 휴대전화를 내놨다. 모토로라는 또다시 점유율을 두고 피 터지게 싸우는 여러 휴대전화 제조사 중 하나가 되고 말았다. 이전의 수많은 기업이 그랬듯 모토로라 역시 참신함과 혁신을 혼동했다.

진정한 혁신이란 산업, 심지어 사회 전체까지도 바꾸는 일이다. 전구, 전자레인지, 팩스, 아이튠즈iTunes처럼 말이다. 이것들이야말로 비즈니스 판도를 바꾸고 사람들의 삶을 바꾼 진정한 혁신이라 할 수 있다. 아이튠즈는 업계에서 사업 모델을 완전히 재평가하는 계기를 만들었다. 휴대전화에 카메라를 다는 일은 혁신이 아니다. 물론 훌륭한 기능이지만 산업 전체를 뒤흔들 만한 혁신으로 보기는 어렵다. 혁신을 이렇게 정의한다면 모토로라는 그저 레이저의 훌륭한 특징 몇 가지를 설명한 것이라 볼 수 있다. 금속제 외장, 내장형 안테나, 평평한 키패드, 얇은 디자인은 '획기적 혁신'이라 할 수 없다. 모토로라는 사람들이 열광하는 화려한 신제품을 만드는 데 성공했지만, 뜨거운 반응은 다른 신제품이 나오기 전까지만 이어졌다. 레이저의 특징이 혁신이 아니라 참신함인 이유가 바로 여기에 있다. 특징이 타사 제품과 차별화되었긴 하지만 판도를 뒤집을 만한 혁신은 아니기 때문이다. 참신함이 나쁜 것은 아니지만 그것만으로 장기적인 가치를 얻기는 힘들다. 레이저가 증명해 보였듯 이런 방법으로도 매출을 올릴 수는 있다. 하지만 그 영향은 오래가지 못한다. 기업이 참신한 아이디어에 과도하게 의존하면 가격 경쟁을 했을 때와 비슷한 결과를 초래할 수 있다. 다양한 장점으로 제품의 차별화를 시도할수록 제품은 더욱 '상품'같이 느껴진다. 그리고 결국 가격 경쟁과 마찬가지로 '상품화'에 따른 손실을 만회하기 위해 또 다른 '상품'을 생산해야 하는 악순환에 빠진다.

1970년대에 치약 브랜드 콜게이트Colgate는 단 두 종류의 치약만 출시했다. 하지만 해당 업계 경쟁이 금세 치열해지면서 기업의 매출은 떨어지기 시작했다. 콜게이트는 불소 화합물을 함유한 치약 등 기능을 추가한 신제품을 출시했다. 그리고 다른 기능이 더해진 제품을 하나 더 선보였다. 여기에 또 하나 더. 치아 미백, 치석 예방, 치아 광택 등 신기능이 추가된 제품은 매출을 신장하는 데 확실히 도움이 됐다. 최소한 잠깐은 효과가 있었다. 그렇게 이 사이클은 반복됐다. 결국 콜게이트 치약은 32종에 이르렀다(아동용 치약 4종은 제외한 숫자다). 이처럼 대다수 회사가 타사의 '참신함'에 어떻게 반응하는지 생각해보면, 콜게이트의 여러 경쟁사 역시 대등한 종수를 갖추고 품질과 기능이 유사한 제품을 비슷한 가격에 판매했으리라는 사실을 알 수 있다. 오늘날 시중에 나와 있는 치약 종류는 수십 가지에 이르지만 현대 미국인이 1970년대에 비해 양치를 자주 한다는 자료는 어디에도 없다. 오히려 이런 '참신함' 덕분에 현대인은 어떤 치약이 자신에게 잘 맞는지 고르기가 무척 어려워졌다. 얼마나 어려운지 콜게이트 웹사이트에서는 "나에게 딱 맞는 치약은?"이라는 링크까지 제공한다. 제품군이 다양해 기업이 직접 고객의 선택을 도와줘야 할 상황이라면, 웹사이트 도움 없이 바로 마트에서 구매하는 고객은 어떻게 해야 한단 말인가?

이는 화려한 신제품을 이용해 고객의 시험 사용이나 구매를 부추기는 사례다. 기업이 주장하는 혁신은 사실 참신함을 교묘하게 둔갑시킨 일에 불과하다. 이런 식으로 고객을 사로잡기 위해 참신함을 내세우는 일은 포장된 제품을 판매하는 산업 외의 분야에서도 흔히 일어나는 관행이다. 이런 전략이 효과적이긴 하지만 고객과 기업 사이의 충성도 높은 관계를 형성하지는 않는다.

아이폰iPhone은 애플에서 출시된 뒤 큰 인기를 끌며 모토로라 레이저 자리를 꿰차고 급부상했다. 아이폰이 혁신적이라는 평가를 받은 이유는 버튼을 없애고 터치스크린을 적용했기 때문이 아니다. 그것도 물론 뛰어난 특징이기는 하지만 다른 기업에서도 따라 할 수 있는 데다 이는 업계를 재정의할 만한 일도 아니었다. 애플은 훨씬 중요한 변화를 이루었다.

애플은 휴대전화 디자인뿐 아니라 업계 전체를 선도하고 있다. 아이폰이 출시될 당시 휴대전화 시장에서는 이동통신사가 기기의 모든 기능과 특징을 정했다. T-모바일T-Mobile, 버라이즌Verizon Wireless, 스프린트Sprint, AT&TAmerican Telephone and Telegraph와 같은 이동통신사가 모토로라, 노키아Nokia, 에릭슨Ericsson, LG 등의 제조사에 어떤 휴대전화를 만들지 지시하는 식이었다. 그때 애플이 나타났다. 애플은 이동통신사의 지시에서 벗어나 휴대전화를 주체적으로 만들겠다고 발표했다. 이에 동의한 이동통신사는 AT&T가 유일했고 이로써 AT&T는 신기술을 제공할 독점 기회를 거머쥐었다. 이것이 바로 업계 전체에 오랫동안 영향을 줄 혁신이다. 그리고 이야말로 화려한 신제품 출시로 주가가 잠시 오르는 일보다 훨씬 큰 영향을 줄 변화다.

새롭지 않은가?

당신이 돈을 버는 동안 또 다른 비용을 치러야 한다

조종이 효과 있는 전략이라는 점은 부인할 수 없는 사실이다. 조종전략은 대체로 소비자의 행동에 영향을 주며 이를 사용한 기업은 제법 성공한다. 하지만 전략을 성공시키려면 꽤 많은 마케팅 비용이 필요하다. 조종은 충성심을 끌어낼 수 없다. 그러므로 조종이 계속되면 성과 유지 비용이 점점 커지고 이익은 단기간만 지속된다. 구매자와 판매자는 스트레스가 커진다. 상당한 재력을 갖췄거나 단기 이익만 추구하는 기업이라면 조종전략이 맞을지도 모르겠다.

조종은 오늘날 비즈니스 분야뿐 아니라 정계에서도 일반적으로 사용하는 전략이 됐다. 하지만 기업이 조종으로 성공을 거두더라도 충성심을 키울 수는 없듯이, 정치인 역시 조종으로 당선되더라도 리더십 기반을 다질 수는 없다. 리더십을 갖춘 사람에게는 좋을 때나 나쁠 때나 한결같이 따르는 지지층이 있다. 리더십이란 특정한 때에 한 번이 아니라 지속적으로 사람들이 자신을 따르게 만드는 능력을 말한다. 비즈니스 리더십이 있는 기업은 어떤 잘못을 저지른 때조차도 굳건한 고객층을 유지한다. 만약 사용하는 전략이 조종뿐이라면 고객은 다음 구매를 결정할 때 어떻게 행동할까? 정치인이 당선된 후에는 어떻게 될까?

재구매와 충성심 사이에는 큰 차이가 있다. 재구매란 고객이 한 기업 제품을 여러 번 구매하는 일을 말한다. 충성심이란 고객이 더 뛰어나거나 저렴한 제품을 마다하고 특정 기업 제품을 꾸준히 선호하는 심리를 말한다. 심지어 충성심 높은 고객은 경쟁사 제품을 알아보거나 다른 선택 사항을 염두에 두지도 않는다. 충성심은 쉽게 얻을 수 없다. 반면 재구매는 조종만 하면 되기 때문에 비교적 쉽게 일어난다.

조종은 오늘날 비즈니스에서 가장 중요한 전략이 됐고, 몇몇 기업은 사실상 이 습관을 버리기가 불가능해졌다. 어떤 중독이나 그렇듯 한번 빠지면 그만두기보다는 자주 반복하고 싶은 충동에 사로잡힌다. 조종은 단기간에 이익을 가져다줄 수도 있지만 장기적으로는 조직의 건전성에 해가 된다. 최근 기업들은 단기적인 성과에 중독된 채 계속 다음번 조종을 이어나가고 있다. 따라서 단기 조종전략은 무척 정교해졌고, 각종 통계와 유사 과학으로 무장한 채 경제 전체에서 사용되고 있다. 이제 마케팅 회사는 광고 메일조차 최고 유입률을 낸 단어 통계를 바탕으로 작성하기에 이르렀다.

고객이 직접 추후 적립을 신청하게 했던 회사는 이런 유인책이 매출 상승에 효과적이며 적립 액수가 높을수록 효과가 커진다는 사실을 잘 알고 있다. 또한 큰 혜택을 제공할수록 비용이 많이 든다는 사실도 인지하고 있다. 그런데도 제조사들은 이익을 챙기려고 낙전수입과 슬리피지 비율을 일정 수치 이상으로 유지한다. 마치 약물의존자가 유혹을 이겨내지 못하고 단시간에 기분 좋아지는 행동을 반복하듯, 몇몇 기업은 추후 적립을 받는 고객 수를 줄이려고 신청 절차를 더 복잡하고 번거롭게 만든다.

2000년대 초반, 삼성은 캐시백에 조건을 달아 막대한 이익을 남겼다. 그들은 각종 가전제품에 최고 150달러까지 캐시백을 제공했다. 단, 캐시백은 주소 한 곳당 한 번만 받을 수 있다는 조건을 내걸었다. 이는 누구든 이해할 만한 합리적인 조건이었다. 하지만 삼성이 한 아파트에 거주하는 사람들을 같은 주소지로 분류해 캐시백 개별 지급을 거부하며 문제가 불거졌다. 캐시백에 이끌려 제품을 구매한 4,000명은 주소지 때문에 혜택 적용이 불가하다는 통지를 받았다. 이 사건은 뉴욕주 검찰의 시선을 끌었고, 결국 삼성은 해당 고객들에게 20만 달러를 지급하라는 명령을 받았다. 이는 캐시백 수법을 교묘하게 이용한 기업이 적발된 극단적 사례다. 그런데도 회원가입, 앱 설치, 신청서 작성 등의 번거로운 과정을 거쳐야 혜택을 주는 전략은 여전히 성행하고 있다. 캐시백을 받지 못하는 고객 수나 세는 기업이 어떻게 고객을 먼저 생각한다고 주장할 수 있겠는가?

조종으로 결코 얻을 수 없는 것

한 TV 광고에서 이런 설명이 나왔다. "방법은 간단합니다. 집에 있는 금제품을 봉투에 넣어 보내기만 하면 됩니다. 배송료는 저희가 부담하며 우편물은 보험에 가입되어 있습니다. 보내주신 금제품 가치에 상응하는 금액을 이틀 안에 송금해드립니다." 마이골드엔벨로프Mygoldenvelope.com는 금으로 된 제품을 사들여 제련소에서 정제한 뒤 시장에 다시 내놓는 중개회사로 업계를 이끄는 주요 업체 중 하나였다.

더글러스 페어스타인Douglas Feirstein과 마이클 모런Michael Moran은

창립 당시 이 회사를 업계 최고로 만들고자 했다. 뒷골목 전당포쯤으로 여겨지는 이미지를 탈바꿈시켜 티파니Tiffany 같은 브랜드 이미지를 구축하려 했다. 그들은 고객에게 완벽한 경험과 이상적인 서비스를 제공하기 위해 자금을 투자하고 힘을 쏟았다. 페어스타인과 모런은 성공한 사업가였으며, 고객에게 경험을 제공하는 일과 브랜드 이미지의 가치를 잘 알고 있었다. 그래서 이 일을 해내기 위해 매우 높은 비용을 들였으며 전국에 방영된 직접 반응 광고에도 차별점을 명확히 드러냈다. 광고는 "저희가 타사보다 낫습니다"라고 말하는 방식이었다. 물론 이 말이 사실이기도 했다. 하지만 투자에 비해 효과는 기대한 만큼 나타나지 않았다.

몇 개월 뒤, 페어스타인과 모런은 중대한 사실을 발견했다. 고객 대부분이 그들의 서비스를 딱 한 번만 이용한다는 사실이었다. 그들은 일회성 거래에 기반한 회사를 운영하면서 훨씬 큰일을 시도해왔음을 깨달았다. 두 사람은 '타사보다 나은' 서비스를 제공하려던 시도를 그만두고 그저 이용하기 편리한 서비스를 제공하는 데 만족하기로 했다. 또 서비스를 자주 이용하는 고객은 거의 없다는 점을 고려해 타사와 정면대결하는 일은 그만뒀다. 그들이 해야 할 일은 구매를 유도하고 고객이 주변에 추천할 정도의 만족스러운 서비스를 제공하는 것이었다. 그 이상은 불필요했다. 그들은 충성도 높은 고객층을 형성하는 데 투자할 필요가 없다는 사실을 깨달은 뒤로 훨씬 큰 효율과 수익을 냈다.

거래 발생 횟수가 평균 1회에 그치는 일에는 당근과 채찍 전략을 적절히 사용해 원하는 행동을 유도하는 방법이 효과적일 것이다. 가령 경찰이 목격자나 제보자를 찾을 때는 어떤 관계를 형성할 필요가 없다. 이때는 한 번의 거래가 일어날 뿐이다. 잃어버린 고양이를 찾기 위해 보상금을 내거는 사람 역시 고양이를 찾아준 사람과 오래 관계를 유지할 필요가 없다. 그저 고양이만 찾으면 된다.

조종은 일회성 거래나 드물게 일어나는 일에 걸맞은 전략이다. 경찰은 목격자의 제보나 증거 제출을 유도하기 위해 보상을 이용한다. 이는 프로모션과 비슷해서 위험보다 보상이 크다고 느낄 때 효과를 발휘하기도 한다.

하지만 고객에게 일회성 거래 이상을 기대하거나 충성도가 높고 지속적인 관계를 바란다면 조종은 전혀 도움이 되지 않는다. 예를 들어 정치인은 당장 얻을 표만 원할까, 아니면 오래도록 자신을 지지해줄 충성도 높은 지지자를 원할까? (그런데 요즘 선거가 이뤄지는 양상으로 미루어보면 정치인들이 원하는 건 오직 당선뿐인 듯하다. 상대 후보를 공개적으로 비방하고, 하나의 문제에만 집중하며, 유권자의 공포나 열망에 과도하게 의존하는 모습이 바로 그 증거다. 이런 전략으로는 당장 선거에서 이기더라도 충성심을 얻을 수 없다.)

미국 자동차 기업들은 조종전략에만 의존하면 훗날 값비싼 비용을 치러야 한다는 사실을 어렵게 깨달았다. 상황이 좋고 자금이 넘쳐날 때는 조종이 실행 가능한 전략일 수 있지만, 시장 상황이 변하면 그에 따르는 비용은 감당하기 어려울 정도로 커진다. 2008년 석유파동 당시 자동차 시장에서는 더 이상 프로모션이나 판매 유인책을 쓸 여력이 없었다(1970년대에도 같은 일이 일어난 적 있다). 조종전략을 써서 단기 수익을 얼마나 오래 낼 수 있는지는 전략에 드는 비용을 얼마나 오래 감당할 수 있는가에 따라 정해진다. 이는 경제 호황이 끝없이 이어지리라고 가정하는 셈인데 가정을 토대로 하는 사업은 근본적으로 기반이 약하다. 충성고객은 타사 제품이나 구매 혜택에 덜 휘둘리긴 하지만, 상황이 좋고 사업이 잘 풀릴 때는 상대적으로 그 가치가 잘 드러나지 않는다. 충성고객이 가장 중요해지는 시점은 상황이 어려울 때다.

조종은 효과가 있지만 비용이 든다. 그것도 아주 많이 든다. 자금이 부족해 조종전략을 쓰지 못할 때 충성고객마저 없다면 피해는 상당히 커진다. 충성고객 확보 기업으로 잘 알려진 사우스웨스트항공은 9·11 사태 직후 업계가 어려움에 처했을 때 기업에 보탬이 되고자 하는 고객들의 마음이 담긴 수표를 받기도 했다. 한 고객은 1,000달러짜리 수표를 보내며 다음과 같이 메모를 남겼다. “저는 지난 수년간 사우스웨스트항공 덕분에 편안하게 여행했습니다. 지금같이 어려운 시기를 극복하는 데 작은 도움이 되었으면 하는 마음으로 감사를 전합니다." 물론 이렇게 받은 수표가 기업 수익에 큰 도움이 되지는 않았지만, 이는 고객이 기업을 어떻게 생각하는지 보여주는 상징이었다. 고객들은 사우스웨스트항공에 유대감을 느꼈다. 돈을 보내지 않은 다른 충성고객들 또한 기업을 위해 수치로 측정하기 어려운 가치 있는 일들을 했다. 그들의 마음은 사우스웨스트항공이 역사상 가장 수익성 높은 항공사가 되는 데 장기적으로 매우 큰 도움이 됐다.

충성도 높은 지지층이 있으면 비용을 줄일 수 있을 뿐 아니라 마음도 무척 든든해진다. 도움이 절실히 필요한 시기에 고객과 직원들이 오랜 친구처럼 도와주리라고 확신할 수 있기 때문이다. 위대한 리더는 고객과 기업, 유권자와 후보자, 상사와 부하 직원에게 '우리는 이 일을 함께 해나간다'라는 느낌을 준다.

반면 조종에 의존하면 구매자와 판매자 모두 엄청난 스트레스를 받는다. 우선 구매자는 어떤 브랜드 제품이나 서비스를 택해야 할지 판단하기가 매우 어려워진다. 나는 치약 종류가 너무나 많아져서 선택하기 어렵다는 내용으로 농담을 자주 한다. 하지만 여기서 치약은 비유일 뿐이다. 우리가 매번 내리는 결정은 대부분 치약을 고르는 일과 비슷하다. 어느 로펌 서비스를 이용할까, 어느 대학교에 진학할까, 어떤 차를 살까, 어느 회사에서 일할까, 누구에게 표를 행사할까 등 우리에겐 내려야 할 결정이 매우 많다. 광고나 프로모션, 특정 선택을 하도록 유인하는 행동 등 돈이나 지지를 얻기 위해 경쟁자보다 강하게 밀어붙이는 시도는 모두 스트레스라는 결과로 이어진다.

판매자, 즉 기업이 얻는 결과도 마찬가지다. 기업은 고객의 결정을 도울 의무가 있지만 이를 행하기가 점점 어려워지고 있다. 경쟁사는 매일 더 개선된 제품을 내놓는다. 끊임없이 새로운 프로모션이나 게릴라 마케팅(잠재고객이 많이 있는 장소에 갑자기 나타나 제품을 판매하는 마케팅 방법—옮긴이) 전략을 생각해내고 제품에 새로운 기능을 추가하기란 결코 쉽지 않은 일이다. 게다가 수년간 단기 전략을 이어온 탓에 수익성이 오랫동안 악화된 현상까지 겹치면 조직 내부의 스트레스는 더욱 가중된다. 조종전략이 표준이 되는 일은 누구에게도 좋지 않다.

오늘날 비즈니스 분야의 스트레스 증가는 우연이 아니다. 정신의학자 피터 와이브로Peter Whybrow는 저서 『미국인의 집착증: 아무리 많아도 모자랄 때』*American Mania: When More Is Not Enough*에서 현대인이 앓는 수많은 질병은 몸에 좋지 않은 음식을 먹는 것과 거의 연관이 없다고 주장한다. 기업들이 발전을 위해 달려온 방식이 스트레스를 극대화해 현대인을 각종 질병에 시달리게 했다는 것이다. 오늘날 현대인은 각종 궤양, 우울증, 고혈

압, 불안장애, 암 발병률이 기록적인 수준에 이르렀다. 와이브로에 따르면 "더 많이, 더 많이, 더 많이"를 외친 탓에 실제로 우리 뇌의 보상 회로에 과부하가 걸렸다고 한다. 기업들이 추구하는 단기 이익은 사실상 사람들의 건강을 해치고 있다.

효과적이라고 모두 옳은 것은 아니다

조종이 위험한 이유는 효과가 있기 때문이다. 조종은 효과적이라는 이유로 표준이 됐다. 규모와 업종을 막론한 판매자 대다수가 조종전략을 쓰고 있다. 이 사실만으로도 시장에는 구조적으로 동조 압력이 형성된다. 역설적이게도 우리는 조종전략을 쓰면서 스스로 초래한 상황에 조종당하고 있다. 목표를 달성하려고 진행하는 가격인하나 프로모션 혹은 공포와 열망을 이용한 마케팅 같은 '참신함'은 기업과 조직, 나아가 사회를 점점 더 약하게 만들고 있다.

2008년 금융위기는 극단적이긴 하지만 잘못된 사실을 바탕으로 가정하는 일이 계속될 때 어떤 일이 벌어지는지 잘 보여준다. 주택시장이 무너지고 뒤이어 은행업계까지 붕괴된 이유는 은행 내부에서 조종을 바탕으로 의사결정을 했기 때문이었다. 직원들은 근시안적인 의사결정을 부추기는 성과급 체제에 조종당했다. 그리고 공개적으로 망신을 당하는 것이 두려워 누구도 책임감 있는 반대의 목소리를 내지 못했다. 대출이 자유로워지자 야심에 찬 이들은 감당하기 어려운 수준까지 빚을 내 집을 샀다. 충성심 높은 행동은 어디에서도 찾기 어려웠고, 일회성 거래만 이어질 뿐이었다. 이런 거래는 효과적이지만 비용이 많이 들었다. 모두의 이익을 위해 애쓰는 사람은 거의 없었다. 뭐 하러 그러겠는가? 그럴 필요가 전혀 없었다. 사람들에게는 즉각적인 만족만 있을 뿐 그 이상의 대의나 신념이 없었다. 이처럼 스스로 이룬 성공으로 인해 쓰러진 업계가 은행이 처음은 아니었다. 미국 자동차 기업들 역시 수십 년 동안 같은 방식으로 조종을 거듭하며 단기적인 의사결정을 반복해오고 있다. 조직의 주된 행동 방식이 조종이라면 그들은 흔들리거나 심하면 붕괴할 수밖에 없다.

그런데도 조종은 오늘날 표준으로 자리 잡고 말았다.

하지만 대안은 있다.

2부

남다른 성과를 이룬 조직의 원리

3장

골든서클
: 가치 판단의 나침반

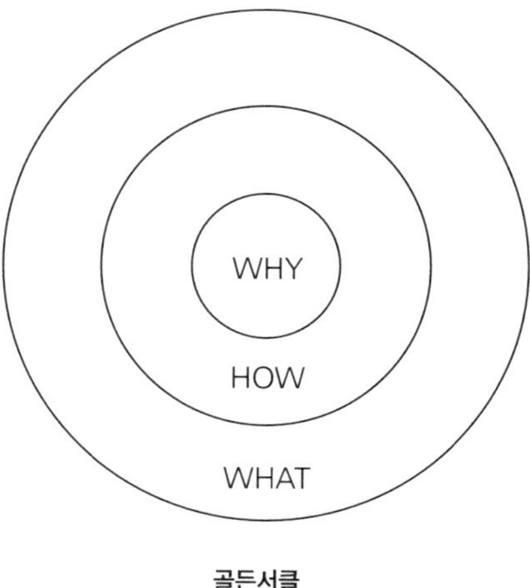

골든서클

사람들에게 동기를 주기 위해 조종 대신 열의를 불어넣는 방식을 택한 리더들이 있다. 열의를 주는 리더는 분야와 관계없이 비슷한 방식으로 생각하고 행동하며 의사를 전달한다. 이 방식은 대부분 사람과 반대다. 이들이 하는 행동은 의식이든 무의식이든 내가 '골든서클'The Golden Circle이라 부르는 특정 패턴을 보인다.

골든서클의 개념은 황금비the golden ratio에서 따왔다. 역사가 시작된 이래 많은 수학자, 생물학자, 건축가, 예술가, 음악가, 자연주의자가 이 단순한 수학 비율에 매혹됐다. 고대 이집트인부터 피타고라스Pythagoras나 레오나르도 다 빈치Leonardo da Vinci에 이르기까지 무수한 사람이 균형과 미를 수학 공식으로 도출하기 위해 황금비에 집중했다. 대칭을 이룬 식물 잎 모양과 기하학적으로 완벽한 눈송이 구조에서 드러나듯 황금비는 자연의 질서 정연함을 보여주는 증거가 되기도 한다.

하지만 황금비가 그토록 매력적인 이유는 많은 분야에 다양하게 적용할 수 있기 때문이다. 더 중요한 점은 무작위나 운으로 여겨질 수도 있었던 현상이 황금비로 인해 예측 가능한 공식으로 바뀌었다는 사실이다. 예측할 수 없다고 여겨지는 대자연에도 기존에 알려진 바보다 많은 질서가 존재한다. 황금비가 자연의 질서를 증명하듯 골든서클 또한 인간의 행동에 질서가 있다는 사실을 보여준다. 골든서클은 우리가 하는 행동에 이유가 있다는 사실을 알려주는 개념이다. 이는 일을 시작하기 전에 '왜?'라는 질문을 먼저 한다면 얼마나 많은 것을 성취할 수 있는지 보여주는 증거가 된다.

골든서클은 몇몇 리더와 조직이 영향력을 유독 크게 키울 수 있었던 이유를 기존과 다른 관점에서 설명한다. 이 관점으로 바라보면 애플이 그토록 많은 산업에서 어떻게 혁신을 이루고 지속하는지 명확히 이해할 수 있다. 또한 사람들이 할리데이비슨 로고를 문신하는 이유도 설명할 수 있다. 사우스웨스트항공이 역사상 가장 수익성 높은 항공사가 될 수 있었던 비결과, 기업의 일이 효과를 발휘할 수 있었던 이유를 분명히 알 수 있다. 심지어 마틴 루서 킹 목사가 민권운동을 펼쳤을 때 사람들이 왜 그를 따랐는지, 존 F. 케네디가 죽은 뒤 왜 사람들이 계속해서 달 착륙 사업을 이어가고 있는지도 이해할 수 있다. 골든서클은 리더가 조종 외의 다른 방식으로 어떻게 사람들의 특정 행동을 끌어냈는지 보여준다.

골든서클을 기초로 한 새로운 시각은 세상을 바꾸는 일 외에서도 유용하게 쓰인다. 이는 사람들에게 동기를 부여하는데도 적용할 수 있다. 리더십 향상, 기업문화 개선, 적합한 인재 채용, 제품 개발, 영업·마케팅 능력 향상 등에서 이를 기준으로 삼을 수 있기 때문이다. 심지어 충성심이 어떻게 생겨나는지, 하나의 아이디어를 사회운동으로 발전시킬 때 힘을 어떻게 모아야 하는지도 골든서클로 설명할 수 있다.

이 모든 일은 공통적으로 골든서클 안에서 시작해 밖으로 뻗어나간다. 다시 말해 모두 WHY에서 시작한다는 뜻이다.

이를 어떻게 적용할지 살펴보기 전에 먼저 용어부터 정의하고자 한다. 골든서클 바깥쪽부터 안쪽 순서로 설명하겠다.

WHAT(무엇을): 많은 회사와 조직은 현재 그들이 '무엇을' 하는지 잘 알고 있다. 규모나 산업군과 관계없이 대체로 그렇다. 판매하는 제품이나 서비스가 무엇인지, 체계 안에서 수행하는 직무 기능이 무엇인지 설명하는 일은 그리 어렵지 않기 때문이다. WHAT은 알아내기 쉽다.

HOW(어떻게): 일부 회사와 사람들은 자기들이 무엇을 '어떻게' 하는지 알고 있다. 이를 '차별화된 가치 제안'(기업이 고객에게 제공할 수 있는 효용을 명시화하는 일—옮긴이)이라고 부르든 '생산 공정 특허' 혹은 'USP 전략'(unique selling proposition, 독창적인 제품 강점을 소비자에게 반복해서 전달하는 마케팅 전략—옮긴이)이라고 부르든 HOW는 판매하는 제품이 어떻게 다르며 어떤 점에서 더 뛰어난지 보여준다. 사람들은 WHAT만큼 명백하게 드러나지 않는 HOW를 동기 부여 요인이라고 혼동하는 경우가 많다. 하지만 HOW로 문제를 모두 해결할 수는 없다. 여기엔 한 가지가 더 필요하다.

WHY(왜): 자신이 하는 일의 목적을 명확하게 말할 수 있는 사람이나 회사는 극히 드물다. WHY란 돈이 아니다. 돈은 오히려 나중에 따라오는 결과에 가깝다. 여기서 말하고자 하는

WHY는 일의 목적이나 대의, 신념이다. 이를테면 다음 질문에 대한 대답이다. 회사는 왜 존재하는가? 내가 하루를 시작하는 이유는 무엇인가? 그리고 사람들은 왜 이런 질문에 관심을 가져야 하는가?

조직이나 개인은 대부분 생각하거나 행동하고 의사를 전달할 때 골든서클의 가장 바깥쪽에서 안쪽으로, 즉 WHAT에서 출발해 WHY로 간다. 그럴 만도 하다. 가장 명확한 것부터 생각하고 행동하는 게 쉬워 보이기 때문이다. 우리는 내가 '무엇을' 하는지 자주 말하고 가끔은 '어떻게' 하는지도 말하지만 이 일을 '왜' 하는지는 거의 말하지 않는다.

하지만 뛰어난 회사와 리더는 그렇지 않다. 이들은 모든 일의 시작점이 골든서클 안쪽에 있다.

나는 애플을 자주 예로 든다. 널리 알려진 데다 제품 설명이나 타사 제품과 비교가 쉽기 때문이다. 게다가 애플처럼 오랜 기간 동안 성공을 거두는 것은 흔치 않은 일이다. 해를 거듭해도 혁신적인 모습을 유지하며 하나의 종교처럼 대중을 매료하는 애플은 골든서클 원리를 보여주는 좋은 예시다.

마케팅 사례를 간략히 살펴보자.

애플이 여느 다른 조직과 같았다면 마케팅 문구 또한 골든서클 바깥쪽에서 안쪽 순서로 갔을 것이다. 그랬다면 가장 먼저 '무엇을' 하는지 이야기하고 다음으로 그들이 경쟁사와 '어떻게' 다른지 뛰어난 점을 설명한 뒤 소비자의 특정 행동을 유도했을 것이다. 이렇게 하는 기업은 소비자의 특정 행동, 즉 구매를 최우선 가치로 둔다. 애플도 그런 브랜드였다면 마케팅 문구는 다음과 같을지도 모른다.

> 우리는 뛰어난 컴퓨터를 만듭니다.
>
> 디자인이 아름답고 다루기 쉬운 사용자 친화적 제품입니다.
>
> 하나 사시겠습니까?

이런 광고 문구는 그다지 설득적이지 않다. 그런데도 대부분 기업은 이런 방식을 표준으로 삼고 물건을 판매한다. 이들은 우선 자사가 '무엇을' 하는지 이야기한다. "저희 신차가 나왔습니다." 그리고 어떻게 상품을 준비했으며 타사보다 어떤 점이 뛰어난지 설명한다. "가죽 시트를 사용했고 연비가 뛰어나며 구매 혜택도 좋습니다." 그 후에는 구매 유도 문구를 내보내 거래가 이뤄지기를 기대한다.

이런 패턴은 소비자 시장과 기업 시장에 모두 나타난다. "여기 저희 로펌이 있습니다. 변호사들은 일류 대학 출신이며 다수의 거물급 클라이언트와 일하고 있습니다. 저희 서비스를 이용하세요." 이 패턴은 정치계에서도 나타난다. "여기 선거 후보가 있습니다. 그의 세금 정책과 이민 정책은 이렇습니다.

다른 후보들과는 다르죠? 이 후보에게 투표하세요." 나열한 사례는 차별점이나 우월한 가치를 내세우는 방식으로 의사를 전달한다.

하지만 사람들에게 영감을 주는 리더와 조직은 그렇게 하지 않는다. 이들은 규모나 업계를 불문하고 골든서클 안쪽에서 바깥쪽 방향으로 사고하고 실천하며 메시지를 전한다.

애플의 예를 다시 살펴보자. 이번에는 애플이 실제로 말하는 방식으로 써보겠다. 아래 문구는 WHY로 시작한 사례다.

> 우리는 무엇을 하든 현실에 도전하고자 합니다.
> 우리는 다르게 생각하는 삶의 가치를 믿습니다.
> 그래서 디자인이 아름답고 다루기 쉬운 사용자 친화적 제품으로 현실에 도전합니다.
> 그 결과, 우리는 뛰어난 컴퓨터를 만들었습니다.
> 하나 사시겠습니까?

첫 번째와 완전히 다른 메시지다. 두 번째 문구를 읽은 고객은 대체로 구매 욕구를 크게 느낀다. 차이점이라면 뒤집힌 정보 순서뿐이다. 여기엔 어떤 속임수나 조종, 사은품, 열망을 자극하는 문구, 유명인 광고도 없다.

애플은 정보 순서만 뒤집은 것이 아니다. 그들은 '무엇을' 하는지와 관계가 없을지라도 자기만의 WHY와 목적의식, 대의, 신념이 담긴 메시지를 먼저 전달했다. 애플의 WHAT, 즉 기업이 만든 컴퓨터와 소형가전 자체는 그저 제품을 구매해야 하는 이유가 아니라 그들의 대의 실현을 보여주는 확실한 근거가 된다. 물론 애플 제품의 디자인과 사용자 인터페이스도 구매에 영향을 끼친다. 하지만 그것만으로 충성도 높은 고객층이 형성되지는 않는다. 제품은 기업의 대의를 눈에 보이는 형태로 만들어주는 요소다. 다른 기업이 유능한 디자이너와 엔지니어를 고용해 애플 제품을 따라 만들거나 심지어 직원을 빼오더라도 같은 결과를 기대하긴 어렵다. WHAT이나 HOW를 모방하는 것만으로는 효과를 볼 수 없다. 애플이 시장에서 그토록 큰 영향력을 행사하는 비결에는 WHAT이나 HOW 이상으로 설명하기 어려운 것들이 있기 때문에 이를 따라 하는 행위는 무의미하다. 사람들은 궁극적으로 WHAT이 아니라 WHY에 이끌려 구매를 결정한다.

애플이 매번 혁신적인 제품을 내놓으며 꾸준히 충성심 깊은 고객층을 형성하는 이유가 단순히 WHAT에서 기인한 것은 아니다. 그런데도 많은 기업이 브랜드나 제품, 아이디어를 광고할 때 눈에 보이는 특징과 혜택만 내세운다. 타사와의 차이점을 노골적으로 표현하거나 은유와 유추 기법을 사용하기도 하지만 그렇게 해서는 결과가 크게 나아지지 않는다. 기업은

WHAT을 판매하려고 하지만 고객은 WHY를 산다. 이는 바로 기업이 골든서클의 역방향으로 가고 있다는 점을 의미한다. 바깥쪽에서 안쪽으로 가는 조직은 WHAT과 HOW만 내세운다.

반면 골든서클 안쪽에서 바깥쪽으로 향하면 고객이 자사 제품을 사야 하는 이유인 WHY가 적절히 전달되며, WHAT으로 기업 신념을 확실히 뒷받침할 수 있다. 신념, 즉 WHY는 특정 제품이나 회사, 아이디어에 끌리는 이유를 논리적으로 설명해 준다.

기업이 '무엇을' 하는지는 외부 요인이지만, '왜' 하는지는 그보다 의미가 깊은 내부 요인이다. 애플이라고 해서 모든 게 특별한 것은 아니다. 그들도 다른 기업처럼 그저 하나의 회사일 뿐이다. 사실 애플과 경쟁사 간에 눈으로 보이는 큰 차이는 없다. 델Dell, HP, 게이트웨이Gateway, 도시바Toshiba 등 어느 회사와 견주어도 마찬가지다. 이들은 모두 기업의 구조를 갖추고 있다. 회사란 그게 전부다. 구조만 갖추면 회사를 이룰 수 있다. 게다가 이 기업들은 모두 컴퓨터를 만든다. 다들 효과적인 사내 시스템과 그렇지 않은 시스템이 엇비슷하게 갖춰진 곳에서 일한다. 이들은 공통적으로 인적·물적 자원을 활용할 수 있고, 유통사나 컨설팅 회사를 이용할 수 있으며, 여러 매체에 홍보할 수 있다. 비슷한 수준의 관리자와 디자이너, 엔지니어를 보유하고 있기도 하다. 어느 회사나 출시한 제품이 잘 팔릴 때도 있고 그렇지 않을 때도 있다. 애플도 마찬가지다. 그렇다면 왜 애플만 압도적인 성공을 거뒀을까? 어떻게 혁신의 상징이 되었을까? 이 기업이 지속적으로 더 높은 수익을 내는 이유는 무엇일까? 충성도 높은 고객층을 어떻게 구축했을까? 애플처럼 견고한 팬층을 거느린 기업은 찾아보기 어려운 수준이다. 애플이 어떻게 했기에 사람들이 이 정도로 열광할까?

사람들은 WHAT이 아니라 WHY에 끌려 구매를 결정한다. 애플은 견고한 신념을 바탕으로 분야를 넘나드는 놀라운 유동성을 보여줄 수 있었다. 사람들은 대체로 애플 컴퓨터를 살 때 거리낌이 없다. 아이폰이나 아이패드 등을 구입할 때도 마찬가지다. 고객과 투자자는 애플이 여러 분야에서 수많은 제품을 생산한다는 사실을 편안하게 받아들인다. 애플이 특별한 이유는 WHAT 때문이 아니다. 바로 WHY 때문이다. 애플은 눈에 보이는 제품으로 신념을 드러냈다.

물론 제품 자체도 중요하다. 그런데 애플 제품이 중요한 이유는 일반 통념과 다르다. 애플이 뛰어나다는 평가를 받는 이유는 품질 때문만이 아니다. 그들의 제품, 즉 WHAT은 애플의 신념을 확실하게 보여주는 증거물이다. WHAT과 WHY가 분명한 상관관계를 이루는 기업은 돋보인다. 그래서 우리는 애플을 '진짜'라고 여긴다. 애플이 하는 모든 일은 그들의 WHY, 즉 현실을 향한 도전을 보여준다. 그들이 어떤 제품을 만들고 어느 업계에 속하든 "다르게 생각하라"think different라는 신념을 실천하고 있다는 사실은 명확히 드러난다.

매킨토시를 출시하며 시장에 처음 나타난 애플은 복잡한 컴퓨터 언어 대신 그래픽 인터페이스에 기반한 운영체제를 선보였다. 이는 컴퓨터 시장 현실에 도전하는 행보였다. 업계 대부분은 기업 간 거래에서 가장 큰 판매가 이루어지길 바랐지만, 애플은 개인이 집에 편히 앉아서도 여느 회사와 다를 바 없는 영향력을 발휘하길 바랐다. 그들은 모든 말과 행동으로써 현실에 도전하며 개인에게 힘을 주고자 하는 신념인 WHY를 드러냈다. 애플의 WHY는 아이팟iPod이 되고 아이튠즈가 됐다. 아이튠즈는 기존 음악업계 유통 구조에 도전한 서비스였고 개인이 음악을 즐기는 형태에 더욱 알맞은 혁신이었다.

당시 음악산업은 음반 판매가 주류를 이루고 있었다. 음악 감상을 주로 집에서 하던 시절에 맞춰 발달한 구조였다. 그런데 1979년 소니Sony가 워크맨Walkman을 출시하면서 집 밖에서도 음악을 즐길 수 있게 됐다. 워크맨에 이어 디스크맨Discman까지 출시된 뒤에도 구매자가 들을 수 있는 곡은 카세트테이프나 CD 개수에 따라 한정적이었다. 그때 mp3라는 음악 파일 형식이 개발되었고 상황이 완전히 바뀌었다. 디지털 압축 기술이 발달하자 비교적 저렴하고 휴대성이 뛰어난 디지털 음원 재생기기에 엄청나게 많은 곡을 저장할 수 있게 됐다. 간편하게 작은 기기 하나만 챙겨 집을 나설 수 있게 된 사람들은 음악을 밖에서 듣는다고 생각하기 시작했다. 그때부터 앨범을 수집하던 문화가 사라지고 곡을 모으는 문화가 자리 잡았다. 음악업계에서는 여전히 음반을 판매하고자 흐름에 적합하지 않은 사업 모델을 고수했지만, 애플은 아이팟을 출시하며 이렇게 광고했다. "주머니 속 1,000곡". 애플은 아이팟과 아이튠즈를 이용해 mp3 파일과 플레이어가 일상에서 충분한 가치가 있음을 효과적으로 전달했다. 애플은 이 광고에서 제품 정보를 낱낱이 설명하지 않았다. 그들은 제품 이야기가 아니라 사람들의 이야기를 했다. 소비자는 광고를 보며 자신이 '왜' 에어팟과 아이튠즈를 원하는지 이해할 수 있었다.

애플은 mp3나 아이팟에 적용된 기술을 최초로 개발한 회사가 아닌데도 음악업계를 완전히 바꿨다는 평가를 받았다. mp3 플레이어를 발명한 회사는 사실 크리에이티브테크놀로지Creative Technology Ltd.였다. 이 회사는 가정용 PC에서 소리가 나도록 하는 사운드 블라스터Sound Blaster를 개발해 유명해진 싱가포르 기업이었다. 애플은 이들이 시장에 진입하고 22개월이 지난 뒤에야 아이팟을 출시했다. 말하자면 선발주자의 이익은 없었다는 뜻이다. 게다가 디지털 사운드 역사를 고려하면 애플보다는 크리에이티브테크놀로지의 디지털 음악 분야 제품이 뛰어나야 마땅했다. 하지만 크리에이티브테크놀로지는 자사 제품을 "5GB mp3 플레이어"라고 홍보했다. 의미만 놓고 보면 애플 광고 문구인 "주머니 속 1,000곡"과 같다. 그러나 여기에는 차이점이 있었다. 크리에이티브테크놀로지는 그들이 파는 제품인 WHAT을 드러냈고, 애플은 아이팟을 가져야 하는 WHY를 전했다.

우리는 아이팟을 구입하기로 결심한 뒤에야 WHAT을 고려한다. 사겠다고 마음을 정하고 나서 5GB를 살지 10GB를 살지 정한다는 의미다. WHAT은 주머니 속에 1,000곡을 넣고 다닐 수 있다는 것을 보여주는 확실한 증거가 된다. 우리는 WHY로 시작하는 기업에 끌리게 되어 있다. 애플은 제품을 판매할 때 WHY로 시작한다.

크리에이티브테크놀로지에서 나온 젠Zen보다 아이팟이 낫다고 확신한 사람이 몇이나 될까? 아이팟은 고질적인 기기 수명과 배터리 교체 문제에 시달렸다. 심지어 전원이 갑자기 꺼지곤 했다. 어쩌면 젠이 더 나은 제품이었을지도 모른다. 하지만 사람들은 이런 사실에 크게 개의치 않는다. WHAT이 아니라 WHY에 이끌려 구매를 결정하기 때문이다. 애플은 뚜렷한 WHY를 지녔기 때문에 놀랄 만한 혁신을 이룰 수 있었다. 그들보다 유리한 위치에 있는 회사와 경쟁해서 이기고, 핵심 분야가 아닌 다른 산업에서 성공을 거둔 이유도 마찬가지다.

WHY가 불분명한 회사는 이와 정반대다. '무엇을' 하느냐로 회사를 정의하는 조직은 정의하지 않은 일을 하지 못한다. 제품이나 서비스로 자신을 정의한 애플의 경쟁사들은 아무리 '브랜드 차별화'를 한다 해도 애플처럼 여러 분야를 넘나드는 자유를 누리지 못한다는 뜻이다. 예컨대 게이트웨이는 2003년 평면 TV를 출시했다. 이 회사는 수년간 평면 모니터를 만들어왔으므로 평면 TV를 생산하고 판매할 능력이 충분했다. 하지만 가전제품 브랜드로서 신뢰감을 주지 못해 2년 만에 사업을 포기하고 기존 핵심 사업으로 돌아갔다. 델 역시 2002년 PDA를 출시하고 2003년 mp3 플레이어도 내놨지만 시장에서 몇 년 버티지 못했다. 델은 품질 좋은 제품을 만드는 기업이었고 기술력이 좋아 컴퓨터가 아닌 다른 제품도 충분히 만들 수 있었다. 그러나 델은 WHAT으로 자신을 정의해왔다. 컴퓨터를 만드는 브랜드라는 인식이 매우 강했던 탓에 소비자가 델에서 나온 PDA나 mp3 플레이어를 사는 일은 이상해 보였다. 쉽게 이야기해 어울리지 않는 느낌이었다. 그러나 컴퓨터를 판매하던 애플에서 아이폰을 출시하자 사람들은 여섯 시간씩 줄을 서서 구매했다. 델에서 휴대전화를 출시한다면 이를 사기 위해 줄을 설 사람이 얼마나 되겠는가? 사람들은 델을 컴퓨터 회사 이상으로 생각하지 못했다. 회사가 스스로를 WHAT으로 정의했기에 그 이상으로 여기는 것이 어색했다. 매출이 부진하자 델은 소형가전 시장에 진입하겠다던 꿈을 재빨리 접었다. '핵심 사업'에 집중하는 쪽을 택한 것이다. 델이 최초 설립 이념이나 대의를 재발견하고 WHY로 새롭게 시작하지 않는다면 '핵심 사업'인 컴퓨터 분야에만 갇히게 될 것이다.

애플은 경쟁사와 달리 WHAT이 아니라 WHY로 자신을 정의했다. 이들은 컴퓨터 회사가 아니라 현실에 도전하는 브랜드이자 개인에게 더 간편한 대안을 제공하는 기업이다. 심지어 2007년에는 회사명을 '애플 컴퓨터'에서 '애플'로 바꿨다. 컴퓨터 회사에 그치지 않는다는 브랜드 정체성을 반영하기 위해서였다. 사실 회사명이 무엇인지는 중요하지 않을 수도 있다. 회사 이름에 '컴퓨터'라는 단어가 들어간다고 해서 애플이 할 수 있는 일에 제한이 생기는 것은 아니기 때문이다. 하지만 그들 스스로 느끼는 정체성에는 제한이 있었다. 회사명을 바꾼 일은 실질적인 변화가 아니라 철학적인 변화였다.

애플의 WHY는 1970년대 후반 창립 당시에 만들어져 지금까지 바뀌지 않았다. 이 기업은 제품을 만들거나 산업군을 이동할 때도 변함없이 WHY를 유지한다. 기존 체제에 도전하겠다던 애플의 예언은 현실이 됐다. 그들은 퍼스널 컴퓨터 시장의 판도를 바꿨다. 소형가전 분야에서 업계를 장악해온 소니나 필립스Philips 같은 회사에 도전장을 내밀었다. 휴대전화 분야에서는 모토로라, 에릭슨, 노키아 같은 베테랑 기업들을 밀어내고 사업 구조를 재편성했다. 이제 우리는 애플이 '무엇을'

하든 그들이 '왜' 존재하는지 이해할 수 있다.

그러나 애플의 경쟁사들은 정반대다. 이 기업들에도 한때는 WHY가 뚜렷했던 시절이 있었다. 이들이 시가총액 수십억 달러 기업으로 성장할 수 있었던 원동력 중 하나는 바로 분명한 WHY였다. 하지만 시간이 지나면서 이들은 모두 WHY를 잃고 말았다. 이제 애플의 경쟁사 대부분이 자신을 '무엇을' 하느냐로 정의한다. "우리는 컴퓨터를 만듭니다"와 같이 말이다. 경쟁사들은 대의를 추구하던 기업에서 점차 물건을 파는 곳으로 바뀌었다. 소비자 구매를 유도하는 주요 수단은 가격, 품질, 서비스 등의 특징이 되고 그렇게 회사와 제품은 '상품'이 되고 만다. 가격, 품질, 서비스 등 제품의 특징만으로 경쟁해야 하는 회사는 어떤 상황에서도 차별화하기가 매우 어려우며 충성심을 형성하기도 힘들다. 게다가 이런 요인만 앞세워 경쟁에 뛰어들면 성과를 이루는 데 비용이 많이 들어 하루하루 스트레스가 커진다. 다른 회사와 차별화하고 오랫동안 성공하려면 반드시 자신만의 WHY가 있어야 한다.

시장에서 차별화를 하지 못해 고전하는 회사라면 그들은 '무엇을' '어떻게' 하든 사실상 '상품'을 파는 기업에 그치게 된다. 이를테면 '상품'을 파는 기업의 우유 생산자는 시중에 나와 있는 다양한 우유 브랜드의 세세한 차이점을 강조한다. 하지만 그 차이는 전문가만 이해할 것이다. 일반인은 대부분

우유를 비슷하게 느낀다. 그때부터 모든 브랜드는 하나로 뭉뚱그려져 '상품'이라 불린다. 다른 산업에서도 마찬가지다. 기업과 고객 중 누구와 거래하든 간에 오늘날 시중의 상품이나 서비스가 다 이런 식이다. 많은 회사가 '무엇을' '어떻게' 할지에만 집중하고 WHY는 고려하지 않는다. 그럴수록 우리는 기업들을 하나로 뭉뚱그려 바라보고, 그들은 '상품'을 파는 회사처럼 행동한다. 우리가 그들을 '상품'을 파는 회사로 여기면 그들은 더더욱 '무엇을' 할지와 '어떻게' 할지에만 집중하면서 악순환을 반복한다. 차별화에 매몰되어 하루하루를 보낸다면 그곳은 '상품'을 판매하는 회사일 뿐이다. 뚜렷한 WHY가 있는 조직은 이런 걱정을 하지 않아도 된다. 이들은 자신이 다른 조직과 다르다고 생각하며, 가치를 사람들에게 확신시키는 데 힘들이지 않는다. 당근과 채찍을 이용한 복잡한 시스템도 필요 없다. 실제로 다른 조직들과 구별되며 모두가 그 사실을 잘 안다. 무슨 말을 하든 어떤 일을 하든 WHY로 시작한다.

애플이 마케팅을 잘해서 차별화를 이뤘다고 생각하는 사람들을 종종 목격한다. 또한 몇몇 마케터는 "애플은 라이프스타일을 판다"라고 말한다. 이들은 왜 애플처럼 성공하고 오래가는 브랜드를 만들지 못할까? 전문가들이 '라이프스타일'이라는 단어를 쓰는 것은 특정 방식으로 사는 사람들이 애플을 자신의 삶에 들였다는 사실을 인정한다는 의미였다. 하지만 애플은 삶의 방식을 발명하거나 판매하는 기업이 아니다. 어떤 스타일로 살아가는 사람들이 애플에 매력을 느끼는 것뿐이다. 이런 사람들은 자신의 방식대로 살며 특정 브랜드 제품을 선호한다. 이 사실은 우리가 이들의 라이프스타일을 어떻게 인식하느냐와 관련이 있다. 이들이 선택한 제품은 어떤 면에서 자신의 삶을 드러내는 근거가 된다. 애플의 WHY와 비슷한 신념을 지니고 살아가는 사람들은 애플에 끌린다. 다른 라이프스타일을 지향하는 사람들에게는 할리데이비슨이 잘 어울리고, 또 다른 방식으로 살아가는 이들에게는 프라다 신발이 어울리듯, 뭔가를 고를 땐 브랜드보다 구매자의 라이프스타일이 먼저다. 따라서 회사에서 생산하는 제품이 기업의 WHY를 보여주기도 하고 개인의 WHY를 보여주기도 한다.

어떤 사람들은 애플이 뛰어난 기업이 된 이유로 제품 품질이 좋다는 점을 꼽는다. 심지어 애플 직원 중에도 이렇게 말하는 사람들이 있다. 물론 품질이 좋은 제품을 만드는 일은 중요하다. WHY가 아무리 뚜렷하다고 해도 회사가 만드는 제품이 별로라서 WHAT이 효과를 발휘하지 못한다면 모든 일은 실패로 돌아가기 때문이다. 기능적으로 가장 탁월한 상품을 만들 필요는 없다. 소비자를 만족시키는 꽤 좋은 상품 정도면 된다. '더 낫다'나 '가장 탁월하다'는 비교 개념이다. 애초에 사람들에게 WHY를 이해시키지 못한다면 상품 비교로 타사를 앞지른다 해도 어떤 가치를 줄 수 없을 것이다.

여기서 '더 낫다'라는 개념의 기준에 의문이 생길 수 있다. 페라리Ferrari F430 스포츠카가 혼다 오디세이Honda Odyssey 미니밴보다 나을까? 식구가 여섯 명인 가족에게는 2인승 페라리가 더 낫다고 할 수 없다. 반면 연인과 차를 타려는 목적이라면 혼다 미니밴이 더 낫다고 하기 어려울 것이다(물론 이 가정은 사람이나 상황에 따라 달라질 수 있다). 제품의 **WHY**는 사람들이 그 제품을 원하는 이유와 맞아떨어져야 한다. 혼다 오디세이에 적용된 기술 일부는 실제로 페라리보다 나을 수 있다. 연비는 확실히 페라리보다 낫다. 하지만 이런 점을 강조한들 페라리를 간절히 원하는 사람에게는 와닿지 않을 것이다. 본능적으로 페라리에 더 이끌리는 사람들이 있다는 사실은 제품 성능보다 구매자의 성향이 중요하다는 점을 시사한다. 기술적인 측면은 페라리 팬들이 페라리를 어떻게 생각하는지 보여주는 한 부분일 뿐이다. 이미 페라리의 모든 면에 매력을 느낀 사람들과 이를 주제로 이야기하면 객관적인 대화를 나누기가 쉽지 않다. 페라리를 선택하는 사람들은 추가요금을 내더라도 빨간 차를 사려고 하는 반면 혼다 오디세이를 선택하는 사람들은 색깔에 크게 연연하지 않는 이유가 무엇일까?

애플 컴퓨터가 다른 제품보다 낫다고 주장하는 사람들에게 이의를 제기하는 것은 의미가 없다. 애플 컴퓨터는 이미 그들이 원하는 어떤 기준을 충족했을 것이다. 애플과 신념이 같은 사람들에게는 애플 컴퓨터가 더 나은 제품이다. 이들은 애플 제품이 객관적으로 더 낫다고 믿는다. 그러므로 이 생각을 바꾸려는 시도는 사실상 무의미하다. 객관적인 근거가 있다고 해도 공통적으로 명확한 판단 기준을 세우지 않고서는 어느 제품이 더 뛰어나거나 더 뒤처지는지 이야기해봐야 말싸움만 벌어질 뿐이다. 각 브랜드의 충성심 높은 고객들은 서로 자기가 옳다 주장하려고 자신에게 필요한 기능과 불필요한 부가가치까지 예로 들며 설명한다. 이는 수많은 회사가 차별화를 답으로 여기는 주된 이유이기도 하다. 이들은 한쪽만이 옳다는 틀린 가정으로 판단을 내린다. 하지만 양쪽이 다 옳다면 어떻게 될까? 어떤 사람에게는 애플이 적합하지만 다른 사람에게는 타 브랜드의 PC가 적합하다면 어떨까? 그렇다면 이 문제는 어떤 게 더 낫고 더 뒤처지는지 논쟁하는 일이 아니라, 각자 다른 요구사항을 원하는 일이 된다. 그래서 양쪽은 논의를 시작하기 전에 WHY를 확실하게 정립해야 한다.

소비자가 합리적인 조건을 기준 삼아 특정 제품이 더 낫다고 판단했다면 구매가 이루어지더라도 충성심이 생기기는 어렵다. 그러나 소비자가 조종당하지 않았는데도 특정 제품에 구매 욕구를 느꼈다면 그는 자신이 선택한 제품이 더 낫다고 생각한 이유를 스스로 말할 수 있을 것이다. 좋은 품질과 장점도 중요하지만 그것만으로는 확고한 충성심을 형성할 수 없다. 충성심을 자아내는 요인은 기업이나 브랜드, 제품이나 사람이 제시하는 대의, 즉 WHY다.

현시대에 유연하게 적응하려면

자신의 WHY가 무엇인지 알아야만 성공하는 것은 아니다. 하지만 성공을 오래도록 지속하고, 혁신을 이루며, 변화에 걸맞은 유연성을 발휘하고 싶다면 WHY를 아는 것이 유일한 길이다. WHY가 흐릿해지면 기존의 성공을 이끌었던 성장 동력과 고객 충성도를 유지하기가 훨씬 어려워진다. 여기서 어렵다는 말은 영감을 주는 방법으로 구매를 유도하는 대신 결국 조종전략을 선택한다는 뜻이다. 조종전략은 앞서 설명했듯이 단기적으로 효과적이지만 길게 보면 큰 비용이 따른다.

경영대학원 연구에 빈번히 등장하는 철도회사 사례를 살펴보자. 1800년대 후반 철도회사들은 미국에서 가장 규모가 큰 기업이었다. 기념비적인 성공을 거두고 미국의 지리 상황까지 바꿔놓은 그들에게 WHY를 기억하는 일은 더 이상 중요하지 않았다. 대신 그들은 철도 사업인 WHAT 자체에 집착하기 시작했다. 관점이 좁았던 탓에 의사결정 폭도 좁아진 철도회사들은 모든 자금을 선로와 침목, 엔진에 투자했다. 하지만 20세기가 시작되던 무렵 새로운 기술이 도입됐다. 바로 비행기였다.

큰 규모를 자랑하던 기업들은 모두 쓰러졌다. 만약 그들이 기업의 성격을 철도 사업자가 아닌 대중교통 사업자로 정의했다면 어땠을까? 그랬다면 다른 행보를 보였을 것이다. 놓칠 뻔한 기회를 잡았거나, 오늘날 모든 항공사를 소유했을지도 모른다.

이렇게 생각해보면 '무엇을' 하는지를 바탕으로 자사와 산업을 정의하는 수많은 회사가 장기적으로 얼마나 오래 살아남을지 의문이 든다. 그들은 오랫동안 일해온 방식에 익숙해진 탓에 신기술에 대항하거나 새로운 관점으로 바라보는 것을 두려워한다. 철도회사 사례는 앞서 언급한 음악업계의 변화와 놀랄 만큼 닮았다. 철도업 역시 시대의 흐름에 맞춰 사업 모델을 조정하지 못한 또 하나의 산업이다. 변화에 따라 사업 구조를 진화시켜온 다른 산업도 비슷한 결과를 보인다. 신문, 출판, 방송업계가 그렇다. 이 업계들은 다른 산업이나 회사로 이동하는 고객을 지켜보며 자신의 가치를 정의하는 데 애를 먹고 있는 철도회사와 같다. 만약 음악업계 회사들이 뚜렷한 WHY를 지녔더라면 아이튠즈와 같은 혁신을 저돌적인 컴퓨터 회사에 빼앗기기 전에 직접 개발에 나섰을지도 모른다.

이처럼 변화의 소용돌이에 놓인 회사들은 원래의 목적이나 대의, 신념을 기억해야 현시대에 유연하게 적응할 수 있다. "경쟁에서 이기기 위해 '무엇을' 해야 하는가?"가 아니라 "우리는 왜 이 일을 시작했는가? 오늘날 이용할 수 있는 기술과 시장 기회를 고려했을 때 WHY를 실현하려면 '무엇을' 해야 하는가?"를 생각해야 한다. 이를 개인적인 주장이라 생각해 흘려듣지 않았으면 한다. 이는 내 주관적인 견해가 아니라 생물학에 바탕을 둔 근거 있는 이야기다.

4장

직감은 과학이다?

스타벨리 스니치Star-Belly Sneetches의 배에는 별이 있었어요.
플레인벨리 스니치Plain-Belly Sneetches의 배에는 별이 없었어요.
별은 그리 크지 않았어요. 정말 작았어요.
있든 없든 중요하지 않아 보였어요.
그런데 실베스터 맥멍키 맥빈Sylvester McMonkey McBean이 별을 붙여주는 이상한 기계를 하나 만들곤 이렇게 말했어요.
"스타벨리 스니치의 배에 있는 별이 갖고 싶니? 하나에 3달러만 내면 살 수 있단다!"

1961년 동화작가 닥터 수스Dr. Seuss는 위 이야기에서 두 집단의 스니치를 소개한다. 한 집단은 배에 별이 있었고 다른 집단에는 별이 없었다. 별이 없는 스니치들은 별이 있는 집단의 일원이 되고 싶은 마음이 간절했다. 이들은 소속감을 느끼기 위해서 무슨 일이든 했고 점점 많은 돈을 냈다. 하지만 스니치의 소속 욕구로 이익을 얻은 자는 별을 붙여주는 기계를 발명한 실베스터 맥멍키 맥빈뿐이었다.

닥터 수스는 그의 여러 작품에서 그랬듯 상황을 정확하게 표현한다. 스니치는 인간의 본능 중 하나인 집단에 소속되고자 하는 욕구를 나타낸다. 소속 욕구는 이성적이지 않지만 어느 문화권에서든 나타나는 현상이다. 소속감은 가치관이나 신념을 타인과 공유하며 느끼는 감정이다. 소속감이 생기면 사람들과 연결되어 있다는 기분이 들면서 안전함을 느낀다. 인간은 늘 이러한 감정을 갈망하며 찾아다닌다.

소속감은 우연히 생기기도 한다. 고향이 같다고 해서 무조건 친구가 되는 건 아니지만 타지에서 동향 사람을 만나면 순간 동질감을 느끼는 것은 소속감에서 비롯된다. 외국에서 자국인을 만나면 왠지 친근함을 느끼는 것도 비슷한 감정이다. 호주로 여행을 떠났을 때 있었던 일이다. 여행 중에 버스를 탔는데 뒤에서 미국 영어가 들려왔다. 나는 본능적으로 고개를 돌려 그들에게 말을 걸었다. 순간 동질감을 느낀 것이다. 우리는 같은 언어로 소통했고 서로가 사용하는 속어를 모두 이해했다. 낯선 도시의 이방인이었던 나는 그 짧은 순간에 다른 어떤 사람보다도 같은 언어를 사용하는 사람들에게 소속감을 느꼈다. 나중에는 그들과 함께 시간을 보내기도 했다. 이처럼 우리는 어디를 가든 공통의 가치관이나 신념이 느껴지는 사람을 신뢰한다.

사람은 소속감을 느끼려는 욕구가 강한 나머지 이를 얻기 위해 무엇이든 하는 경향을 보일 때도 있다. 비이성적인 행동을 하기도 하고 심지어 돈을 쓰기도 한다. 스니치처럼 자기와 비슷하고 신념이 같은 사람들을 곁에 두고 싶어 한다. 이런 인간의 욕구를 이해하지 못하고 회사가 '무엇을' 하는지, 자사 제품이 '어떻게' 다른지 뛰어난 점만 이야기하면 관심을 끌지는 몰라도 소속되고 싶다는 느낌을 주지는 못할 것이다. 하지만 회사가 뚜렷한 신념과 WHY를 전달하며, 사람들 역시 이에 공감한다면 그들은 어떻게 해서라도 제품이나 브랜드를 자신의 인생과 엮으려고 할 것이다. 이는 제품이 타사보다 뛰어나서가 아니라 가치관과 신념을 드러낼 수 있는 상징의 역할을 할 수 있기 때문이다. 우리는 이런 제품과 브랜드에 소속감을 느끼며, 같은 제품을 구매하는 사람들에게 동질감을 느낀다. 특정 브랜드의 열성 팬들은 회사의 도움을 받지 않고도 스스로 유대감을 형성하는 경우가 많다. 온·오프라인 커뮤니티에 제품을 향한 애정을 공유할 뿐 아니라 자신과 비슷한 사람들과 함께 집단을 형성한다. 특정 회사 제품을 쓰는 이유와 제품 자체는 아무런 관계가 없다. 오직 자기 자신과 연관이 있다.

우리는 소속되고자 하는 본능 덕분에 소속감이 느껴지지 않는 것을 골라내는 데도 일가견이 있다. 이 역시 즉각적으로 감지할 수 있는 '느낌'이다. 마음속에는 말로 표현하기 어려운 뭔가가 있어서 우리는 잘 어울리거나 어울리지 않는다는 사실을 느낌으로 인지한다. 가령 mp3 플레이어를 파는 델은 어딘가 어색하다. 델이 자사를 컴퓨터 회사라고 정의했기 때문이다. 델은 오직 컴퓨터가 어울린다. 한편 애플은 스스로를 사명감 있는 회사로 정의하기 때문에 이 신념에만 부합한다면 무엇을 하든 잘 어울린다는 느낌이 든다. 애플은 2004년 아이팟 한정판을 제작하며 반항적인 이미지의 아일랜드 록 밴드 U2와 협업했다. U2와의 협업은 매우 적절한 선택이었다. 가령 U2보다 음반 판매량도 높고 팬도 많은 셀린 디옹Celine Dion이 광고 모델 후보라면 애플은 특별 한정판 아이팟 모델로 U2를 택할 것이다. U2는 '기존의 경계를 무너뜨린다'라는 애플의 신념과 잘 어울리기 때문이다. 아이팟 모델이 셀린 디옹이라면 왠지 어색하다. 그녀와 애플의 신념은 어울리지 않기 때문이다.

애플의 유명한 광고 "I'm a Mac and I'm a PC"(저는 맥이에요. 저는 PC예요)만 봐도 맥을 사용하는 사람이 어디에 속하고 싶은지를 완벽하게 이해할 수 있다. 광고에서는 두 남자가 만담을 펼치는 장면이 나온다. 둘 중 맥 사용자는 티셔츠에 청바지를 입은 젊은 사람으로 그는 느긋한 자세를 취한 채 현 체제를 비웃으며 유머 감각을 발휘한다. 반면 PC 사용자는 비교적 나이 든 사람으로 정장 차림의 고지식한 캐릭터다. 이 광고는 어떤 사람이 맥과 잘 어울리는지 보여주었다. 이에 마이크로소프트는 "I'm a PC"(저는 PC예요)라는 광고로써 대응했다. 광고에 등장하는 다양한 사람들은 "I'm a PC"라고 말한다. 이 광고에는 교사, 과학자, 음악가뿐 아니라 아이들도 등장한다. 컴퓨터 운영체제의 95퍼센트를 공급하는 회사이므로 일부를 제외한 모든 사람이 사용자에 속한 것이다. 어느 쪽이 더 낫거나 더 나쁜 문제는 아니다. 당신은 남들이 행동하도록 이끄는 일을 선호하는 사람인가, 아니면 대다수에 속하기를 선호하는 사람인가? 이는 단지 내가 어떤 성격의 집단에 소속되고 싶은지에 달린 문제다.

우리는 신념을 전하는 리더와 조직에 매력을 느낀다. 이들은 함께하는 사람들에게 소속감을 주고 특별한 사람이 된 듯한 기분과 안전감을 느끼게 한다. 이들이 우리에게 동기를 부여할 수 있는 이유도 일부는 이런 능력에서 기인한다. 위대한 리더라고 불리는 이들에게는 사람의 마음을 이끌고 충성심을 형성하는 능력이 있다. 우리는 같은 리더와 조직에 이끌린 사람들과도 강한 동질감을 느낀다. 그래서 애플 사용자들끼리는 서로 유대감을 느낀다. 할리데이비슨 팬들도, 마틴 루서 킹 목사의 연설 'I Have a Dream'에 깊은 감명을 받은 사람들도 마찬가지다. 이처럼 인종, 종교, 성별을 불문하고 하나가 된 사람들은 공동의 가치관과 신념으로 깊은 유대감과 소속감을 느낀다. 이는 직감으로 자연히 깨닫게 되는 감정이다.

직감이 내린 결정의 비밀

골든서클 원리는 단순한 의사소통 체계가 아니다. 인간의 행동 진화에 근거한 내용이다. 앞서 말했듯이 WHY에 강력한 힘이 있다는 말은 실제 생물학에 기초하고 있다. 인간의 뇌 단면도를 보면 골든서클 구조와 뇌의 3중 구조가 정확히 일치한다는 것을 알 수 있다. 대뇌피질 중 가장 최근에 진화한 부위이자 호모사피엔스의 뇌인 신피질은 WHAT에 해당한다. 신피질은 이성적이고 분석적인 생각과 언어를 담당하는 부위다.

가운데 두 원은 변연계를 구성한다. 이 부위는 신뢰감, 충성심 등의 감정을 담당한다. 변연계는 모든 행동과 의사결정을 주관한다. 하지만 언어를 처리하지는 못한다.

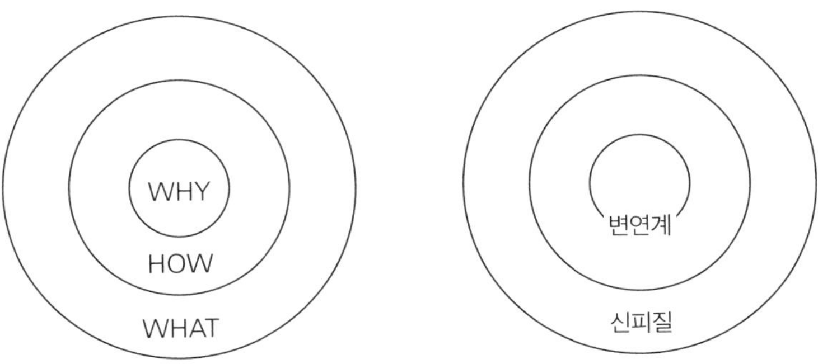

골든서클과 뇌의 3중 구조

골든서클 바깥쪽에서 안쪽 순서로 의사를 전달하면, 즉 '무엇을' 하는지부터 이야기하면 사실이나 제품 특징 등에 해당하는 다양하고 복잡한 정보를 이해시킬 수 있다. 그러나 사람들의 행동을 이끌어낼 수는 없다. 반면 안쪽에서 바깥쪽 순서로 의사를 전달할 때는 의사결정을 관장하는 변연계에 직접 이야기할 때와 같은 효과가 나타난다. 이때 언어를 관장하는 신피질은 결정을 합당하다고 여기게 된다.

감정을 주관하는 뇌 부위에는 언어 능력이 없다. 그래서 감정을 말로 표현하기 어려운 것이다. 배우자와 결혼한 이유나 배우자를 사랑하는 진정한 이유를 언어로 구체화하지 못하는 것도 이 때문이다. 이럴 때 사람들은 돌려 말하거나 합리화해서 표현하는 방식을 택한다. 가령 "아내는 정말 재밌고 똑똑한 사람이거든"과 같은 식이다. 하지만 우리는 재밌고 똑똑한 사람과 무조건 사랑에 빠지거나 결혼하고 싶어 하지 않는다. 분명 누군가와 사랑에 빠질 때는 성격이나 능력 외에 다른 이유가 존재한다. 이성적으로 생각해보면 우리가 언어로 설명하는 이유만이 전부가 아니라는 점을 알 수 있다. 누군가를 사랑하는 이유는 그 사람에게 받는 감정 때문인데 이 느낌은 명료하게 정리하기가 매우 어렵다. 그래서 감정을 언어로 정리해야 하는 상황이 되면 사람들은 이를 에둘러서 표현하곤 한다. 심지어 "그 사람은 날 완전하게 해줘"와 같이 이성적으로 판단할 수 없는 이야기를 하기도 한다. 이게 무슨 의미이며, 사랑에 빠질 상대가 그런 사람인지 아닌지 어떻게 알 수 있단 말인가? 이것이 사랑의 문제다. 우리는 사랑하는 상대를 찾고 서로 통하는 느낌을 받은 뒤에야 비로소 그 이유를 알 수 있다.

다른 결정을 할 때도 마찬가지다. 마음이 가는 대로 결정했을 때는 특히나 이유를 말로 설명하기 어렵다. 의사결정을 주관하는 뇌 영역은 언어를 처리하지 못하므로 직관적으로 느낀 것을 합리화하는 수밖에 없다. 설문조사나 시장조사가 정말 가치 있는 일인지 의문스러운 이유다. 누군가에게 많은 사람 중 그 사람을 사랑하게 된 이유를 물으면 그들은 나름의 여러 근거를 대겠지만 진정한 동기는 쉽게 드러나지 않을 것이다. 이유를 모르기 때문이 아니라 자신이 왜 그렇게 행동했는지 설명하기 어려워서 그렇다. 결정을 내리는 뇌 영역과 그 결정을 설명하는 뇌 영역이 각각 다른 위치에 있기 때문이다.

직감적인 결정은 마음으로 내리며, 그렇게 해야 할 것 같다는 느낌에서 비롯된다. 하지만 머리가 아닌 마음만이 판단을 주관하는 것은 아니다. 모든 의사결정은 변연계에서 일어나기 때문이다. 직감으로 판단하는 일은 결코 우연이 아니다. 의사결정을 주관하는 뇌 부위는 감정도 같이 주관한다. 따라서 감정적인 결정처럼 느껴지는 일도 사실은 전부 변연계에서 일어난 것이다.

뇌 변연계는 강력하다. 강력한 나머지 때로는 이성과 분석으로 내린 판단을 거스르기도 한다. 모든 사실과 수치 자료가 충분하지만 그저 직감에 따라 다른 결정을 할 때도 있다. 저명한 신경과학자 리처드 레스택Richard Restak은 저서 『벌거벗은 뇌』*The Naked Brain*에서 이 내용을 다룬다. 사람들에게 뇌의 이성적인 부분으로 결정을 내리도록 하면 대부분 과도하게 고민만 하다 끝내 결정을 내리지 못한다는 것이다. 레스택은 합리적인 결정이 오랜 시간을 필요로 하는 일이며 결과가 좋지 않을 때도 잦다고 말한다. 한편 변연계를 이용해 직감으로 결정을 내릴 때 속도가 빠르며 결과가 더 나은 경우도 상당하다. 객관식 문제를 풀 때 직관을 믿고 처음에 생각한 답을 선택하라고 말하는 것도 비슷한 이유다. 답을 고민하면 할수록 틀린 답을 고를 위험이 커진다. 인간의 변연계는 영리해서 어떻게 해야 할지 알고 있는 경우가 많다. 우리는 직감적으로 어떤 행동을 하지 않는 것이 좋겠다고 느끼면 자기 판단을 의심하며 실증적인 근거를 찾는데, 이는 행동의 이유를 언어로 구체화할 능력이 없기 때문이다.

전자제품 대리점에서 평면 TV를 산다고 가정해보자. 당신은 매장에서 LCD와 플라스마plasma가 어떻게 다른지 설명을 듣고 있다. 직원이 각 제품의 차이점과 장점을 전부 설명해줬지만 여전히 어떤 제품이 좋은지 판단하기가 어려운 상태다. 한 시간이 흘렀는데도 아직 결정을 내리지 못했다. 뭘 사야 할지 지나치게 고민하느라 머리가 복잡해졌다. 당신은 고민 끝에 제품을 고르고 매장 문을 나섰다. 하지만 제품을 적절하게 골랐는지 아직도 100퍼센트 확신하지 못했다. 그러다 친구 집에 가보니 당신이 마지막까지 후보에 두고 고민했던 TV가 놓여 있다. 친구는 새 TV가 얼마나 좋은지 끊임없이 자랑을 늘어놓는다. 그러자 갑자기 질투심이 인다. 친구의 TV가 당신이 산 TV보다 실제로 나은 제품인지는 여전히 알 수 없지만 일단 부러워졌다. 당신은 이렇게 생각한다. '저걸 살 걸 그랬나?'

WHY를 전달하지 못하는 회사는 오직 객관적인 증거 WHAT만 제시하며 구매를 강요한다. 하지만 사실만으로는 의사를 결정하기가 어렵고 시간이 오래 걸리며 확신이 서지 않는다. 이런 상황에서 욕망이나 두려움, 의심, 환상 등을 이용한 판매자의 조종전략은 매우 큰 효과를 발휘한다. 우리가 구매 의욕을 느끼지 못한 채 결정을 강요받는 이유는 단 하나다. 회사들이 객관적인 사실이나 수치, 제품 장점만 내세우며 결정에 실질적으로 도움이 될 이야기를 하지 않기 때문이다. 대부분 회사는 WHY를 말하지 않는다.

사람들은 WHAT이 아니라 WHY로 인해 구매를 결정한다. 따라서 WHY를 전달받지 못하면 스트레스와 의심이 생긴다. 애플 제품이나 할리데이비슨 오토바이를 구입하려는 사람들은 어떤 브랜드를 택할지 고민하지 않는다. 이들은 자신의 결정에 상당한 확신을 느끼며 오로지 어느 모델을 선택할지만 고민한다. 이들에게도 제품 기능과 장점 등의 객관적인 사실이 중요하지만, 그것만으로는 구매를 결정하거나 회사의 충성고객이 되지 못한다. 그런 결정은 이미 이전 단계에서 끝났다. 성능이나 장점은 필요조건을 가장 잘 충족하는 제품을 선택할 때 참고하는 기준일 뿐이다. 구매 결정 과정은 골든서클을 기준으로 완벽하게 안쪽에서 바깥쪽 순서로 진행된다. 이런 결정은 WHY, 즉 정서적인 요인에서 출발한다. 이성적인 요인은 구매 결정을 말로 표현하거나 합리화하는 데 도움을 줄 뿐이다.

이 과정이 순조로이 이루어지면 "감성과 지성hearts and minds을 모두 잡았다"라고 표현한다. 감성은 감정을 주관하는 변연계를 가리키고, 지성은 이성과 언어를 주관하는 신피질을 가리킨다. 오늘날 회사 대부분이 지성을 사로잡는 데는 능숙하다. 제품 기능과 장점을 비교해 보여주기만 하면 되기 때문이다. 하지만 감성을 사로잡으려면 그보다 많은 일을 해야 한다. 의사결정이 이뤄지는 생물학적인 순서를 고려하면 '감성과 지성'이라는 표현에서 감성이라는 단어가 먼저 나오는 것은 우연이 아닌 듯하다. 왜 '지성과 감성'이라고 말하는 사람은 없을까?

감성과 지성을 모두 사로잡는 일은 쉽지 않다. 두 가지가 섬세한 조화를 이뤄야 하기 때문이다. '예술과 과학'art and science이라는 표현 역시 마찬가지다. 왜 항상 '예술'을 '과학'보다 먼저 말할까? 이는 언어 능력이 없는 대뇌변연계조차 타인을 이끌기 위해서는 감성을 놓치지 말아야 하며 반드시 WHY가 먼저 나와야 한다는 사실을 말하고 있는지도 모른다.

WHY가 없으면 결정을 내리기 어려워진다. 우리는 의심이 들 때 과학 지식이나 자료를 찾고 결정에 도움이 될 만한 가이드를 찾는다. 회사에 WHAT이나 HOW로 시작하는 이유를 물으면 대개 높은 품질과 기능, 훌륭한 서비스, 합리적인 가격을 고객이 원한다고 답한다. 이는 조사 자료에서도 확인할 수 있다. 만약 의사결정을 주관하는 뇌 영역과 언어로 표현하는 뇌 영역이 같다면 사람들이 원하는 기능을 제공하겠다는 생각은 매우 타당할지도 모른다. 하지만 실제로는 앞서 말한 고객의 니즈를 충족한다 해도 기업이 상당한 성장세를 이루거나 충성심을 만들기 어렵다. 자동차 기업 포드의 창설자 헨리 포드Henry Ford는 이렇게 말했다. "내가 만약 사람들에게 무엇을 원하느냐고 물었다면 그들은 더 빠르게 달리는 말을 원한다고 대답했을 것이다."

여기서 우리는 뛰어난 리더의 천재성을 확인할 수 있다. 뛰어난 리더와 조직은 대부분이 보지 못하는 부분을 내다본다. 그들은 우리가 요구할 생각조차 하지 못했던 것을 들고 나타난다. 컴퓨터 혁명이 한창이던 시절, 사용자들은 그래픽 기능을 활용한 사용자 중심의 인터페이스를 기대하지 못했다. 하지만 애플은 이를 제공했다. 항공산업 경쟁이 심화되던 시절, 여행객 대부분은 항공사에 다양한 서비스 대신 오히려 간결한 서비스를 요구할 상상조차 하지 못했다. 하지만 사우스웨스트 항공은 그렇게 했다. 어려운 시절 나라에 역경이 몰아쳤을 때 조국이 나에게 무엇을 해야 하는지가 아니라 내가 조국을 위해 무엇을 할 수 있는지 생각한 사람은 거의 없었을 것이다. 존 F. 케네디가 재임 시절 주장했던 대의가 바로 이것이다. 위대한 리더는 직감의 영역을 중요시한다. 그들은 과학보다 예술이 먼저라는 사실을 이해한다. 그리고 지성보다 감성을 먼저 쟁취한다. 그들은 WHY로 시작하기 때문이다.

우리는 온종일 결정을 내리며 살아간다. 그 결정 중 다수가 감정에 이끌린 결정이다. 우리가 정보를 샅샅이 뒤져 모든 내용을 다 알려고 하는 것은 아니다. 그렇게 할 필요도 없다. 다만 얼마나 확신이 드느냐가 중요하다. 콜린 파월Colin Powell 전 미 국무장관은 이렇게 말했다. "30퍼센트의 정보만 있으면 결정할 수 있다. 정보가 80퍼센트를 넘는 것은 과잉이다." 자신이나 주변 조력자를 신뢰하는 수준은 이미 정해져 있다. 그러므로 모든 자료와 수치를 항상 다 알 필요도 없다. 간혹 우리는 결정을 내릴 준비가 되지 않았다고 생각할 때가 있다. 자신과 맞지 않는 듯한 직감이 드는 일을 남에게 강요받을 때 불편함을 '느끼는' 이유도 이 논리로 설명된다(역시 여기에서도 '느끼다'라는 단어가 나온다). 가령 우리는 누구에게 투표할지, 어떤 샴푸를 살지 정할 때 직감을 믿는다. 인간은 생물학적으로 직감을 언어화하는 것이 어렵기 때문에 디자인이나 서비스, 브랜드와 같이 눈에 보이는 요인으로 합리화한다. 그래서 가끔은 제품 가격이나 기능의 가치를 실제보다 중요하게 여기는 잘못된 가정을 하게 된다. 물론 그런 요인도 중요하다. 하지만 그것들은 행동에 방향성을 제시하지도, 영감을 주지도 않는다.

보이지 않는 것의 중요성

"흰옷은 더 하얗게, 색깔 옷은 더 선명하게." 세탁 세제 TV 광고에 자주 나오는 문구다. 오랫동안 세제 제조사들은 차별화된 가치를 제안하고자 흰옷은 더 하얗게, 색깔 옷은 더 선명하게 하는 것에 집중했다. 지극히 정당한 생각이었다. 시장조사를 해봐도 고객이 이를 원한다는 결과가 나왔기 때문이다. 이 자료는 틀림없는 사실이지만 고객이 진정으로 원하는 바는 그게 아니었다.

세제 제조사들은 고객에게 세탁 세제에서 '무엇을' 원하느냐고 물었고, 고객은 흰옷을 더 하얗게, 색깔 옷을 더 선명하게 해주는 세제를 원한다고 대답했다. 상식선의 평범한 내용이었다. 사람들은 세탁으로 어느 정도가 아니라 매우 깨끗해진 옷을 원했다. 그래서 세제 제조사들은 '어떻게' 흰옷은 더 하얗게, 색깔 옷은 더 선명하게 할 수 있을지 고민했다. 자사 제품은 다른 회사와 달리 어떤 성분이 하나 더 첨가되어 효과가 뛰어나다며 소비자를 유혹했다. 어떤 회사는 단백질을, 또 어떤 회사는 색상 강화제를 넣었다고 주장했다. 그러나 어느 회사도 소비자에게 깨끗한 옷을 원하는 이유를 묻지 않았다. 수년 뒤 한 소매 기업은 인류학자들을 고용해 중요한 사실을 알아냈다. 소비자 구매를 유도하는 요인은 세제 성분이 아니었던 것이다. 광고처럼 건조기에서 세탁물을 꺼내 불빛에 비춰보며 흰옷이 얼마나 하얘졌고 색깔 옷이 얼마나 선명해졌는지 확인하는 사람은 아무도 없었다. 사람들은 세탁물을 꺼낸 뒤 가장 먼저 냄새를 맡았다. 이는 엄청난 발견이었다. 사람들은 옷의 실제 세탁 수준보다 '깨끗하다는 느낌'을 중요하게 여기고 있었다. 그러나 어떤 세제를 쓰든 깨끗함은 기본이다. 그것이 세제의 역할이기 때문이다. 고객들은 강력한 세탁보다 신선하고 깨끗한 느낌을 주는 향을 중요하게 여기고 있었다.

잘못된 가정사항에 업계 전체가 흔들리는 일은 비단 세제 분야만이 아니다. 애플에서 옵션 선택 폭이 좁고 버튼이 딱 하나만 달린 아이폰을 내놓기 전까지 휴대전화 시장은 소비자가 옵션이 다양하며 버튼이 더 많은 휴대전화를 원한다고 믿었다. 비슷한 예로 미국 소비자가 기술력만 중요하게 여긴다고 믿었던 독일 자동차 회사들은 뛰어난 기술력만으로 부족하다는 사실을 깨닫고 큰 충격에 빠졌다. 그들은 하나둘씩 차 안에 컵 홀더를 설치하기 시작했다. 자동차로 출퇴근하는 미국인에게 컵 홀더가 무척 중요한 요소라는 점을 알았기 때문이다. 하지만 자동차 구매 결정에 영향을 끼치는 요인을 다룬 연구 중에서 컵 홀더를 언급한 사례는 거의 없었다. 이는 컵 홀더를 설치한다고 사람들이 BMW에 충성심을 갖는다는 뜻이 아니다. 다만 이성적인 구매자조차도 의사결정을 할 때 눈에 보이지 않는 여러 요인에 생각보다 많은 영향을 받는다는 뜻이다.

대뇌변연계의 힘은 놀랍다. 변연계는 감각적인 결정을 주관할 뿐 아니라 비논리적이거나 비합리적으로 보이는 일을 하도록 유도하기도 한다. 그래서 사람들은 머나먼 장소를 탐험하고자 안전한 집을 떠나거나, 지구 반대편에 무엇이 있는지 보려고 바다를 건너거나, 안정적인 직장을 나와 무일푼으로 집 지하실에서 사업을 시작하기도 한다. 이런 행동을 하면 대부분 주변에선 "말도 안 돼. 너 미쳤구나. 그러다 진짜 빈털터리가 되면 죽고 싶다는 생각이 들지도 몰라. 도대체 무슨 생각을 하는 거야?"라는 식의 말을 한다. 그러나 우리를 새로운 도전으로 이끄는 것은 논리나 이성이 아니라 희망과 꿈 같은 감정의 영역이다.

인류가 모두 이성적이었다면 아무도 무일푼으로 사업을 시작하거나 탐험을 떠나지 않았을 것이다. 그렇다면 우리가 어려운 일을 해내도록 동기를 부여하는 뛰어난 리더도, 혁신도 없었을 것이다. 도전을 가능하게 하는 요인은 이 일이 개인의 이익보다 크고 중요하다는 확고부동한 신념이다. 하지만 신념은 증오나 두려움 등의 감정에서 비롯된 행동을 끌어내기도 한다. 그렇지 않다면 한 번도 만난 적 없는 사람을 해치는 사건이 왜 일어나겠는가?

소비자를 대상으로 한 시장조사 결과를 살펴보면 뛰어난 품질과 서비스, 다양한 기능을 합리적인 가격에 제공하는 제품을 이용하겠다고 응답한 사람이 가장 많다. 하지만 고객 충성도가 높은 회사 중에 이 모든 요소를 충족하는 곳은 거의 없다. 스마트 팩토리 도입 이전 할리데이비슨은 고객이 한 번 주문 제작을 요청하면 오토바이를 수령하기까지 보통 6개월이 걸렸다. 결코 좋다고 할 수 없는 서비스다.

애플 컴퓨터 역시 비슷한 사양의 PC보다 최소 25퍼센트는 비싸다. 운영체제에서 가동되는 소프트웨어 수와 주변장치도 더 적다. 비슷한 가격대의 PC보다 속도가 느릴 때도 있다. 사람들이 구매하기 전에 모든 자료를 샅샅이 조사해 오로지 합리적인 결정만 내린다면 아무도 맥을 사지 않을지도 모른다. 하지만 사람들은 맥을 선택한다. 그중 일부는 단지 구입만 하는 게 아니라 제품에 애정을 쏟는다. 그들은 마음 깊은 곳 또는 변연계에서 우러나는 감정을 느꼈기 때문이다.

누구나 주변에 애플 팬이 한 명쯤은 있다. 그에게 맥을 좋아하는 이유를 물어보자. 그가 "음, 나는 현실에 도전하기를 좋아하는 사람이거든. 이런 내 모습을 세상에 증명해 보이는 게 나에겐 매우 중요해. 그래서 나와 비슷한 사람들과 어울리고 나를 잘 나타내는 제품이나 브랜드를 선호하는 거지"라고 대답하진 않을 것이다. 물론 생물학적으로 보면 이게 정답이다. 하지만 이런 결정은 언어를 주관하는 영역이 아니라 행동을 주관하는 뇌 영역에서 내리므로 사람들은 맥을 선호하는 이유를 합리화해서 표현한다. 사용자 인터페이스가 편리해서, 전반적으로 간결해서, 디자인이 예뻐서, 품질이 뛰어나서, 맥이 최고의 컴퓨터라서, 자신이 창작하는 사람이라서 그렇다고 말한다. 하지만 구매 결정과 충성심은 매우 개인적인 영역이다. 사실 그들은 애플 자체에 신경 쓰지 않는다. 그들의 시선은 궁극적으로 자신을 향해 있다.

애플에서 만족하며 일하는 직원들 역시 마찬가지다. 그들조차 애플에서 일하는 게 좋은 이유를 말로 적절히 설명하지 못할 때가 많다. 여기서 직업은 골든서클의 WHAT에 해당한다. 그들 역시 애플이 성공한 비결로 제품 품질을 꼽지만 내부를 깊이 들여다보면 그들은 자기 자신의 이익보다 큰 가치의 일부가 되는 일을 뿌듯하게 여기고 있다. 소속감을 강하게 느끼는 애플 직원은 충성 고객처럼 이 기업의 긍정적인 혁신을 좋아한다. 그런 직원들은 델에서 더 높은 연봉과 복지 혜택을 제시해도 이직하지 않는다. 마찬가지로 충성심 강한 맥 사용자는 어떤 할인 혜택에도 PC로 쉽게 돌아서지 않는다(이들은 이미 거의 두 배 가격을 지불하고 맥을 사용 중이다). 이는 합리를 초월하는 문제이며 하나의 신념에 가깝다. 애플의 문화가 거의 종교 수준이라는 평가도 이런 관점에서 보면 우연이 아니다. 애플은 제품 이상의 대의와 신념이 있다.

앞서 말한 혼다와 페라리 이야기를 기억하는가? 제품은 회사 신념뿐 아니라 충성도 높은 고객의 신념까지도 상징한다. 예컨대 맥북을 사용하는 사람들은 공항에서 이를 펼치는 행동을 즐긴다. 이들은 자신이 맥북을 쓴다는 사실을 드러내려고 하는 경향이 있다. 맥북은 자아를 나타내는 상징처럼 쓰인다. 불빛으로 밝게 빛나는 애플 로고는 사용자가 어떤 사람이며 세상을 어떻게 바라보는지를 보여준다. HP나 델 노트북을 펼치면서 자신을 나타내는 상징처럼 여기는 사람은 훨씬 적을 것이다. 같은 HP나 델을 사용하는 사람들도 서로를 크게 신경 쓰지 않는다. HP와 델은 WHY가 뚜렷하지 않기 때문에 제품과 브랜드로써 사용자의 이미지를 상징하기에는 무리가 있다. 델이나 HP 사용자에게는 기기 속도가 얼마나 빠르든, 디자인이 얼마나 세련됐든 노트북이 더 큰 목적의식이나 신념을 담은 상징물이 아니다. 그것은 단지 컴퓨터일 뿐이다. 실제로 오랫동안 델 노트북의 로고는 사용자 쪽을 향해 있었다. 그래서 노트북을 열면 다른 사람에게는 로고가 뒤집혀 보였다.

WHY가 분명히 드러나는 제품은 자신이 누구이며 어떤 신념이 있는지 표현하는 하나의 수단이 되어준다. 사람들은 WHAT이 아니라 WHY를 보고 선택한다는 사실을 기억하라. 회사에 분명한 WHY가 없으면 외부에서는 그들이 '무엇을' 하는지만 이해할 뿐 그 이상은 아무것도 알 수 없다. 그렇게 되면 가격, 기능, 품질, 서비스에만 의존해 조종을 주된 차별화 전략으로 삼는 기업이 될 것이다.

5장

진정성에 필요한 세 가지

자연은 진공상태를 싫어한다. 대자연은 생명 활동을 촉진하고 항상 균형을 이루려 한다. 가령 산불이 나서 여러 생명체가 소실되면 자연은 빈자리를 채우기 위해 새 생명을 창조한다. 생태계에는 먹이사슬이 존재한다. 각 동물이 다른 동물의 먹이가 되는 먹이사슬 덕분에 균형이 유지된다. 생물학 자연 원리에 기초하는 골든서클 역시 균형을 잡으려 하는 성질이 있다. 앞서 언급했듯 WHY가 없으면 균형이 깨지고 조종이 심해진다. 시장에서 이런 현상이 나타나면 구매자는 불확실성을, 판매자는 불안정성을 느끼게 되어 결국 양쪽 다 스트레스가 증가한다.

WHY로 시작하는 일은 그저 초기 단계일 뿐이다. 누군가에게 의지를 불어넣을 능력이나 권리를 갖추기 전에 해야 할 일이 있다. 그것은 바로 골든서클을 제대로 작동시키기 위해 각 요소의 균형을 이루고 옳은 순서로 나아가는 일이다.

WHY의 명확성

모든 일은 명확함에서 시작된다. 우리는 내가 왜 이 일을 하는지 그 목적을 분명히 이해해야 한다. 사람들은 WHY를 보고 결정한다고 했다. 그런데 자신조차 이 일을 왜 하는지 모른다면 누가 그 이유를 알겠는가? 리더가 제품이나 서비스 너머에 있는 조직의 존재 목적을 명확하게 설명할 수 없다면 직원이 회사에서 일하는 이유를 기억하길 바랄 수 있겠는가? 또한 정치인이 자신의 정치 신념인 WHY를 정확히 말하지 못한다면, 다시 말해 최소한의 정치 기준인 '국민을 섬기기 위해서'를 뛰어넘는 명확한 이유를 들지 못한다면 유권자는 누구를 지지해야 할지 어떻게 알겠는가? 조종전략으로 당선이 된다 해도 진정한 리더가 될 수는 없다. 진정한 리더에게는 반드시 그를 기꺼이 따르는 지지자가 있어야 한다. 하나의 쟁점보다 큰 가치를 믿는 사람들이 있어야 한다. 사람들에게 동기를 부여하는 첫걸음은 WHY를 명확하게 하는 일이다.

HOW라는 행동원칙

이 일을 하는 이유를 알았다면 다음은 '어떻게' 행동으로 옮겨야 할지 알아야 한다. HOW는 신념을 실현할 때 적용하는 가치나 원칙을 말한다. 이는 조직 내 체계와 절차 그리고 문화에서 드러난다. 자신이 '어떻게' 하고 있는지 이해하고 적절한 행동원칙을 세워 구성원에게 이를 지킬 책임을 부과하면 조직은 자연스럽게 역량을 발휘할 수 있다. HOW를 아는 것은 직원을 채용하고 협력사를 찾는 데도 큰 도움이 된다. 함께 일할 때 최선을 발휘할 사람이나 회사를 자연스럽게 알아볼 수 있기 때문이다.

'이 일을 왜 하는가?'라는 중요하지만 어려운 질문의 답은 아이러니하게도 간단하고 쉽게 찾을 수 있다(이 책에서 나중에 소개할 것이다). 처음 세웠던 대의를 유지하면서 각자 하는 일에 스스로 책임질 수 있도록 행동원칙을 세우는 것은 매우 어려운 일이다. 지향하는 가치를 명사형으로 써서 벽에 붙여놓으면 행동원칙을 세우기 더 어려워진다. 예컨대 조직에서 정의, 정직, 혁신, 소통을 원칙으로 삼는 식이다. 명사는 행동으로 옮길 수 없다. 그저 '어떤 것'일 뿐이다. 시스템이나 성과 체계를 구축할 수도 없다. 이것으로 사람들에게 책임을 지우는 일 또한 불가능하다. "헨리, 오늘 혁신을 조금만 더 부탁해요"는 논리적으로 옳지 않은 말이다. 게다가 회사 벽에 '정직'이라고 써서 걸어야 할 정도라면 그 회사는 이미 큰 문제가 있다는 뜻이다.

가치나 행동원칙이 진정으로 효과를 발휘하려면 명사가 아니라 반드시 동사로 표현되어야 한다. '정의'가 아니라 '항상 옳은 일을 한다'여야 한다. '혁신'이 아니라 '문제를 다른 각도에서 바라본다'여야 한다. 추구하는 가치를 동사로 정의하면 의미가 분명해진다. 어떤 상황에서든 확실하게 행동을 판단할 기준을 세울 수 있다. 가치를 얼마나 잘 지키고 있는지 평가할 수 있고 이를 기반으로 보상할 수도 있다. "진실하라"라고 한다면 직원들이 고객이나 클라이언트에게 최선의 이익을 주려고 노력하는지 확신할 수 없다. 반면 "항상 옳은 일을 하라"라고 말하면 실천 가능성이 커진다. 삼성이 아파트 거주자들에게 캐시백 지급을 거절했을 당시 어떤 가치관을 회사 벽에 써 붙여놨을지 궁금해진다.

골든서클을 지키면 장기적인 성공을 거둘 수 있지만 그때까지 오랜 시간이 걸리므로 단기적으로는 오히려 투자 자금이 필요하거나 비용이 많이 들 수도 있다. WHY에 알맞은 행동원칙과 가치관을 지키는 일은 결코 쉽지 않다.

WHAT의 일관성

말과 행동은 신념을 보여준다. 신념은 바로 WHY다. 그게 전부다. HOW는 신념을 현실화하기 위한 실천이다. WHAT은 실천의 결과, 즉 내가 하는 말과 행동이다. 제품, 서비스, 마케팅, 홍보, 기업문화, 직접 채용한 직원 등이 이에 속한다. WHY를 선택의 기준으로 삼았다면 이 모든 것은 일관되어야 한다. 일관성을 지키면 사람들은 회사의 신념을 의심 없이 보고 들을 수 있다. 우리는 눈에 보이는 세상에 살고 있다. 내가 품은 신념을 사람들에게 알리려면 말과 행동으로 전하는 수밖에 없다. 말과 행동에 일관성이 없으면 아무도 당신의 신념을 알아주지 않는다.

진정성을 놓고 문제가 발생하는 시점이 바로 WHAT 단계다. '진정성'이라는 단어는 정재계뿐 아니라 여러 분야에서 사람들의 입에 오르내린다. 다들 입을 모아 진정성이 있어야 한다고 말한다. 전문가들 역시 이렇게 말한다. "진정성이 필요하다. 진정성 있는 브랜드를 선호한다는 연구 결과가 쏟아져 나오고 있다." "유권자는 진정성 있는 후보에게 투표한다." 그런데 문제는 '진정성 있다'라는 말을 행동으로 특정할 수 없다는 데 있다. "이제부터 진정성 있게 일하라"라고 지시하는 게 말이 되는가? CEO가 사무실에 들어와 이렇게 말했다고 생각해 보라. "그 마케팅 자료 말이죠. 좀 더 진정성 있게 만들 순 없나요?" 마케팅이든 판매든 회사에서 하는 일을 진정성 있게 하려면 어떻게 해야 할까?

이런 상황에서 회사는 흔히 고객 설문조사를 시행해 진정성을 갖추려면 어떻게 하는 게 좋겠느냐고 묻는 방안을 떠올린다. 이는 요점을 완전히 놓친 행동이다. '진정성이 있다'란 신념을 이해하고 실천하는 상태를 뜻하므로 이를 갖출 방법을 다른 사람에게 묻는 것은 말이 되지 않는다. 정치인이 진정성 있게 행동하려면 어떻게 해야 할까? 리더가 지금보다 진정성 있는 모습을 보이려면 무엇을 해야 할까? 애초에 WHY를 정확하게 세우지 않으면 진정성 있게 행동하라는 지시는 완전히 소용없는 일이 된다.

'진정성이 있다'는 골든서클이 균형을 이룬 상태를 의미한다. 실제로 행하는 바가 신념과 일치한다는 뜻이다. 이는 회사의 경영진뿐 아니라 직원에게도 해당된다. 골든서클이 균형을 이루면 말과 행동이 진정성 있게 보인다. 애플은 컴퓨터를 생산함으로써 IBM DOS가 지배하던 기존 플랫폼에 도전했다고 믿었다. 또한 아이팟과 아이튠즈로 당시 음악산업 현실에 도전했다고 믿었다. 이제 우리는 애플이 그런 일을 해온 이유를 쉽게 납득한다. 애플과 소비자 모두 공통된 WHY를 이해했으므로 제품에서 진정성을 느낄 수 있다. 델은 소형가전 시장에 진입하고자 mp3 플레이어와 PDA를 출시했다. 하지만 사람들은 델의 WHY가 무엇인지 알 수 없었다. 신념이 어떤지, 새로운 시장에 진출해 수익을 내는 일 이상의 어떤 WHY가 있는지 알지 못했다. 델의 mp3 플레이어와 PDA는 고객에게 진정성을 전달하지 못했다. 델이 다른 시장에 진출할 수 없다는 뜻은 아니다. 이 기업은 좋은 제품을 만들 지식과 기술력이 충분하다.

하지만 WHY를 명확하게 정의하지 않고 제품을 출시한 탓에 값비싼 비용을 치르는 등 어려움을 겪어야 했다. 품질이 뛰어난 제품을 생산하고 마케팅하는 일만으로는 성공이 보장되지 않는다. 여기에는 뚜렷한 WHY가 있어야 하며 이것이 없으면 진정성을 갖출 수 없다. 진정성은 매우 중요하다.

영업 실적이 높은 사람들을 찾아가 어떻게 하면 영업을 잘할 수 있느냐고 물어보자. 많은 사람이 '내가 판매하는 제품이 정말로 좋다고 믿어야 한다'라고 대답할 것이다. 믿음과 영업은 무슨 연관이 있을까? 답은 간단하다. 자신이 판매하는 제품을 진심으로 믿는 사람은 진정성 있는 설명을 한다. 믿음이 있는 영업 직원은 열정이 충만하다. 영업을 잘하는 조직은 진정성을 바탕으로 관계를 형성한다. 여기서 신뢰가 쌓인다. 신뢰가 쌓이면 충성심이 생긴다. 균형 잡힌 골든서클이 없는 조직에서는 강력한 관계가 형성되지 않으며 신뢰도 쌓이지 않는다. 그러면 원점으로 돌아가 가격, 서비스, 제품 품질 또는 기능으로써 경쟁해야 한다. 다시 다른 조직과 같아지는 것이다. 진정성이 없는 조직은 조종전략에 의존하기도 한다. 가격인하, 프로모션, 동조 압력, 공포 마케팅과 같은 카드를 꺼내야 한다. 물론 이런 전략이 효과적일 수도 있다. 하지만 오래가지는 않을 것이다.

진정성이 성공의 필수요건은 아니다. 하지만 성공을 오래 지속하고 싶다면 반드시 진정성을 갖춰야 한다. 여기서 또다시 WHY의 중요성이 드러난다. 자신이 믿는 대로 이야기하고 실천하는 일이 바로 진정성이다. '무엇을' 하는지만 알고 존재 목적인 WHY를 모른다면 말과 행동이 신념과 일관성을 이루는지 알 수 없다. WHY가 없는 상태에서는 아무리 진정성을 갖추려 노력해도 항상 진심이 느껴지지 않는 상태로 끝나고 만다.

올바른 순서

WHY를 뚜렷하게 만들고, 가치관과 신조에 부합하는 행동원칙을 세우며, 말과 행동을 일관성 있게 재정립했다면 다음 단계에서는 순서를 올바로 맞춰야 한다. 앞서 예로 들었던 애플 마케팅 문구는 정보 순서만 바꿔 WHY로 시작했을 뿐인데 메시지의 영향력이 확연히 달라졌다. 물론 WHAT도 중요하다. WHY를 눈에 보이는 형태로 만들어주는 요소이기 때문이다. 하지만 반드시 WHY가 먼저 나와야 한다. WHY는 맥락이다. 이 책에서 소개할 여러 사례에서 알 수 있듯 리더십이든 결정이든 의사소통이든 WHY로 시작해야 지속 가능하고 의미 있는 성과를 이룰 수 있다. WHY는 사람들에게 행동할 의지를 불어넣는다.

결코 따라 할 수 없는 것

샌안토니오San Antonio의 사업가 롤린 킹Rollin King은 퍼시픽사우스웨스트항공Pacific Southwest Airlines이 캘리포니아에서 펼친 사업을 보고 이를 그대로 텍사스에 가져왔다. 그는 댈러스Dallas, 휴스턴Houston, 샌안토니오를 오가는 단거리 항공사를 시작할 계획이었다. 당시 킹은 자신의 아이디어를 현실로 만들어줄 믿음직한 사람과 손을 잡았다. 그는 애주가, 애연가이자 킹의 길고 복잡한 이혼 과정을 함께해준 이혼 전문 변호사 허브 켈러허Herb Kelleher였다.

킹과 켈러허는 여러 면에서 정반대에 가까웠다. 킹은 숫자에 강하고 무뚝뚝하며 성미가 까다로웠고, 켈러허는 사람들과 어울리기를 좋아하며 호감 가는 유형이었다. 킹의 사업 아이디어를 처음 들은 켈러허는 그를 그저 어리석은 생각으로 여겼다. 그러나 킹은 자신의 비전을 켈러허에게 끈질기게 설명했고, 켈러허는 이 모습에 의욕을 느껴 사업에 동참하는 것을 고려하기로 했다. 하지만 킹의 신사업인 사우스웨스트항공이 댈러스 러브필드Love Field 공항에서 휴스턴까지 첫 취항을 하는 데는 무려 4년이 걸렸다.

저가 항공사 개념을 처음 개발한 기업은 사우스웨스트항공이 아니다. 업계 선구자는 퍼시픽사우스웨스트항공이었다. 사우스웨스트항공은 회사 이름까지 베꼈다. 그들에게는 선발주자 이익도 없었다. 당시 브래니프항공Braniff International Airways과 콘티넨털항공Continental Airlines이 이미 텍사스 시장에 진출했고 둘 중 누구도 틈새를 내줄 기미가 보이지 않았기 때문이다. 그러나 사우스웨스트항공은 처음부터 항공 사업만을 목표로 설립된 회사가 아니었다. 대의를 실천하기 위해 설립해 그 수단으로 우연히 항공사를 택했을 뿐이다.

1970년대 초반에는 전체 여행객의 15퍼센트만이 비행기를 이용했다. 여행객 비율이 적다보니 기존 대형 항공사에 도전장을 던지는 경쟁사가 나타나지 않았다. 한편 사우스웨스트항공은 비행기를 이용하는 15퍼센트를 차지하는 데 관심이 없었다. 그들은 오히려 나머지 85퍼센트에 관심을 보였다. 당시로 돌아가 사우스웨스트항공 직원들에게 회사의 경쟁 상대가 누구냐고 물으면 그들은 "자동차와 버스다"라고 대답했을 것이다. 이 답은 "사우스웨스트항공은 평범한 사람을 위해 존재한다"라는 것을 의미했다. 이것이 바로 그들의 대의였고 항공사를 시작한 이유이자 존재의 목적, WHY였다. 사우스웨스트항공은 회사를 설립할 때 비용이 많이 드는 컨설팅을 받지 않았다. 타사의 모범 사례를 따라 하지도 않았다. 회사 신조와 가치관은 직접 WHY에서 도출했다. 사우스웨스트항공은 이 과정을 기본 상식이라고 생각했다.

1970년대에는 항공권이 비쌌다. 따라서 사우스웨스트항공이 평범한 사람을 위해 존재한다는 기업 가치를 이루려면 항공권을 저렴하게 만들어야 했다. 이는 반드시 해결해야 할 숙제였다. 당시에는 탑승객이 넥타이를 매고 비행기를 탈 정도로 분위기가 무거웠다. 항공 여행이란 엘리트층이 누리는 특권에 가까웠다. 그러나 사우스웨스트항공은 평범한 사람을 위해 존재하는 기업인 만큼 경직된 분위기의 항공 여행을 즐겁게 만들어야 했다. 게다가 예약 시점에 따라 운임이 바뀌는 당시 시스템은 예약을 더욱 복잡하게 만들었다. 사우스웨스트항공은 이를 개선하고자 했다. 특권층을 제외한 나머지 85퍼센트에 서비스를 제공하려면 예약이 간편해야 했다. 사우스웨스트항공은 운임 종류를 딱 두 가지로 나눴다. 야간 및 주말 요금 그리고 주간 요금, 이게 전부였다.

저렴하고, 재미있고, 간단하게. 이것이 바로 기업의 HOW였다. 평범한 사람을 위한다는 회사 대의는 이런 방식으로 실현됐다. 기업이 보여주는 모든 행보에서 신념이 드러났다. 무슨 상품을 판매하고 어떤 직원을 채용하는지, 기업문화가 어떤지, 마케팅은 어떻게 하는지 등 다양한 지점에서 기업 특유의 신조가 배어나왔다. 한 광고에서 사우스웨스트항공은 이렇게 말했다. "이제 전국 어디로든 자유롭게 다니는 시대가 열렸습니다." 이것은 그저 광고 문구가 아니라 기업이 추구하는 대의이자 신념에 공감할 사람들을 찾는 기업의 메시지였다. 사우스웨스트항공에 유대감을 느끼는 사람들, 자신을 평범하다 여기는 보통의 사람들에게 가격이 비싸고 분위기가 엄중한 기존 항공사를 대신할 곳이 생긴 것이다. 사우스웨스트항공의 신념에 공감한 사람들은 깊은 충성고객이 됐다. 이들은 기업이 개인에게 직접 말을 건네며 고객과 함께한다고 느꼈다. 게다가 이들은 사우스웨스트항공을 이용하는 것이 자신을 표현하는 수단이라고 생각했다. 이 점이 매우 중요하다. 저렴한 가격만으로는 고객의 충성심을 얻을 수 없다. 가격은 사우스웨스트항공이 대의를 실현하는 여러 방법 중 하나일 뿐이었다.

사우스웨스트항공 사장이었던 하워드 퍼트넘Howard Putnam은 한 대기업 임원 이야기를 즐겨 한다. 그 임원은 어느 행사장에서 퍼트넘에게 다가와 말을 걸었다. 그는 출장 시 회사 규정에 따라 어쩔 수 없이 대형 항공사를 이용한다고 말했다. 그러다 보니 마일리지가 많이 쌓여 있었고 그와 별개로 형편도 넉넉했지만 사적으로 비행기를 탈 일이 있거나 가족과 함께 이동할 때는 항상 사우스웨스트항공을 이용한다고 말했다. 퍼트넘은 이 이야기를 할 때면 활짝 웃으며 이렇게 말했다. "그는 사우스웨스트항공을 무척 사랑합니다." 사우스웨스트항공은 저렴한 운임을 메리트로 여기는 승객 외에도 많은 이에게 사랑을 받았다. 저렴함은 사우스웨스트항공의 신념을 알기 쉽게 나타내는 하나의 수단일 뿐이었다.

사우스웨스트항공은 업계에 오랫동안 전설로 남을 일을 해냈다. 자신이 하는 일의 명확한 WHY를 세웠고, 이를 실현할 구체적인 행동원칙 HOW를 철저하게 실행했다. 그 결과 역사상 가장 수익성 높은 항공사가 됐다. 기업이 이익을 내지 못한 해는 단 한 번도 없었다. 심지어 1970년대 석유파동과 2000년대 초반 9·11 사태 때도 흑자를 기록했다. 사우스웨스트항공이 이뤄낸 일에는 진정성이 있었다. 이 기업은 수십 년 전 킹과 켈러허가 최초로 세운 대의를 여전히 품고 있으며 단 한 번도 바꾸지 않았다.

다시 30년 전으로 돌아가 상황을 살펴보자. 유나이티드항공United Airlines과 델타항공Delta Air Lines은 사우스웨스트항공이 승승장구하는 모습을 보고 업계 흐름에 뒤처지지 않으려면 저가 항공사가 필요하다고 판단했다. 그래서 '우리 회사도 저가 항공사를 하나 만들자'라고 생각했고, 2003년 4월 델타항공은 저가 항공사 송Song을 출범했다. 1년도 채 지나지 않아 유나이티드항공에서 테드Ted를 출범했다. 두 회사는 사우스웨스트항공의 HOW를 모방했다. 송과 테드는 저렴하고 재미있고 단순했다. 송이나 테드를 한 번이라도 이용한 승객들은 이 기업들이 저렴하고 재미있고 단순하다는 사실을 알 수 있었다. 하지만 두 기업은 모두 신사업에 실패하고 말았다.

유나이티드항공과 델타항공은 업계 베테랑이었다. 시장 상황에 적응하고 기회를 잡기 위해서는 어떤 서비스든 제공할 수 있을 정도로 충분한 능력을 갖추고 있었다. 문제는 WHAT이 아니라 WHY였다. 송과 테드의 신념을 아는 사람은 아무도 없었다. 두 기업은 실제로 사우스웨스트항공보다 뛰어났을지도 모른다. 하지만 그 점은 중요하지 않았다. 물론 송과 테드를 이용하는 고객들도 있었다. 그러나 회사를 따지지 않고 서비스를 이용하는 고객은 항상 있기 마련이다. 사람들을 모아 회사 서비스를 이용하도록 유도하는 일은 어렵지 않았다. 문제는 브랜드를 향한 고객 충성도가 아주 낮다는 데 있었다. WHY가 빠진 송과 테드는 그저 흔한 저가 항공사일 뿐이었다. 고객은 WHY가 뚜렷하게 드러나지 않은 기업을 가격이나 편의성으로 판단할 수밖에 없었다. 송과 테드는 사업을 성장시키기 위해 조종전략에 의존하는 '상품'으로 전락했다. 결국 유나이티드항공과 델타항공은 4년 만에 저가 항공 사업을 접었다.

HOW와 WHAT의 과정에서 차별화가 일어난다는 생각은 잘못된 가정이다. 기능, 서비스, 가격, 품질을 개선하는 것은 차별화가 아니다. 그렇게 한다고 성공이 보장되는 것도 아니다. 차별화는 WHY와 HOW의 과정에서 일어난다. 사우스웨스트항공은 당시 세계 최고 항공사가 아니었다. 최저가 서비스를 제공한 것도 아니었다. 경쟁사보다 취항지가 적었으며 미국 본토 밖으로는 운행하지도 않았다. 다시 말해 이 기업의

WHAT은 경쟁사보다 특별히 뛰어나지 않았다. 하지만 WHY는 아주 분명했으며 기업의 행보가 WHY를 뒷받침해주었다. 행동을 유도하는 방법에는 여러 가지가 있지만, 거기서 그치지 않고 충성심까지 형성하려면 사람들에게 진정한 열의를 불어넣어야 한다. 조직의 WHY가 분명하고 사람들이 이에 공감한다면 진정한 충성심은 자연스레 형성될 것이다.

구매를 결정하는 소비자의 진짜 마음

조종과 열의를 불어넣는 일은 모두 대뇌변연계를 자극한다. 열망을 자극하는 문구, 공포 마케팅, 동조 압력과 같은 수법은 비이성적인 욕망이나 두려움을 교묘하게 이용해 제품을 선택하도록 압박한다.

하지만 인간의 마음속에서는 불안함이나 불확실함, 열망보다 한 차원 높은 감정이 샘솟을 때도 있다. 이런 감정 반응은 내가 자아를 어떻게 바라보는지 의식할 수 있을 때 발생한다. 바로 이 지점에서 사람들은 행동 유도 단계를 뛰어넘는 진정한 열의를 느낀다. 이 단계에 진입한 사람은 제품만 보고 구매 여부를 판단하지 않으며 자신과 연관이 깊은 결정을 내린다.

우리는 선택한 제품이나 서비스가 나에게 딱 맞는다는 느낌이 들면 가격이 상대적으로 저렴하지 않더라도 기꺼이 웃돈을 내는 불편함을 감수한다. 이런 행동은 가격이나 품질과 관련이 적다. 외적으로 드러나는 기능도 중요하지만 이런 요소는 오늘날 사업을 하기 위한 진입비용 정도로 볼 수 있다. 애플이나 할리데이비슨, 사우스웨스트항공, 마틴 루서 킹이 사람들을 사로잡고 엄청난 우위를 점한 비결은 바로 충성심이었다. 충성고객이 없으면 조종전략을 써야 한다는 압박이 커진다. 그러면 또다시 가격, 품질, 서비스, 기능을 바탕으로 경쟁이나 차별화를 해야 한다. 진정한 감정적 가치인 충성심은 판매자의 행동 유도가 아니라 구매자의 가치 판단에서 비롯된다.

판매자는 회사 가치관을 기준으로 자사 제품이나 서비스가 고객 인생에서 중요하다고 주장할 수 없다(페라리와 혼다를 기억하라). 하지만 회사와 고객의 WHY가 일치한다면 고객은 그 회사 제품과 서비스를 이용함으로써 자신의 신념을 드러낼 수 있다. WHY, HOW, WHAT이 균형을 이루면 진정성이 형성되며 구매자는 만족감을 느낀다. 반대로 이 세 가지가 균형을 잃으면 스트레스나 불확실성이 생긴다. 이런 상황에서는 구매자 역시 치우친 결정을 내릴 수밖에 없다. WHY가 없으면 구매자는 열망이나 두려움을 이용한 마케팅에 쉽게 휘둘린다. 이때 진정성을 잃을 위험이 가장 큰 사람은 바로 구매자다. 자신의 WHY를 드러내지 못하는 제품을 사면 자아를 분명하게 보여줄 수 없기 때문이다.

인간은 사회적 동물이다. 타인의 행동에서 미묘한 부분까지도 감지하며 그에 따라 상대를 판단한다. 우리는 타인에게서 좋고 나쁜 감정을 느끼듯이 회사에도 비슷한 감정을 느낀다. 왠지 모르게 신뢰가 가는 사람이 있는가 하면 신뢰하지 말아야 할 것 같은 사람도 있다. 직원을 조종하려 드는 회사를 바라볼 때도 마찬가지다. 개인과 조직 중 어떤 대상이든 사람이 감정을 느끼는 방식은 대개 비슷하다. 화자는 매번 달라지지만 청자는 언제나 개인이다. 예컨대 TV 광고를 수많은 사람이 시청하더라도 광고의 메시지를 받아들이는 주체는 언제나 개개인이다. 이것이 바로 골든서클의 가치다. 골든서클은 개인이 정보를 받아들이는 방식에 알맞은 의사소통 방법을 제시한다.

그러므로 회사는 반드시 목적의식이나 대의, 신념을 명확히 정해야 하며 회사의 행보를 신념과 일치시키고 진정성을 갖춰야 한다. 골든서클이 균형을 이루면 회사 가치관에 공감하는 많은 사람이 자석에 이끌리듯 회사와 제품에 매료될 것이다.

사업은 마치 데이트 같아서

브래드라는 가상 인물을 소개하고자 한다. 브래드는 오늘 밤 데이트를 할 예정이다. 첫 데이트를 앞둔 그는 상당히 들떠 있다. 아름다운 상대와 핑크빛 미래를 꿈꾼다. 마침내 데이트가 시작되고 그는 이야기를 시작했다.

"저는 돈이 아주 많습니다."

"넓은 집에 살고 고급 차를 탑니다."

"유명한 사람을 많이 알고 있어요."

"TV에 종종 출연하는데 제 얼굴을 화면으로 보니 참 좋더라고요."

"이만하면 꽤 성공했죠."

브래드는 두 번째 데이트 신청에 성공했을까?

우리가 소통하고 행동하는 방식은 생물학적인 작용에서 비롯한다. 이는 개인의 사회생활과 직장생활도 생물학적 작용에 기초해 비교할 수 있음을 뜻한다. 비즈니스에 WHY를 적용하는 방법을 익히고 싶다면 우리가 데이트할 때 어떻게 행동하는지 생각해보자. 영업과 데이트는 구조적으로 큰 차이가 없다. 일단 두 경우 모두 상대방과 마주 앉아 일을 성사시키는 데 도움이 될 만한 대화를 한다는 점이 유사하다. 조종전략 한두 개를 쓸 수도 있다. 근사한 곳에서 저녁을 대접할 수도 있고, 구하기 어려운 공연 티켓이 있다거나 누군가를 잘 안다는 사실을 넌지시 알릴 수도 있다. 또한 거래 성사를 원하는 정도에 따라 상대가 듣고 싶어 하는 이야기만 골라서 할 수도 있다. 더 많은 것을 준다고 약속하면 단시간에 상황이 호전되기도 한다. 처음

한두 번 정도는 이런 방법들을 이용해서 관계를 쌓을 수 있다. 하지만 시간이 지날수록 관계를 유지하는 비용은 커질 것이다. 어떤 조종전략을 쓰든 이런 방식으로는 신뢰도 높은 관계를 형성할 수 없다.

데이트는 잘 풀리지 않았을 확률이 높다. 그는 애프터 신청에도 실패했을 가능성이 크며, 첫 데이트에서 관계 형성의 기반을 제대로 다지지도 못했다. 상대가 그에게 최초로 관심을 보인 이유는 역설적이게도 외적인 요소 때문이었을 수 있다. 애초에 친구에게서 브래드의 외모가 뛰어나고 직업이 좋으며 인맥이 넓다는 이야기를 들었기 때문에 데이트에 응했는지도 모른다. 하지만 그게 사실이더라도 WHAT은 의사를 결정하도록 만드는 요소가 아니라 WHY를 뒷받침하는 근거로 사용되어야 하기 때문에 WHAT만 내세운 브래드의 데이트는 실패로 끝났다.

브래드를 다른 데이트에 보내보자. 이번엔 WHY로 시작할 것이다.

"제 인생에서 가장 소중한 가치가 뭔지 아세요? 제가 매일 아침 하루를 시작하는 이유는 좋아하는 일을 하기 위해서입니다. 저는 사람들이 각자 열의를 느끼는 일을 하도록 영감을 주고 있어요. 정말 가치 있는 일이라고 생각해요. 그중에서도 사람들에게 영감을 주는 방법을 하나씩 발견해가는 게 특히 좋습니다. 깨달을 때마다 새롭고 놀랍거든요. 게다가 저는 직업으로 많은 수입을 얻었습니다. 근사한 집과 차도 샀고, 자연스럽게 인맥도 넓어졌죠. TV 출연도 종종 하고 있어요. 외모가 나쁘지 않으니 좋더군요. 하하. 좋아하는 일을 할 수 있어서 참 감사하다는 생각이 들어요. 게다가 이렇게 성공했으니 더더욱 감사하죠."

첫 번째 경우에 비해 브래드가 애프터 신청에 성공할 확률은 꽤 높아질 것이다. 상대가 브래드와 가치관이 비슷하다면 말이다. 여기서 더 중요한 점은 브래드가 가치관과 신념을 토대로 대화를 이어나갔고, 이로써 관계의 기틀을 마련했다는 사실이다. 그가 말한 내용만 놓고 보면 첫 번째 데이트와 다르지 않았다. 두 경우에 유일한 차이가 있다면 이번에는 브래드가 자신의 가치관이 드러나는 WHY로써 대화를 시작했다는 것이다. WHAT은 WHY를 뒷받침해주는 근거로 WHY에 뒤따르는 실질적인 혜택일 뿐이다.

그럼 이제 회사들이 어떤 방식으로 사업을 하는지 생각해보자. 당신은 어떤 사업가와 테이블에 마주 앉아 있다. 그는 당신이 유망한 사업 파트너라는 이야기를 듣고 찾아왔다. 그는 이렇게 말문을 연다.

"제 회사는 성공하고 있습니다."

"사무실도 멋집니다. 언제 한번 구경하러 오시죠."

"대기업이나 유명 브랜드와 거래한 경험이 많습니다."

"저희 광고를 아마 보셨을 겁니다."

"회사는 승승장구하고 있습니다."

업계를 둘러보면 자기 회사가 왜 설립됐는지, 어떤 신념이 있는지는 이야기하지 않고 가치만 증명하려고 기를 쓰는 경우가 심심찮게 보인다. 이는 앞서 소개한 잘못된 데이트 사례와 비슷하다. 이력만 내세워 상대의 호감을 얻기는 어렵다. 그런데도 오늘날 회사들은 이런 방식으로 가치를 증명하고 있다. 회사의 업적과 유명한 협력 업체를 길게 설명하면 상대방이 만사를 제쳐두고 제안에 응하리라고 착각한다.

우리는 의사를 결정할 때 공과 사에 관계없이 같은 생물학적 원리로 움직인다. 그렇다면 망친 데이트가 비즈니스 상황으로 바뀐다고 해서 얼마나 달라지겠는가?

사업도 데이트와 큰 구조가 비슷해서 기존 고객이나 잠재고객에게 장점과 혜택만 제공해서는 신뢰 관계를 구축하기가 매우 어렵다. 직접적인 이익을 제공하는 일은 영업 활동에 신뢰감을 주거나 구매 결정을 합리화하는 역할만 할 뿐이다. 사람들은 WHAT이 아닌 WHY를 보고 선택한다. WHAT은 WHY를 눈에 보이는 형태로 구현할 뿐이다. WHY로 시작하지 않으면 사람들은 대의나 신념이 아니라 그저 눈에 띄는 특징만 보고 선택할 수밖에 없다. 바로 이런 경우에 애프터 신청은 실패할 확률이 높아진다.

브래드가 다른 방법으로 말을 꺼냈더라면 어땠을까?

> "제가 우리 회사를 좋아하는 이유가 뭔지 아십니까? 저와 동료들은 각자 좋아하는 일을 하고자 출근합니다. 우리는 사람들이 저마다 열의를 느끼는 일을 하도록 영감을 주고 있어요. 정말 가치 있는 일이라고 생각해요. 사실 그중에서도 흥미로운 건 사람들에게 영감을 주는 수많은 방법을 하나하나 알아가는 일이에요. 깨달을 때마다 새롭고 놀랍거든요. 이 일로 좋은 사업성과를 거두고 있어서 아주 기쁩니다. 우리는 일을 잘 해내고 있거든요. 최근에는 굴지의 대기업과 협업을 했습니다. 저희 광고를 보신 적이 있을 거예요. 저희는 꽤 승승장구하고 있습니다. 게다가 사무실도 멋집니다. 언제 한번 구경하러 오세요."

처음보다 훨씬 낫지 않은가?

확신의 단계

자신이 내린 결정이 얼마나 확실한지는 세 가지 단계로 판단해볼 수 있다. 결정을 내린 이유를 정보나 수치 자료에 근거해 설명할 수 있다면 결정에 대한 확신의 정도는 '판단이 옳다고 생각한' 수준이라 할 수 있다. 이는 뇌에서 '생각'을 담당하는 영역인 신피질을 활성화해 내린 결정이므로 생물학적으로 정확한 판단에 해당한다. 신피질에서는 언어를 처리할 수 있다. 예를 들어 델과 HP 노트북을 두고 장단점을 검토하며 고민할 때 우리는 이런 방식으로 판단한다.

한편 이성적인 기준이 아니라 직감에 따라 결정하는 경우라면 이에 대한 확신의 정도는 '판단이 옳다고 느끼는' 수준이다. 이 경우에는 객관적인 사실이나 수치 자료와 반대되는 결정을 내리기도 한다. 그러나 이 역시도 생물학적으로 정확한 판단이다. 직감적인 결정이 언어나 이성을 담당하는 뇌 영역에서 일어나지 않더라도 엄연히 감정을 담당하는 '뇌 영역'에서 이루어지기 때문이다.

큰 성공을 거둔 기업가와 리더에게 비결을 물으면 그들은 이렇게 대답한다. "직감적으로 그렇게 결정했다." 그리고 일이 잘못되면 이렇게 말한다. "사실 예감이 좋지 않았다. 사람들의 의견보다는 내 직감을 따랐어야 했다." 직감을 따르는 것은 좋은 전략이다. 다만 이 전략은 다수가 일하는 큰 조직에서 적용하기가 어렵다. 한 사람이 결정을 내리는 상황에서는 직감에 따라 판단하는 것이 가능하다. 이는 개인이나 작은 조직에 어울리는 전략이다. 그렇다면 여러 사람이 옳다고 느끼는 결정을 내려야 하는 상황에서는 어떻게 해야 할까?

바로 이때 WHY가 힘을 발휘한다. WHY를 말로 표현하면 의사결정에 필요한 감정의 맥락을 형성할 수 있다. 이 결정이 옳다고 '생각한' 것보다 확신을 키우고, 한 사람만 이 결정이 옳다고 직감으로 '느꼈던' 것을 많은 사람에게 확장할 수 있다. 자신의 WHY를 알면 결정이 옳다고 '자신하는' 수준에 도달한다. 이와 같은 확신이 들면 결정의 합당함이 마음으로 느껴질 뿐 아니라 이성적인 이유를 들 수 있으며 말로도 쉽게 표현할 수 있다. 안팎으로 균형 잡힌 결정을 내릴 수 있게 된다.

이성적 범주에 속하는 WHAT은 WHY에서 느껴지는 감정을 겉으로 보여주는 근거 역할을 한다. 어떤 직감으로 결정을 내렸는지 말로 표현할 수 있고 자신의 WHY를 명확히 설명할 수 있으면 주변 사람들에게 결정을 내린 이유를 분명히 이해시킬 수 있다. 이 결정이 객관적인 사실이나 수치와 일관성을 이룬다면 근거는 더욱 타당해진다. 이것이 바로 균형이다. 객관적인 사실이나 수치와 일관성이 없는 결정을 내릴 경우에는 다른 요인도 고려해야 한다는 사람들의 의견이 뒤따를 수밖에 없다. 그렇다고 할지라도 WHY를 감정 맥락에 맞게 적절히 설명한다면 논쟁이 벌어질 수도 있었던 상황을 토론으로 해결할 수 있게 된다.

전 사업 파트너는 내가 타사의 사업 제안을 사양할 때마다 언짢아했다. 왠지 상대와 거래하면 안 될 것 같은 '느낌'을 이유로 들며 제안을 거절했기 때문이다. 그는 짜증을 내며 "그 사람이 부정하게 축적한 재산으로 사업을 하는 것도 아니지 않느냐"라고 말하곤 했다. 그는 내가 왜 그런 결정을 내렸는지 이해하지 못했다. 사실 나도 그 이유를 제대로 설명하지 못했다. 직감에 기반한 판단이었기 때문이다.

지금은 내 직감과 신념을 말로 쉽게 설명할 수 있다. 내가 사업을 하는 이유는 사람들이 각자 열의를 느끼는 일을 하도록 영감을 주는 데 있다. 회사에서 예전처럼 직감으로 결정을 내린다 해도 이제는 이의를 제기할 사람이 거의 없을 것이다. 이미 직원들과 WHY를 충분히 공유했기 때문이다. 우리는 신념이 다르거나 영감을 주는 일에 무신경한 사람과 거래하지 않는다. WHY를 분명하게 세운 지금은 방향성이 맞지 않는 클라이언트와의 협업 여부를 놓고 논쟁하는 것이 아니라, 협업으로 발생하는 단기 이익이 조직 신념과 행동의 불일치로 인해 빚어질 피해보다 클지를 논의한다.

서비스를 원하는 모든 고객과 거래하는 일을 사업 목표로 삼는 것은 바람직하지 못하다. 우리는 신념이 같은 사람들에게 집중해서 사업을 해야 한다. 자신의 WHY에 동의하는 사람들과 거래하며 상대를 신중하게 고르면 회사를 향한 깊은 신뢰가 형성될 것이다.

3부

WHY가 주는 힘

6장

신뢰가 쌓이는 관계의 비밀

오랜 시간 어려움을 겪은 한 회사가 있었다. 회사의 직원 대부분은 자신의 직장을 수치스럽게 여겼다. 이 표현으로는 상황을 충분히 설명할 수 없었다. 그들은 직장에서 혹사당하는 기분을 느꼈다. 회사가 직원들을 존중하지 않으면 직원들은 고객을 어떻게 대하겠는가? 진흙이 비탈길을 타고 내려오면 가장 아래쪽에 있는 사람이 직격탄을 맞는다. 기업 구조상 가장 아래쪽에 있는 사람은 보통 고객이다. 1980년대 내내 이런 악순환이 계속되었던 회사는 업계 최악의 항공사 콘티넨털항공이다.

당시 CEO였던 고든 베순Gordon Bethune은 콘티넨털항공의 재기를 이뤄내고 집필한 저서 『꼴찌에서 1등으로』*From Worst to First*에서 이렇게 회상한다. "1994년 2월 회사 문을 열고 들어가는 순간 가장 큰 문제가 무엇인지 바로 알 수 있었다. 이곳은 직장으로서 형편없는 곳이었다. 직원들은 고객에게 불친절했고 동료끼리도 서로를 퉁명스럽게 대했으며 회사를 수치스러워 했다. 직원이 직장을 싫어하면 좋은 상품을 만들 수 없다. 이는 도저히 일어나서는 안 될 상황이었다."

20년간 사우스웨스트항공 수장을 지낸 허브 켈러허는 "회사가 최우선순위로 해야 할 일은 직원을 보살피는 것이다"라고 주장해 당시 업계에서 이단아 취급을 받았다. 이 주장은 직원이 먼저 행복해야 고객을 행복하게 만들 수 있고, 고객이 행복해야 주주도 행복하다는 뜻이었다. 베순에게도 이처럼 도전적인 신념이 있었다.

콘티넨털항공 기업문화가 그토록 험악해졌던 이유를 회사의 경영난 때문이라고 주장하는 사람들도 있었다. 회사가 어려워지면 경영진은 살아남는 일 외에 신경 쓸 겨를이 없어지기 때문이다. 보통 이렇게 생각하는 경영진은 "상황이 좋아지면 그때 세세한 부분까지 돌보겠다"라고들 말한다. 콘티넨털항공은 1980년대부터 1990년대 초반까지 지속적으로 경영난에 시달렸다. 1983년과 1991년 두 차례에 걸쳐 법정 관리를 신청했고, 10년간 CEO가 열 번이나 바뀌었다. 베순이 CEO 자리에 오른 1994년, 회사는 6억 달러 손실을 냈으며 성과를 측정할 수 있는 모든 분야에서 최하위권을 기록한 상태였다.

하지만 베순이 온 뒤로 상황은 완전히 달라졌다. 회사는 바로 다음 해에 2억 5,000만 달러 이익을 냈고 얼마 지나지 않아 미국에서 일하기 좋은 기업 순위 안에 들었다. 베순은 경영 개선의 여러 중대한 변화를 이뤘는데 그중에서 최고 이익은 측정할 수 없는 분야의 성과, 바로 신뢰였다.

판매자가 고객에게 제품과 서비스의 장점을 논리 있게 설명하거나 회사 임원이 변화를 약속한다고 해서 신뢰가 형성되는 것은 아니다. 신뢰는 그저 체크리스트가 아니므로 맡은 일을 다 끝낸다고 해서 생기는 것도 아니다. 우리는 평소에 신뢰하던 사람이나 회사가 잠시 잘못된다고 해서 곧바로 신뢰를 저버리지 않는다. 그런가 하면 아무리 제 역할을 잘 해내도 결코 신뢰가 가지 않는 사람이나 회사도 있다. 해야 할 모든 항목을 완료했다고 반드시 신뢰가 형성되는 것은 아니다. 신뢰란 자신의 이익 그 이상의 가치를 추구하는 개인이나 조직을 바라볼 때 형성된다.

신뢰와 가치관은 동반한다. 여기서 가치란 돈으로 환산할 수 없는 진정한 의미를 뜻한다. 이처럼 큰 가치를 지향하며 생긴 감정을 '신뢰의 이전'이라고 정의한다. 신뢰나 가치관은 강요할 수 없다. 대신 상대방에게 공유하고 공감대를 이룸으로써 얻을 수 있다. 신뢰를 얻으려면 WHY가 무엇인지 말해야 하며 이를 증명하려면 WHAT을 행해야 한다. WHY는 신념이고 HOW는 신념을 실현하기 위한 행동이며 WHAT은 행동의 결과다. 이 세 가지가 균형을 이룰 때 신뢰가 형성되고 가치관이 공유된다. 이것이 바로 베순이 한 일이었다.

경영을 잘하고 뛰어난 능력을 갖춘 CEO라고 해서 모두 위대한 리더가 될 순 없다. 진정한 리더와 지위만 맡은 리더는 엄연히 다르다. 회사에서 높은 계급을 달기만 해도 리더라 불릴 수 있다. 자기 능력이든 운이나 사내 정치 덕분이든 간에 리더가 될 수 있다. 하지만 진정한 리더가 되려면 그를 따르는 사람들이 존재해야 한다. 지시나 보상이 없이도 자발적으로 리더를 따르는 사람들이 있어야 한다. 콘티넨털항공 전임 CEO였던 프랭크 로렌조Frank Lorenzo가 쉽게 이야기해 지위를 맡은 리더였다면, 고든 베순은 회사를 어떻게 이끌어야 하는지 아는 진정한 리더였다. 이런 리더가 회사를 올바르게 이끌 수 있는 이유는 직원에게 진정으로 그들을 아낀다는 신뢰를 주기 때문이다. 직원들은 보답으로 더욱 열심히 일한다. 조직이 눈앞의 사소한 이익보다 큰 가치를 추구하며 나아가고 있다는 느낌이 들기 때문이다.

베순이 오기 전, 임원실이 있는 본사 건물 20층은 직원 출입이 금지된 공간이었다. 문이 항상 굳게 잠겨 있었던 그곳은 상무 이상만 출입이 가능했다. 출입용 카드가 없으면 아예 20층에 가지도 못 했다. 사방에 보안 카메라가 설치되어 있었고 무장 경호원들이 돌아다니며 삼엄한 경비를 유지했다. 사내 신뢰도는 바닥 수준이었다. 당시 프랭크 로렌조는 콘티넨털항공 기내에서조차 자신이 직접 딴 캔이 아니면 음료를 마시지 않았다고 전해진다. 그는 누구도 신뢰하지 않았다. 그러니 직원들도 당연히 그를 신뢰할 수 없었다. 자신을 따르려 하지 않는 사람들을 이끄는 일은 쉽지 않은 법이다.

베순은 180도 달랐다. 그는 회사가 구조와 체계를 제외하면 사람이 여럿 모인 곳일 뿐이라는 사실을 잘 알고 있었다. 그는 "주치의에게 거짓말하는 환자는 없다. 마찬가지로 리더는 직원에게 거짓말해선 안 된다"라고 말했다. 베순은 모두가 서로를 믿을 수 있는 분위기를 만듦으로써 기업문화를 송두리째 바꾸려 했다. 그가 직원들에게 무엇을 믿도록 했기에 최악의 항공사를 최고로 만들 수 있었을까?

대학 시절 내게는 하워드 제루키모위츠Howard Jeruchimowitz라는 룸메이트가 있었다. 시카고에서 변호사로 활동하는 하워드는 어린 시절부터 아주 단순한 인간의 욕구를 깨달았다. 뉴욕 교외에서 자란 그는 어린 시절 리틀리그Little League 야구단 외야수로 뛰었다. 그가 속한 팀은 거의 지기만 했고 심지어 꽤 큰 점수 차로 완패했다. 하지만 코치는 어린이들에게 긍정적인 사고방식을 가르치고자 하는 좋은 사람이었다. 아주 창피한 점수로 패배한 어느 날 코치는 팀을 불러 모아 이렇게 말했다.

"승패는 중요하지 않아. 어떻게 경기를 했느냐가 중요하지."

하워드는 손을 들고 질문했다. "그러면 점수를 왜 내야 하죠?"

하워드는 이기고자 하는 인간의 본능을 어릴 때부터 이해했다. 지고 싶은 사람은 아무도 없다. 건강한 사람이라면 대부분 승리하는 삶을 살고자 한다. 다만 점수를 내는 기준이 다를 뿐이다. 어떤 이는 돈을, 어떤 이는 명예나 상을 기준으로 점수를 낸다. 권력이나 사랑, 가족 또는 만족감을 기준으로 판단할 수도 있다. 기준은 저마다 다르지만 욕구 자체는 같다. 생계유지를 위해 일할 필요가 없는 억만장자에게 돈이란 그저 점수를 내는 기준이 된다. 그에게 돈은 지금 상황이 잘 풀리고 있는지 확인할 수 있는 객관적인 기준일 뿐이다. 그러나 억만장자조차 잘못된 결정으로 수백만 달러를 잃으면 상심한다. 그 돈이 있든 없든 인생에 아무런 변화가 없겠지만 패배를 좋아하는 사람은 어디에도 없기 때문이다.

이기고 싶은 욕구 자체가 나쁜 것은 아니다. 문제는 점수를 내는 기준이 성공의 유일한 척도가 될 때 발생한다. 처음에 성공의 방향이 되어주었던 WHY와 거리가 먼 행동을 하게 될 때 역시 마찬가지다.

베순은 '콘티넨털항공 직원이라면 누구나 이기고 싶을 때 이길 수 있다'를 증명해 보이기로 했다. 직원들은 그의 주장이 옳은지 지켜봤다. 몇몇 예외적인 상황도 있었다. 자신이 공항에 늦게 도착했다는 이유로 비행기 이륙을 지연시킨 한 임원은 권고사직을 당했다. 고위직 임원 예순 명 중 그와 신념을 달리한 서른아홉 명 역시 마찬가지였다. 경험이 많고 기업에 공헌한 바가 큰 사람이더라도 협동심이 부족하거나 새로운 문화에 적응하지 못하면 권고사직을 당했다. 기업의 신념에 공감하지 않는 사람에게 빈자리는 없었다.

의욕을 북돋는 연설 몇 번과 목표 달성 성과급만으로 밖에서 승리하는 조직을 만들기 어렵다는 사실을 베순은 알고 있었다. 그는 진정한 성공을 거두고 지속하려면 직원들이 CEO나 주주, 고객을 떠올리며 승리를 지향하는 일이 옳지 못하다는 사실을 깨달았다. 직원들은 타인이 아니라 자기 자신을 위하는 마음가짐으로 이겨야 했다.

그는 어떻게 하면 직원에게 이익을 줄 수 있을지 이야기했다. 고객을 위해 비행기를 깨끗이 청소하라고 말하는 대신 실질적인 부분을 언급했다. 승객은 비행이 끝나면 집으로 돌아가지만 승무원들은 최소 한 번 이상 비행해야 하므로 환경이 깨끗해지면 일하기도 더 좋을 거라고 말했다.

또한 베순은 20층 보안 장치를 모조리 없애버렸다. 개방 정책을 도입해 닫힌 문을 활짝 열었고 다가가기 쉬운 사람이 되고자 노력했다. 직원들은 베순이 공항에 나타나 수하물 담당자들과 함께 여행 가방을 나르는 모습을 흔히 볼 수 있었다. 그들은 가족이자 모두가 함께 일하는 팀이었다.

베순은 자신이 중요하다고 생각하는 일에 초점을 맞췄다. 그가 가장 중요시했던 임무는 정시 운항이었다. 베순이 취임하기 전인 1990년대 초반, 콘티넨털항공은 미국 10대 대형 항공사 중 정시 운항률이 최하위였다. 베순은 정시 운항률이 5위 안에 드는 달에 모든 직원에게 65달러를 지급하기로 약속했다. 1995년 당시 콘티넨털항공 직원이 4만 명이었다는 사실을 고려하면 정시 운항률이 높은 달에는 250만 달러가 드는 셈이었다. 하지만 베순은 약속을 달성해 성과금을 지급하는 일이 결국 이익이라는 사실을 잘 알고 있었다. 평소 만성적인 지연 운항으로 발생하는 손해 비용이 상당했기 때문이다. 당시 비행기 연착으로 연결편을 놓친 승객에게 제공하는 숙박비 등의 관련 비용은 매월 500만 달러에 달했다. 그러나 손해 비용 절감보다 유의미한 점은 보너스 제도가 기업문화에 가져다준 변화였다. 경영진을 포함한 수만 명의 직원은 몇 년 만에 처음으로 같은 목표를 향해 달려나가기 시작했다.

임원만 성공 혜택을 누리던 시절은 끝났다. 회사가 목표를 달성하면 전 직원이 65달러를 받았고 달성하지 못하면 아무도 성과금을 받지 못했다. 베순은 성과급을 수표로 별도 지급하라고 지시했다. 이 돈은 급여에 합쳐질 수 없었다. 급여와 완전히 다른 성격의 돈이었기 때문이다. 65달러는 승리의 상징이었다. 수표에는 직원이 회사에서 일하는 WHY를 떠올려볼 만한 문구가 적혀 있었다. "콘티넨털항공을 최고로 만들어주신 여러분, 진심으로 감사합니다."

베순은 이렇게 말한다. "우리는 노력하면 온전히 통제할 수 있는 일로 직원들을 평가했다. 또한 보상을 내걸 때 직원들이 각각 이기고 지는 게 아니라 함께 이기고 질 수밖에 없는 방식을 택했다."

경영진이 이렇게 행동하자 직원들은 문제를 함께 해결하고 있다는 느낌을 받았다. 그들은 느낌뿐 아니라 실제로도 함께였다.

우리에겐 저마다 잘 맞는 문화가 있다

지구 상에서 인류가 이토록 번성한 이유는 가장 강한 동물이어서가 아니다. 인간은 오히려 강한 동물과 거리가 멀다. 크기와 힘으로는 성공을 보장할 수 없다. 인류가 하나의 종으로 성공한 이유는 문화를 형성하는 능력 때문이다. 문화란 가치관과 신념을 공유하는 사람들이 모여서 형성된다. 자신의 가치관과 신념을 타인과 나누면 서로를 향한 신뢰가 생긴다. 신뢰하는 사람이 있으면 자녀를 보호하거나 자신의 목숨을 지켜야 할 때 그들에게 의존할 수 있다. 거처하는 동굴을 떠나서 사냥을 하거나 탐험을 떠날 수 있었던 이유는 내가 돌아올 때까지 나의 가족과 재산을 공동체가 보호해주리라 믿었기 때문이다. 이는 개인 생존과 인류 진보 측면에서 매우 중요한 요소였다.

가치관과 신념을 나눈 이들을 신뢰하는 것은 그리 심오한 이야기가 아니다. 사람이 살면서 마주치는 모든 이와 친구가 될 수 없는 데는 이유가 있다. 대개 같은 방식으로 세상을 바라보며 삶의 가치를 공유할 수 있는 사람과 친구가 되길 원하기 때문이다. 객관적인 조건을 보면 나와 딱 맞는 사람이지만 실제로는 친구가 되지 않을 수도 있다. 이는 범위를 더 넓혀서도 생각해볼 수 있다. 세상에는 다양한 문화가 있다. 이것을 이해한다면 미국인이 프랑스인보다 낫다고 할 수 없다. 누가 더 좋고 나쁘고의 문제가 아니라 그저 서로 다른 사람일 뿐이기 때문이다. 미국 문화는 기업가 정신, 독립정신, 자립을 높은 가치로 여긴다. 미국의 WHY는 아메리칸드림이라고도 불린다. 한편 프랑스 문화는 통일된 정체성, 집단 의존, 삶의 환희joie de vivre를 최고 가치로 여긴다. 누군가는 프랑스 문화에 잘 맞고 다른 누군가는 미국 문화에 잘 맞는다. 그러니 서로 다를 뿐이다.

한 문화권에서 태어나고 자란 사람들은 대부분 그 문화에 잘 스며들지만 그렇지 않은 경우도 있다. 간혹 프랑스에서 자랐지만 프랑스 문화에서 소속감을 느끼지 못하는 사람들이 있다. 출신지 문화와 성향이 맞지 않기 때문이다. 다른 나라로 이주하는 사람들을 보면 이런 경우가 많다. 미국으로 이주한 사람들은 미국의 WHY를 떠올렸을 때 느껴지는 감정에 이끌려 아메리칸드림을 품고 거처를 옮겼을 가능성이 크다.

미국의 원동력은 이민자에게서 나온다는 말이 있다. 다시 말해 이민자 대부분이 사회에서 생산성 높은 구성원이 된다는 뜻인데 이는 완전히 틀린 말이다. 모든 이민자에게 기업가 정신이 있다고 할 수는 없다. 기업가 정신은 미국의 WHY에 본능적으로 이끌리는 사람 몇몇에게만 있을 뿐이다. 이것이 바로 WHY의 역할이다. WHY가 뚜렷하고 사람들이 이를 쉽게 이해할 수 있으면 신념이 같은 사람들이 모여든다. 신념과 행동 방식이 잘 맞는 이민자들은 "미국이 좋다"라거나 "미국을 사랑한다"라고 말한다. 그러나 이런 본능적인 반응은 미국보다 그들 자신과 관련이 깊다. 출신지 문화를 떠나 새로운 문화권에서 성공할 기회와 능력을 얻었을 때 느끼는 소속감이기 때문이다.

국가의 WHY는 지역으로 세밀하게 나누어 생각해볼 수 있다. 어떤 사람들은 뉴욕이, 어떤 사람들은 미니애폴리스가 더 잘 맞는다. 여기서 더 좋거나 나쁜 문화는 없다. 그저 다를 뿐이다. 그런데 많은 사람이 뉴욕에 살기를 꿈꾼다. 화려함에 끌렸거나 다양한 기회를 누릴 수 있다고 판단해서다. 이들은 큰 뜻을 이루겠다는 야망을 품고 뉴욕에 온다. 도시를 직접 경험해보고 나면 자신이 그 문화에 잘 맞는지 아닌지 알 수 있다.

뉴욕의 방식과 잘 맞는 사람도 있다. 하지만 그렇지 않은 사람도 정말 많다. 큰 희망과 꿈을 안고 뉴욕에 와서 원하는 곳에 취직하지 못하거나, 취직을 했더라도 큰 압박에 시달리는 경우를 종종 본다. 그들이 나쁘거나 능력이 없어서가 아니다. 단지 뉴욕과 잘 맞지 않기 때문이다. 이럴 때 방법은 둘 중 하나다. 자신의 직업과 인생을 불평하면서도 노력을 짜내어 뉴욕에 계속 살거나, 더 잘 맞는 다른 도시로 이사하는 것이다. 뉴욕에서 시카고나 샌프란시스코 등으로 거처를 옮겨 훨씬 성공적인 삶을 사는 이도 많다. 뉴욕이 다른 도시보다 못하기 때문에 그런 것이 아니다. 그저 모두에게 어울리지 않는 도시일 뿐이다. 뉴욕 역시 다른 모든 도시와 마찬가지로 맞는 사람에게만 어울린다.

특유의 강한 문화나 개성이 있는 도시라면 호불호가 나뉘는 것은 어디든 마찬가지다. 우리는 자기와 잘 맞는 문화에서 더 잘한다. 그래서 모든 사람 대신 신념이 같은 사람들에게 서비스를 제공하는 데 집중하라고 앞서 설명한 것이다. 마찬가지로 우리는 가치관과 신념이 통하는 도시에서 거주하고 일하며 자연히 성공할 수 있는 배경을 만들어야 한다.

이제 회사가 무엇인지 생각해보자. 회사란 문화다. 공동의 가치관과 신념으로 모인 집단이다. 제품이나 서비스가 좋다고 회사가 단결하지는 않는다. 회사 규모가 크고 능력이 뛰어나다고 해서 강해지는 것도 아니다. 회사를 단단하게 만드는 힘은 문화다. 그러므로 직원부터 CEO에 이르기까지 모든 사람이 공유하는 강력한 신념과 가치관이 필요하다. 회사 목표는 능력 있는 사람이 아니라 신념이 같은 사람을 채용하는 일이 되어야 한다.

신념이 같은 사람을 찾아야 한다

20세기 초 영국 탐험가 어니스트 섀클턴Ernest Shackleton은 남극 탐험을 떠났다. 노르웨이 출신 로알 아문센Roald Amundsen이 인류 최초로 남극을 탐험한 직후였다. 당시 그에게는 정복해야 할 과제가 하나 있었다. 바로 지구 최남단을 거쳐 남극 대륙을 횡단하는 일이었다.

탐험은 남아메리카 대륙 아래쪽 차디찬 웨들해Weddell Sea에서 시작해 남극을 가로질러 뉴질랜드 아래 로스해Ross Sea까지 약 2,700킬로미터를 이동하는 코스였다. 당시 섀클턴이 추산한 탐험 비용은 약 25만 달러였다. 그는 『뉴욕 타임스』*New York Times* 1913년 12월 29일 자에 실린 인터뷰에서 이렇게 말했다. "남극 대륙 횡단은 지금까지 시도한 극지 탐험 중 최고가 될 것이다. 인류가 정복하지 못한 미지의 세계는 줄어들었지만 이 위대한 업적은 아직 남아 있다."

영국 정부 및 왕립지리학회Royal Geographical Society와 개인 기부자 자금으로 제작된 350톤급 선박 인듀어런스호는 1914년 12월 5일 섀클턴과 탐험 대원 스물일곱 명을 싣고 웨들해로 출발했다. 당시 유럽에서는 제1차 세계대전이 한창 격렬하게 벌어지고 있었으며 대원들은 그 영향으로 인해 자금난을 겪고 있었다. 그들은 썰매 개를 영국 초등학생의 기부금으로 사야 할 정도로 어려웠다.

결국 탐험 대원들은 남극 대륙에 도달하지 못했다.

남대서양 사우스조지아섬South Georgia Island을 떠난 지 며칠 만에 섀클턴과 대원들은 수 킬로미터에 달하는 얼음덩어리를 마주했고, 일찍 찾아온 겨울 추위가 맹위를 떨치는 바람에 그 자리에 갇히고 말았다. 한 대원은 이때를 회상하며 "얼음이 마치 캐러멜에 붙은 아몬드 조각처럼 배 주위로 밀려들었다"라고 말했다. 그들은 무려 10개월 동안 남극에 갇혀 있었다. 그동안 천천히 북쪽으로 표류하던 인듀어런스호는 결국 얼음덩어리의 압력 때문에 완전히 박살 났다. 1915년 11월 21일, 배는 끝내 웨들해의 차가운 물에 가라앉았다.

얼음에 발이 묶인 탐험 대원들은 구명보트 세 척으로 엘리펀트섬Elephant Island에 상륙했다. 섀클턴은 다섯 명을 제외한 나머지 대원들을 섬에 남겨두고 도움을 청하러 가기 위해 약 1,300킬로미터 바다를 건너는 험난한 여정을 시작했다. 다행히도 결과는 성공적이었다.

인듀어런스호 이야기가 대단한 이유는 탐험 대원의 업적이 위대했기 때문이 아니라 온갖 역경 속에서 사망자가 한 명도 나오지 않았기 때문이다. 대원들은 다른 사람을 해치거나 폭동을 일으키지 않았다.

운이 좋아서가 아니었다. 섀클턴이 대원들을 잘 뽑았기 때문이었다. 그는 임무에 적확한 사람들을 찾아냈다. 회사도 이와 마찬가지다. 기업 신념과 딱 맞는 사람들을 채용하면 성공이 저절로 일어난다. 그렇다면 섀클턴은 어떻게 훌륭한 대원들을 선발할 수 있었을까? 그는 『타임스』*The Times*에 구인광고를 게재했다.

위 사례를 일반적인 직원 채용 상황과 비교해보자. 대부분 섀클턴처럼 구인광고를 내거나 크레이그리스트Craigslist와 몬스터닷컴Monster.com 같은 구인구직 사이트에 글을 올린다. 채용 대행사에 의뢰하기도 하지만 절차는 크게 다르지 않다. 해당 직무에 필요한 자격을 제시하고, 이를 가장 많이 충족하는 사람이 최고의 후보자일 것이라 예상한다.

문제는 채용공고를 작성하는 방법이다. 보통 기업에서는 WHAT만 열심히 이야기할 뿐 WHY를 거의 언급하지 않는다. 보통 이런 식이다. "광고 기획자 모집. 경력 5년 이상, 업계 지식 필수, 초고속으로 성장하는 멋진 기업에서 근무할 기회, 높은 급여와 훌륭한 복지 혜택 제공." 이렇게 광고를 게재하면 수많은 지원자가 몰릴 텐데 회사는 그들 중 잘 어울리는 인재를 어떻게 알아볼 수 있을까?

섀클턴이 탐험 대원을 뽑을 때 냈던 구인광고는 어딘가 달랐다. 그는 원하는 바를 언급하지 않았다. 아마 그가 WHAT만 알리려고 했다면 광고는 다음과 같았을 것이다.

"탐험 대원 모집. 경력 5년 이상, 돛 올리는 기술 필수, 훌륭한 대장과 탐험할 기회."

하지만 그 이상을 원했던 섀클턴은 탐험에 딱 맞는 대원을 찾고자 했다. 그가 실제로 낸 광고는 다음과 같았다.

"위험한 여정에 함께할 대원 모집. 적은 보수, 혹한의 추위, 몇 달간 이어지는 어둠을 견뎌야 함. 전 일정 위험하며 무사 귀환 보장 불가. 그러나 탐험에 성공하면 영광과 명예를 누릴 수 있음."

이렇게 광고를 내자 여정이 멋진 일이라 생각한 사람들만 탐험에 지원했다. 그들은 극한의 도전을 즐기고 역경을 이겨낼 줄 알았다. 섀클턴은 자신과 신념이 같은 사람만 선발했다. 따라서 대원들의 생존 능력은 처음부터 보장되어 있었다. 구성원이 소속감을 느끼는 조직은 성공할 수 있다. 소속감을 가진 직원들이 열심히 일하고 혁신적인 해결책을 찾는 이유는 회사가 아니라 자기 자신의 신념을 위해서다.

위대한 리더는 대개 조직에 적합한 인재를 잘 찾아낸다는 공통점이 있다. 이들은 WHY가 같은 사람을 잘 고른다. 사우스웨스트항공은 조직에 어울리는 직원을 채용한 기업의 좋은 예다. 이들은 애초에 조직 대의를 실현할 사람들을 고용하기 때문에 훌륭한 서비스를 제공하기가 훨씬 수월하다. 허브 켈러허는 유명한 말을 남겼다. "능력이 아니라 마음가짐을 보고 직원을 뽑아야 한다. 능력은 가르치면 된다." 그렇다면 여기서 말하는 마음가짐이란 무엇일까? 만약 직원들의 마음가짐이 조직문화에 어울리지 않는다면 어떻게 될까?

나는 회사에 어떤 직원을 채용하고 싶느냐는 질문을 즐겨 한다. 흔히 나오는 대답은 '열정적인 사람'이다. 하지만 지원자가 면접에만 열정적인 모습을 보인 것은 아닌지 어떻게 알 수 있을까? 사실 대부분 사람은 열정적이다. 열정을 느끼는 분야가 각자 다를 뿐이다. 직원을 뽑을 때 WHY에 방향성을 두면 회사 신념에 열정을 느끼는 사람들을 끌어들일 확률이 극적으로 높아진다. 이력서가 화려한 사람이나 열심히 일하는 사람을 뽑는다고 해서 성공이 보장되는 것은 아니다. 예를 들어 애플의 신념에 공감하는 엔지니어가 마이크로소프트에서 일한다면 회사와 맞지 않는다고 느낄지도 모른다. 마찬가지로 마이크로소프트에 잘 맞는 엔지니어가 애플에서 일한다면 큰 성과를 내기가 어려울지도 모른다. 둘 다 경험이 많고 열심히 일하며, 추천을 많이 받는 뛰어난 인재라 해도 둘은 상대방의 회사에 어울리지 않는다. 회사는 직원을 채용할 때 기업의 WHY, 목적의식, 대의, 신념 등에 공감하는 사람과 마음가짐이 기업 문화에 어울리는 사람을 발견하는 일에 목표를 두어야 한다. 이를 먼저 따져본 다음에 지원자 능력과 경험을 평가해야 한다. 섀클턴은 최고의 경력을 쌓은 대원을 고용할 수도 있었다. 하지만 대원들의 능력이 아무리 좋더라도 서로가 마음 깊이 결속하지 않았다면 그들은 살아남을 수 없었을 것이다.

몇 년 동안 사우스웨스트항공에는 고객 불만 처리 부서가 없었다. 고객 만족도가 높아 해당 부서가 필요하지 않았기 때문이다. 마음가짐을 보고 직원을 뽑아야 한다고 주장한 사람은 켈러허였지만, 사실 회사에 잘 맞고 서비스 정신이 투철한 직원을 뽑을 수 있었던 데는 전사의 공이 컸다. 켈러허 혼자서 모든 직원을 다 뽑을 수 없었으며 채용 담당자 모두에게 직감을 믿으라고 말하는 것은 매우 위험했다. 그들은 어떤 직원이 회사에 잘 어울리는지 알아낸 뒤 그런 사람을 더 많이 발견하기 위한 체계를 만들었다.

사우스웨스트항공은 놀랍게도 1970년대에 승무원 유니폼을 핫팬츠와 롱부츠로 바꿨다. 시대를 앞서간 이 아이디어는 그들이 최초로 낸 것이 아니었다. 사우스웨스트항공은 캘리포니아에 있는 퍼시픽사우스웨스트항공이 시도한 일을 모방했다. 하지만 선두 주자와 달리 아주 유용한 사실을 하나 깨달았다. 승무원을 모집하면 주로 치어리더나 고적대원 출신이 지원한다는 사실이었다. 그들만이 새로운 유니폼을 꺼리지 않았기 때문이다. 게다가 그들은 알고 보니 사우스웨스트항공에 딱 맞는 인재였다. 마음가짐도 훌륭한 데다 기질 자체가 사람들을 즐겁게 해주는 유형이었다. 그들은 긍정적인 기운을 널리 퍼뜨리며 서로에게 이길 수 있다는 믿음을 주는 동료였다. 평범한 사람을 위해 존재한다는 회사의 뜻에 완벽하게 맞는 직원들이었다. 사우스웨스트항공은 이를 깨닫고 치어리더나 고적대원 출신 위주로 직원을 채용하기 시작했다.

위대한 기업은 능력 있는 사람들을 채용하고 나서 그들에게 열의를 불어넣지 않는다. 이미 의욕으로 가득 찬 사람들을 채용해서 그보다 큰 열의를 불어넣는다. 회사에는 열의가 있는 직원이 있고 그렇지 않은 직원이 있다. 만약 열의에 가득 찬 직원에게 눈앞의 일보다 위대한 가치와 신념을 주지 못하면 그들은 새로운 일터를 찾아 떠나고 회사에는 의욕 없는 직원들만 남게 될 것이다.

내 일을 바라보는 관점

두 석공 이야기를 소개하고자 한다. 길을 걷던 젊은이가 한 석공을 발견하고는 이렇게 물었다. "그 일이 좋으십니까?" 석공은 젊은이를 보며 대답했다. "벽 쌓는 일을 언제 시작했는지 기억이 나지 않을 정도로 오래 했어요. 아주 지루한 일입니다. 타는 듯이 뜨거운 햇볕 아래서 온종일 일해야 해요. 저 무거운 돌덩이를 매일같이 옮겨야 하니 허리가 남아나질 않네요. 게다가 살아생전에 완공이 되지 않을 수도 있습니다. 하지만 어쩌겠어요. 먹고 살려면 어쩔 수 없죠." 젊은이는 석공에게 대답해줘서 고맙다고 인사한 뒤 계속 길을 갔다.

10미터 떨어진 곳에 다른 석공이 있었다. 젊은이는 그에게 같은 질문을 했다. "그 일이 좋으십니까?" 석공은 젊은이를 보며 대답했다. "이 일이 정말 좋습니다. 저는 지금 대성당을 짓고 있거든요. 사실 이 일을 언제 시작했는지 기억이 나지 않을 정도로 오래 했어요. 지루한 일이기도 하죠. 타는 듯이 뜨거운 햇볕 아래서 온종일 일해야 하니까요. 저 무거운 돌덩이를 매일같이 옮겨야 하니 허리도 남아나질 않아요. 사는 동안 완공되지 않을 수도 있겠죠. 하지만 저는 지금 제 손으로 대성당을 짓고 있다는 사실이 중요합니다."

두 석공이 하는 일은 정확히 같다. 차이점이라면 두 번째 석공에게는 목적의식과 소속감이 있다는 것이다. 그는 자신이 큰 가치의 일부가 되기 위해 일하러 온다. WHY를 발견하면 자기 직업을 바라보는 관점이 완전히 달라진다. WHY가 있으면 생산성이 높아지고 충성심도 깊어진다. 첫 번째 석공은 돈을 더 많이 주는 직장이 있다면 일터를 옮길 가능성이 크다. 하지만 두 번째 석공은 보수가 많고 더 쉬운 일을 제안받더라도 대의를 추구하고자 마다할 가능성이 크다. 두 번째 석공은 자신을 스테인드글라스 전문가나 건축가보다 덜 중요한 사람이라 여기지 않는다. 모두가 대성당을 짓기 위해 함께 일하는 사람들이라고 생각한다. 동료애는 바로 이런 유대감에서 형성된다. 동료애와 신뢰는 성공의 첫걸음이 된다. 성공은 같은 대의를 추구하고자 일하는 사람들이 함께 이뤄내는 성과다.

WHY가 뚜렷한 회사는 직원에게 열의를 불어넣는다. 그런 회사에서 근무하는 직원들은 생산성이 더 높고 혁신적이며 다른 사람들도 그곳에서 일하고 싶게 만든다. 고객이 거래를 선호하는 회사는 직원에게도 열의를 주는 좋은 회사라 봐도 무리가 없다. 직원들이 회사의 WHY를 스스로 이해할 수 있다면 사람들도 그 회사의 특별함을 이해할 수 있을 것이다. 그런 회사는 경영진부터 말단 사원에 이르기까지 전 직원이 자신을 다른 직원보다 덜 중요하다고 여기지 않는다. 모든 직원이 서로에게 필요한 존재이기 때문이다.

일하는 마음가짐

19세기 말에 일어난 일이다. 사람들은 혁신적인 신기술이 변화시킬 미래를 그렸다. 그리고 새로운 기술을 가장 먼저 개발하기 위한 경쟁을 벌였다. 신기술은 바로 비행기였다. 당시 분야에서 가장 잘 알려진 사람은 새뮤얼 피어폰트 랭글리였다. 그는 세계 최초로 비행기를 만들고자 했다. 목표는 유인 동력 비행기를 발명하는 것이었다. 그는 과제를 수행하는 데 필요한 모든 자원이 충분했다. 소위 말하는 성공 요건을 전부 갖추고 있었다.

랭글리는 학계에서 천문학자로 명성을 떨치며 권위 있는 고위직을 맡고 있었다. 그는 스미스소니언협회 회장으로 하버드 대학교 천문대 조교를 거쳐 미 해군사관학교에서 수학과 교수로 재직한 인재였다. 랭글리는 인맥도 넓었다. 앤드루 카네기나 알렉산더 그레이엄 벨을 비롯한 정재계 유명인사들과 친분이 있었다. 기술 개발에 필요한 자금 또한 어마어마하게 지원받았다. 미 국방부 전신인 육군부는 당시로서는 굉장한 금액인 5만 달러를 지원했다. 랭글리에게 돈은 문제가 되지 않았다.

랭글리는 당대 최고 인재들을 끌어모았다. 그가 결성한 드림팀에는 시험비행 조종을 맡은 코넬 대학교 출신의 뛰어난 기계공학자 찰스 맨리Charles Manly와 뉴욕 최초로 자동차를 개발한 스티븐 발저Stephen Balzer가 포함되어 있었다. 그들은 최고급 재료를 사용했다. 시장 상황은 완벽했고 홍보도 잘됐다. 랭글리는 어딜 가든 『뉴욕 타임스』가 따라붙을 정도로 주목받았다. 그를 모르는 사람이 없었고 모두가 프로젝트의 성공을 기원했다.

하지만 문제가 있었다.

랭글리에게는 대단한 야심이 있었지만 분명한 WHY가 없었다. 비행기를 만들고자 하는 그의 목적은 '무엇을' 해야 하며 '무엇을' 얻을 수 있는지로만 정의되었다. 그는 아주 어려서부터 항공학에 열정이 있기는 했지만 결정적으로 추구하는 대의가 없었다. 그는 무엇보다 1등이 되고 싶었다. 부와 유명세를 얻고 싶었다. 랭글리를 움직이는 동기는 그뿐이었다.

랭글리는 이미 자기 분야에서 인정받고 있었지만 토머스 에디슨Thomas Edison이나 알렉산더 그레이엄 벨같이 엄청난 발명가로서 명예를 얻고 싶어 했다. 랭글리에게 비행기란 부와 명예를 향한 고속열차였다. 그는 똑똑했고 나름의 동기가 있었다. 또한 오늘날에도 여전히 성공 요건이라 불리는 많은 것을 갖고 있었다. 자금이 넘쳤고 최고의 인재들과 함께했으며 시장 상황도 더할 나위 없이 좋았다. 그런데도 오늘날 새뮤얼 피어폰트 랭글리라는 이름을 들어본 사람은 거의 없다.

한편 그와 몇백 킬로미터 떨어진 오하이오주 데이턴에서는 오빌 라이트와 윌버 라이트가 비행기를 만들고 있었다. 랭글리와 달리 라이트 형제는 성공 요건을 갖추지 못했다. 오히려 실패 요건을 갖춘 듯 보였다. 형제에게 자금을 지원하는 사람은 아무도 없었다. 정부 보조금도, 고위층 인맥도 없었다. 그들은 자전거 가게에서 발생한 수입을 꿈에 투자했다. 형제를 포함한 팀원 중 대학을 나온 사람은 한 명도 없었으며, 고등학교를 못 나온 사람도 있었다. 라이트 형제가 한 일은 랭글리를 비롯해 비행기 발명에 뛰어든 사람들이 한 일과 크게 다르지 않았다. 하지만 라이트 형제에게는 특별한 꿈이 있었다. 형제는 비행기 발명이 중요한 이유를 잘 알고 있었다. 그래서 하늘을 나는 법만 알아내면 세상이 바뀌리라 믿었다. 그들은 발명에 성공하면 사람들이 어떤 이익을 얻게 될지 상상했다.

라이트 형제 전기를 쓴 제임스 토빈James Tobin은 이렇게 말했다. "윌버와 오빌은 진정한 과학자였다. 그들은 균형과 비행이라는 물리적인 문제를 풀고자 마음을 다해 노력을 기울였다." 반면 랭글리는 알렉산더 그레이엄 벨처럼 명예를 얻고자 하는 욕망에 사로잡혔다. 그는 과학적으로 주요한 업적이 있어야만 그런 명예를 얻을 수 있다고 생각했다. 토빈은 이렇게 말했다. "랭글리에게는 라이트 형제가 품었던 비행을 향한 열정이 없었다. 그는 성취 대상을 찾고 있었다."

라이트 형제는 마을 사람들에게 신념을 전하며 그들이 대의에 동참하도록 열의를 불어넣었다. 형제는 이 일에 모든 열정을 쏟았다. 보통 사람들 같으면 이미 포기할 정도로 많은 실패를 거듭했지만 라이트 형제와 팀원들은 포기하지 않았다. 열의가 어찌나 컸던지 몇 번을 좌절하고도 다시 일어섰다. 라이트 형제는 비행 실험을 하러 나갈 때마다 부품을 다섯 세트씩 챙겼다고 한다. 많은 실패를 거듭해야 집에 돌아오리라는 사실을 알고 있었기 때문이다.

그리고 마침내 일이 일어났다. 1903년 12월 17일, 노스캐롤라이나주 키티호크Kitty Hawk 들판에서 라이트 형제는 하늘을 날았다. 36미터 고도에서 조깅하는 속도로 59초간 비행했고 마침내 세상을 바꿀 신기술의 문을 열었다.

그들은 놀라운 성취를 이뤘는데도 상대적으로 주목받지 못했다. 『뉴욕 타임스』도 관심이 없었다. 그러나 개인적인 명예와 영광보다 큰 가치를 추구한 라이트 형제는 세상이 알아줄 날까지 기꺼이 기다릴 수 있었다. 이 사건이 세상에 얼마나 중요한 영향을 끼칠지 잘 알고 있었기 때문이다.

랭글리와 라이트 형제는 모두 비행기를 만들고자 했다. 양쪽 다 동기가 확실했다. 둘 다 열심히 했고, 과학적인 사고력도 뛰어났다. 라이트 형제에게 더 큰 운이 따른 것도 아니었다. 둘의 차이는 라이트 형제에게만 있었던 '진정한 열의'였다. 한쪽은 부와 명예를 따랐지만 다른 한쪽은 신념을 따랐다. 랭글리는 부유해지고 유명해지기 위해 인재를 고용했다. 그에 반해 라이트 형제는 열의를 갖고 주변 사람들의 마음을 일깨웠다. 랭글리는 WHAT으로 시작했다. 반면 라이트 형제는 WHY로 시작했다. 랭글리는 라이트 형제가 성공하자 바로 비행을 그만뒀다. 진행하던 프로젝트도 모두 접었다. 그때 랭글리가 "정말 대단합니다. 이제 저는 그들이 개발한 신기술을 개선하는 데 힘쓰겠습니다"라고 말했더라면 바람직했겠지만 그는 그러지 않았다. 오히려 실패를 수치스러워했다. 그의 시험비행은 비행기가 포토맥강Potomac River에 착륙하면서 끝났고, 여러 신문에는 그를 비웃는 기사가 났다. 그는 타인의 시선을 과하게 의식하고 유명해지는 일에 집착했다. 그리고 1등을 빼앗기자 일을 그만두고 말았다.

혁신을 이루는 조직

드림팀이라고 항상 꿈만 같지는 않다. 여러 전문가가 함께 일하는 곳에서는 자신만 위하느라 전체 이익을 추구하지 않는 경우가 종종 있다. 특히 회사가 상당한 급여를 주고 최고 인재를 영입해올 때 이런 일이 일어난다. 인재들이 회사의 WHY를 보지 않은 채 그저 높은 급여를 받기 위해 오기 때문이다. 전형적인 조종이다. 엄청난 금액을 준다고 해서 반드시 뛰어난 아이디어가 보장되지는 않는다. 마음 맞는 사람들을 한데 모아 팀을 결성하고 그들에게 대의를 전해주면 그들은 훨씬 뛰어난 협력 정신과 동료애를 보여준다. 랭글리는 드림팀을 결성하고 그들에게 부귀를 약속했다. 라이트 형제는 사람들에게 개인의 이익보다 큰 가치를 함께 추구하자고 말하며 열의를 불어넣었다. 평범한 회사는 직원에게 일거리를 준다. 반면 혁신적인 회사는 직원에게 일의 방향을 제시한다.

혼자서 대단한 아이디어를 모두 떠올리는 것은 리더의 역할이 아니다. 직원이 중요한 착상을 얻을 수 있는 환경을 조성해주는 것이 바로 리더의 역할이다. 회사 내부, 그중에서도 최전방에서 시장과 맞닥뜨리는 직원들은 혁신적인 아이디어를 잘 떠올린다. 가령 고객과 통화하거나 직접 대화를 나누는 직원은 고객이 주로 어떤 질문을 하는지 임원보다 잘 알고 있다. 리더가 이런 사실을 고려하지 않고 직원에게 맡은 일만 하도록 지시하면 그들은 딱 그 안에서만 일한다. 반면 직원에게 회사의 WHY를 끊임없이 상기시키며 각자 업무를 할 때 신념을 실현할 방법을 찾도록 리드하면 그들은 맡은 업무 이상의 일을 해낸다.

아이팟이나 아이튠즈, 아이폰에 대한 아이디어를 떠올린 사람은 스티브 잡스가 아니라 애플 직원들이었다. 잡스는 혁신이 일어날 수 있도록 직원들에게 새로운 기준과 맥락을 제공하고 목적의식을 심어줬다. 오래된 사업 모델을 고수하는 기존 업계의 관습을 타파함으로써 혁신을 이루고자 했다. 이것이 바로 애플의 창립 이유이자 WHY이다. 또한 잡스와 워즈니악이 회사를 시작하면서 행한 일이고, 그동안 애플 직원들이 해온 일이며, 이 기업의 제품이 보여준 것이다. 이는 계속 반복되는 패턴이다. 애플 직원들은 최대한 많은 곳에서 회사의 대의를 실현할 방법을 찾을 것이다. 이 같은 순환이 계속되면 좋은 결과가 나온다.

하지만 이렇게 운영하지 않는 회사도 많다. WHY가 아니라 WHAT으로 조직을 정의하는 회사는 제품이나 서비스로써 혁신을 이루라고 지시하고 더 좋은 상품을 개발하라고 말한다. 기업을 '컴퓨터 제조사'라고 정의한 애플의 경쟁사 직원들은 '더 혁신적인' 컴퓨터를 개발하기 위해 일한다. 그들이 할 수 있는 최선은 램RAM을 추가하거나 기능을 한두 개 더 넣거나 본체 색상을 취향대로 고를 수 있게 하는 일에 그친다. 이는 업계 판도를 바꿀 만한 아이디어라고 할 수 없다. 좋은 기능이긴 하지만 혁신은 아니다. 오늘날 콜게이트가 치약 32종을 개발하게 된 이유는 회사가 고객에게 영감을 줄 방법을 고민하지 않고 그저 나은 치약을 선보이기 위해 일했기 때문이다.

애플은 생각에 제한을 두지 않는다. 회사에는 보통 혁신적으로 사고하는 현명한 직원이 있기 마련이다. 뛰어난 회사는 직원에게 더 나은 제품을 만들라고 단순하게 지시하지 않고, 아이디어를 발전시킬 수 있도록 목적의식이나 도전 정신을 심어준다. 경쟁사에 초점을 맞추고 여러 기능과 혜택만 추가하면서 더 나은 제품을 기대하는 회사는 스스로 WHAT의 덫에 빠진다. WHY가 모호한 회사는 타사의 성과에 집착하지만, WHY가 분명한 회사는 경쟁사에 연연하지 않는다.

기업 혁신 능력은 새로운 아이디어를 개발하는 일뿐 아니라 힘든 시기를 헤쳐나가는 데도 매우 중요하다. 직원이 강한 목적의식을 품고 있으면 어려운 시기를 지혜롭게 견딜 방법을 스스로 알아내며 심지어 그 와중에 기회를 찾아낸다. WHY가 뚜렷한 직원은 더 큰 신념을 지향하기 때문에 몇 번을 실패하더라도 포기하지 않는다. 크나큰 목적이 있었던 토머스 에디슨은 말했다. "나는 전구를 만드는 한 가지 방법을 찾지 못한 게 아니라 전구를 만들 수 없는 천 가지 이유를 알아냈다."

사우스웨스트항공은 '10분 턴어라운드 타임'으로 유명하다. 비행기에서 내리고, 준비하고, 다시 탑승하는 과정을 10분 안에 끝낸다는 뜻이다. 주어진 시간 내에 과정을 마치면 더 많은 이익을 낼 수 있다. 항공기 가동률이 높아질수록 수익이 증가하기 때문이다. 그런데 이런 혁신이 기업의 위기 상황에서 이루어졌다는 사실을 아는 사람은 많지 않다. 1971년 사우스웨스트항공은 현금이 부족했고 사업을 계속하기 위해 어쩔 수 없이 비행기 한 대를 팔았다. 직원들은 총 네 대로 움직이던 운항 일정을 세 대로 소화해야 하는 상황에 처했다. 문제를 해결하려면 운항 대수에 맞게 비행 일정을 줄이거나 턴어라운드를 10분 안에 끝낼 방법을 찾아야 했다. 그때 10분 턴어라운드 타임이 생겨났다.

누군가는 그 일이 어렵다고 딱 잘라 말했을 수도 있지만 사우스웨스트항공 직원들은 전례도 없고 불가능해 보이는 임무를 어떻게든 해내고자 단결했다. 그들은 이 혁신으로 오늘날까지 이익을 낸다. 지금은 노선이 다양해지고 항공기와 수하물 규모가 커져서 턴어라운드 타임을 25분에 맞추고 있다. 그때 기업이 운항 일정을 변경하지 않고 오히려 턴어라운드 타임을 5분 더 추가했다면 약 10억 달러의 추가 비용이 발생해 항공기 열여덟 대를 추가로 들여야 했을 것이다.

사우스웨스트항공의 놀라운 문제 해결, 애플의 앞서간 혁신, 라이트 형제의 뛰어난 신기술 개발 능력은 할 수 있다는 믿음과 구성원들이 해내리라는 신뢰에서 나왔다.

구성원이 서로를 신뢰하는 회사

1762년 프랜시스 베어링 경Sir Francis Baring이 설립한 베어링스은행Barings Bank은 영국에서 가장 오래된 상업은행이었다. 나폴레옹 전쟁과 제1, 2차 세계대전에서도 살아남은 베어링스은행은 1995년 단 한 사람 손에 허무하게 쓰러지고 말았다. 자칭 악덕 트레이더 닉 리슨Nick Leeson은 허가도 없이 극도로 위험한 거래를 함으로써 은행 전체를 쓰러뜨렸다. 그가 계획한 방향으로 순풍이 불었더라면 리슨은 은행에 막대한 이익을 안기고 자신도 엄청난 수입을 챙긴 후 영웅이라는 찬사를 받았을지도 모르지만 실제 상황은 그렇지 않았다.

날씨나 금융시장은 예측하기가 어렵다. 리슨이 한 일이 도박이라는 사실에는 반론의 여지가 없었다. 도박이란 예측할 수 있는 위험과 전혀 다르다. 예측된 위험은 손실 가능성을 고려하며, 희박하지만 벌어질 수 있는 상황에 대비해 사고가 일어나지 않도록 조심한다. 비행기가 수면에 불시착할 가능성이 매우 낮더라도 항공사는 승객에게 구명조끼를 제공한다. 이것이 단지 승객의 마음을 편하게 하는 행동이라 해도 승객은 항공사에서 위험에 대비해준 것을 다행이라고 생각한다. 그렇게 하지 않는 것은 도박이다. 수면에 불시착할 확률이 희박하다고 도박을 하는 항공사는 없을 것이다.

리슨은 베어링스은행에서 이상하게도 트레이더 역할과 그들을 감독하는 관리자 역할을 동시에 맡고 있었다. 장차 닥쳐올 위험성을 고려해볼 때 이는 가볍게 넘길 일이 아니었다. 엄청난 손해를 가져올 수 있는 일을 단 한 사람이 맡았다는 사실은 분명한 문제였다. 그나마 이런 문제들은 단기적인 요소였다. 리슨이 회사를 그만두거나, 담당 업무를 변경하거나, 회사에서 그를 감독할 새로운 관리자를 임명하면 해결될 일이었기 때문이다. 그보다 심각한 문제는 당시 베어링스은행의 문화에서 이런 상황이 충분히 일어날 법했다는 점이었다. 직원들은 WHY를 잃은 상태였다.

베어링스은행은 더 이상 직원들이 열의에 가득 차서 일하는 회사가 아니었다. 이 기업에는 좁은 의미의 동기만 있었을 뿐 진정한 열의가 없었다. 직원들은 보상에 조종당해 성과를 내려고 혈안이 되어 있었지만 회사 전체 이익을 위해 일하겠다는 의욕을 가지지는 못했다. 리슨이 자서전에 직접 언급했듯 그가 오랫동안 위험한 투자를 할 수 있었던 이유는 다른 사람들이 그가 하는 일의 위험성을 몰랐기 때문이 아니다. 여기엔 심각한 이유가 있었다. 바로 솔직하게 말하지 않는 베어링스 은행의 문화 때문이었다. 리슨은 이렇게 설명했다. "베어링스 은행 런던 본사 직원들은 모두 자기 잘난 맛에 사는 사람들이었다. 그들은 바보처럼 보일까봐 두려워 절대로 질문을 하지 않았다." 불명확한 가치관과 신념 없는 약한 문화로 인해 이 은행에는 각자 자기 일만 하는 분위기가 형성됐고, 결국 장기적인 재앙까지 발생했다. 이는 인간의 당연한 본성이다. 조직 안에서 구성원이 서로를 보호해주지 않으면 공동체로서의 이익은 사라진다. 스타 직원이 몇 명 있는 회사는 많지만 서로를 생각하는 훌륭한 직원이 지속적으로 배출되는 회사는 드물다.

신뢰는 놀랍다. 서로 신뢰하면 의지할 수 있게 된다. 우리는 결정을 내려야 할 때 믿음직한 사람들에게 조언을 구한다. 신뢰는 각자의 인생과 가족, 회사, 사회, 더 나아가 인류 전체가 발전하는 기반이 되어준다. 우리는 사람을 신뢰하기 때문에 베이비시터에게 아이를 맡기고 배우자와 외출할 수 있다. 베이비시터 두 명 중 한 명을 택해야 하는 경우, 경험이 많고 멀리 사는 베이비시터보다 경험이 좀 부족하더라도 가까이 사는 이웃을 택하는 사람이 많다. 사람들은 그 이유로 이방인에 대해 아는 바가 없기 때문에 그를 신뢰하기 어렵다고 말했다. 하지만 가까이 사는 베이비시터에 대해서도 그저 같은 동네에 산다는 한 가지 사실만 알 뿐이다. 이는 자녀의 안전처럼 중요한 문제에서도 많은 이가 경력보다 익숙함이라는 가치를 중요시한다는 사실을 의미한다. 우리는 잘 모르는 지역 출신에 이력이 화려한 전문가보다 같은 동네에 살며 가치관과 신념이 비슷한 사람을 신뢰한다. 이 신뢰는 인생에서 가장 소중한 존재도 맡길 수 있게 한다. 아주 대단한 일이다. 그럼 회사에서 직원을 채용할 때는 어떤지 생각해보자. 당신에게 중요한 것은 화려한 이력과 다양한 경험인가, 아니면 회사 공동체에 잘 어울리는 지원자의 성격인가? 우리는 베이비시터를 고용할 때는 신뢰를 우선시하면서 직원을 고용할 때는 매우 다른 기준을 적용한다. 최고의 직원이 될 만한 사람을 찾을 때 경력만 보면 된다는 잘못된 가정을 하고 있다.

대체로 회사 발전의 역사에는 능력보다 신뢰가 큰 역할을 해왔다. 부부가 외출하며 아이를 맡기는 것처럼 같은 사회에 속한 사람들은 자신이 자리를 비워도 집과 가족이 안전하리라고 믿으며 밖으로 나간다. 신뢰가 없으면 아무도 위험을 감수하지 않는다. 위험을 감수하지 않으면 모험과 도전을 주저하며 결국 사회 전체가 발전할 수 없게 된다. 이는 아주 놀라운 개념이다. 사람들은 자신이 속한 문화나 조직을 신뢰하면 발전을 위해 개인적인 위험을 감수한다. 이 일이 자신에게도 도움이 된다고 믿기 때문이다.

아무리 경험이 풍부하고 능숙한 공중그네 곡예사라 해도 시도해본 적 없는 아슬아슬한 묘기를 새로 익힐 때는 반드시 아래에 안전망을 설치한다. 묘기가 극도로 위험하다면 곡예사는 안전망을 설치해달라고 요구할 수 있다. 안전망은 그가 떨어졌을 때 다치지 않도록 보호하는 일 외에도 심리적인 안정감을 준다는 장점이 있다. 곡예사는 보호 장치가 있다는 사실만으로 그동안 해본 적 없었던 묘기를 시도하고 반복할 자신감을 얻는다. 반대로 안전망을 치울 경우, 그는 실수하더라도 안전하게 착지할 수 있는 쉬운 묘기만 보여주게 된다. 안전망을 깊이 신뢰할수록 더 큰 위험을 무릅쓰고 뛰어난 묘기를 보여줄 수 있다. 직원을 보호해 신뢰를 보여준 서커스 단장은 아마 다른 단원들에게도 비슷한 행동으로 믿음을 줄 것이다. 그리하면 모든 단원은 자신 있게 새로운 연기를 연습하며 훈련에 박차를 가하게 된다. 자신감을 얻은 단원들이 새로운 시도를 하는 등 더 큰 위험을 감수하게 되면 공연의 전반적인 완성도는 훨씬 높아질 것이다. 공연이 좋아지면 관람객이 늘어나고 서커스단은 더 번창한다. 이 모든 일은 신뢰 없이 이루어질 수 없다. 같은 공동체나 조직에 속한 구성원은 리더가 안전망을 제공하고 있다는 사실을 신뢰할 수 있어야 한다. 리더에게 실제적인 안전망이나 감정적인 안전망으로 지지를 받고 있다 느끼는 구성원은 집단에 도움이 되고자 힘을 다해 노력하게 된다.

물론 안전망이 없는데 위험을 감수하려는 사람도 있다. 위험의 크기와 상관없이 모험을 즐기는 유형은 어디에나 있기 때문이다. 이런 사람들은 시작한 일을 끝까지 밀고 나가거나 아무도 하지 않는 일을 해서 혁신가로 인정받기도 한다. 그들 중에는 회사나 사회 전체의 발전을 이루는 사람도 있다. 그러나 모험을 즐기지만 아무것도 성취하지 못한 채 세상을 떠나는 사람도 있다.

비행기에서 뛰어내릴 때 낙하산이 있는 것과 없는 것은 엄청난 차이이다. 두 경우 모두 극적인 경험이지만 한쪽은 이 경험을 두 번 다시 할 수 없을 확률이 높으니 말이다. 위험을 즐기는 기질을 타고나 안전망 없이도 묘기를 하는 곡예사는 돋보이는 스타가 될 가능성이 크다. 하지만 스타 곡예사가 죽거나 다른 서커스단으로 떠나면 어떻게 될까? 이는 개인이 조직에 미칠 영향을 고려하지 않고 자신의 이익만 추구할 때 나타나는 패러다임이다. 스타플레이어가 기울인 노력이 개인이나 조직에 좋은 영향을 주더라도 이익은 그리 오래가지 못할 것이다. 특히 조직이 얻는 이익은 더 오래갈 수 없다. 시간이 지나면 체계가 무너질 수밖에 없으며 조직은 큰 손해를 입을 확률이 높아진다. 따라서 기질적으로 위험을 즐기는 닉 리슨 같은 사람을 영입하는 것보다 평범한 사람들이 서로를 신뢰하도록 하는 편이 장기적으로 나은 전략이다.

위대한 조직은 구성원이 서로 보호받는다고 느낀다. 강한 조직문화는 구성원에게 소속감을 주며 안전망 역할을 한다. 구성원은 상사, 동료, 조직이 자신을 보호해주리라는 믿음을 안고 회사에서 일한다. 이는 조직과 구성원 간의 상호적인 행동이다. 개인적인 결정, 노력, 행동이 조직과 선순환을 이루면서 장기적으로 이익을 가져오는 것이다.

고객에게 초점을 맞추기로 유명한 사우스웨스트항공은 아이러니하게도 '고객이 항상 옳은 것은 아니다'라는 내용을 사규로 정했다. 이 기업은 직원을 괴롭히는 고객을 용납하지 않는다. 그런 고객에게는 다른 항공사를 이용하라고 말한다. 미국에서 최고의 고객 서비스로 손꼽히는 회사가 고객보다 직원을 우선으로 여긴다는 점은 역설적으로 보이기도 한다.

고객 서비스는 경영진이 직원에게 강요해서 좋아지는 것이 아니라 구성원이 서로를 신뢰할 때 좋아진다. 그렇다면 구성원은 조직의 가치관과 소신에 공감하고 문화를 신뢰해야 한다. 신뢰하지 않는 직원은 회사에 어울리지 않는 사람이며, 더 큰 목적보다 개인적인 이익을 중시할 확률이 높다. 반면 구성원이 조직에 잘 어우러지면 그들은 탐험하고 발명하며 쇄신해 조직을 발전시킨다. 더욱 중요한 점은 신뢰가 형성된 뒤 그들이 일련의 과정을 반복하며 발전한다는 사실이다. 상호 간의 신뢰는 위대한 조직을 만든다.

리더의 힘은 어디에서 나오는가

"람보 2, 1-8-0, 40킬로미터, 빠르게 접근 중." 준장 존 점퍼John Jumper의 무전기가 울렸다. 람보 2는 점퍼를 가리키는 호출부호였다. "레이더 확인." 람보 2는 레이더로 적군을 식별했다고 답신했다. 1성 장군인 점퍼는 비행 경력이 수천 시간에 달했고 전투 경력 또한 천 시간 이상 누적된 베테랑 조종사였다. 어느 모로 보나 그는 최고였다. 텍사스주 패리스Paris에서 태어난 점퍼는 화물 수송기부터 제트 전투기까지 미 공군이 보유한 항공기 대부분을 조종하며 탁월한 경력을 쌓아왔다. 훈장을 받은 장군이자 비행단 지휘관이었던 그는 전투기 조종사의 본보기였고 명석한 두뇌와 자신감을 겸비한 인재였다.

하지만 그날 점퍼는 자신이 처한 상황에 적절하지 않은 반응을 보였다. 평소대로라면 그는 25마일 지점에서 무기를 발사하거나 공격 행동을 취해야 했다. 이를 주시하고 있던 로리 로빈슨Lori Robinson 대위는 점퍼가 목표물을 잘못 조준할까봐 멀찌감치 떨어진 곳에서 상황을 침착하게 보고했다.

"람보 2, 레이더 확인 요망, 현재 1-9-0, 32킬로미터임."

항공 무기 통제사인 로리 로빈슨은 근처에 있는 지휘 통제 센터에서 점퍼의 움직임을 레이더 스크린으로 지켜보고 있었다. 그녀의 임무는 조종사가 무기를 사용해 적기를 저지하고 파괴할 수 있도록 위치를 안내하는 일이었다. 항공 교통 관제사가 기체 간격을 유지시켜 충돌을 막아야 한다면 반대로 항공 무기 통제사는 기체 간격을 더 가깝게 만들어야 했다. 조종사는 항공기 바로 앞의 상황만 볼 수 있지만 무기 통제사는 레이더 스크린으로 큰 그림을 한눈에 볼 수 있었다.

로빈슨 대위는 레이더를 보며 시속 2,500킬로미터로 위험에 뛰어드는 조종사의 눈과 귀가 되어주었고 자신의 임무가 매우 중요한 일이라 생각했다. 그녀는 이 직책이 중요한 이유를 잘 알고 있었다. 조종사가 자신감을 갖고 소임을 다할 수 있도록 하늘길을 열어주는 중대한 역할이었기 때문이다. 그녀는 일에 임하는 바람직한 마음가짐 덕분에 다른 사람보다 일을 잘 해냈다. 그녀의 직무는 실수에 있어서 엄격했다. 실수를 하면 조종사가 무기 통제사를 더는 신뢰할 수 없기 때문이다. 더 큰 문제는 통제사의 실수가 신뢰뿐 아니라 조종사의 자신감을 떨어뜨릴 수 있다는 것이었다. 훌륭한 전투기 조종사에게 자신감은 반드시 필요한 요건이었다.

구름 한 점 없이 맑은 날, 사막 위 6,000미터 상공에서 무전기 너머로 들리는 점퍼의 목소리는 편안했다. 그런데 일이 벌어졌다. 그는 자신에게 위협이 다가오고 있음을 모르는 듯했다. 람보 2가 조종하는 2,500만 달러 상당의 최첨단 전투기에 날카로운 알람이 울리기 시작했다. 그제야 레이더 스크린을 확인한 점퍼는 적군이 달려들고 있다는 사실을 알아차렸다. "우측으로! 우측으로!" 그는 무전기에 대고 소리쳤지만 때를 놓쳤다. 1988년 10월 9일, 존 P. 점퍼 준장은 전사했다.

로빈슨 대위는 그 자리에서 기다렸다. 기지에는 으스스한 적막이 감돌았다. 얼마 지나지 않아 점퍼가 뛰어 들어왔다. "자네 때문에 죽었잖아!" 점퍼는 로빈슨에게 소리쳤다. 넬리스 공군기지 내에는 미 공군무장학교USAF Fighter Weapons School가 있었고, 그날 존 점퍼 장군은 모의 비행 훈련 중 적 역할을 맡은 전투기에 가상 미사일 공격을 당한 것이었다.

로빈슨 대위는 차분하게 대답했다. "제 잘못이 아닙니다. 영상을 확인해보십시오. 그럼 아실 겁니다." 당시 제57비행단장이던 점퍼 장군은 공군무장학교 졸업생이자 전임 교관이었다. 그는 모의 비행 훈련이 끝날 때마다 자신의 세세한 부분까지 재평가하는 시간을 가졌다. 조종사는 자신의 훈련을 기록한 영상을 보고 배운다. 영상은 있는 그대로를 잘 보여주기 때문이다. 그날 역시 영상은 거짓말을 하지 않았다. 확인해보니 사고는 정말 로빈슨 대위의 잘못이 아니라 점퍼의 잘못이었다. 자신이 팀의 일원이라는 사실을 잊어서 발생한 전형적인 실수였다. 그는 일을 그토록 잘 해낼 수 있었던 이유가 자신의 능력만이 아니라는 사실을 잠시 잊고 있었다. 점퍼가 제일의 장군이 될 수 있었던 이유는 보이지 않는 곳에서 수많은 사람이 그를 위해 노력해줬기 때문이었다.

점퍼 장군은 최고의 장비와 최신 기술을 사용했으며 고도의 훈련을 받았다. 하지만 그가 자신감을 얻을 수 있었던 진정한 이유는 다른 데 있었다. 곁에서 그를 돕는 정비사, 교관, 동료 조종사 그리고 로빈슨 대위가 있었으며 그들의 조직문화가 훌륭했기 때문이었다. 그는 자신이 훌륭한 사람이 될 수 있었던 이유를 망각했고 순간적으로 목숨을 잃을 뻔한 행동을 하고 말았다. 훈련을 받는 목적은 바로 이런 것들을 깨우치고 잊지 않기 위해서였다.

이 사건에서 큰 교훈을 얻은 점퍼 장군은 이후 수많은 일을 해냈고 공군 참모총장 자리까지 올랐다. 그는 2001년부터 2005년까지 재직한 뒤 2018년 4성 장군으로 은퇴했다. 공군 참모총장은 공군 최고 수장으로 미국과 전 세계 여러 나라에서 복무하는 현역, 방위군, 예비역, 군무원 등 70만 명의 조직과 훈련, 장비를 책임진다. 그는 합동참모본부 인원으로서 각 군 참모총장, 국방장관과 함께 국가안전보장회의와 대통령 자문 역할을 담당했다.

하지만 이 이야기의 진짜 주인공은 점퍼 장군이 아니라 로리 로빈슨이다. 이후 공군 준장이 된 그녀의 역할은 이제 레이더 스크린을 들여다보는 일이 아니었다. 적군과 아군을 따질 일도 없었다. 대신 그녀는 매일 아침 자신의 WHY를 마음에 새겼다.

자신이 통솔하는 부하들을 "내 새끼들"이라고 부를 만큼 각별히 여겼던 로빈슨 장군은 그 후로도 부하들이 그들 자신과 조직을 더욱 발전시킬 수 있도록 길을 열어주었다. 무장학교 교관 시절, 그녀는 훈련생에게 이렇게 말하곤 했다. "본인만 생각하는 시간은 끝났다. 내가 아니라 동료들을 생각하라. 이런 마음가짐을 한 사람이 많으면 입대했을 때보다 발전한 부대, 나아진 나라를 만들고 떠날 수 있다. 모두의 목표가 바로 이것 아닌가?" 그녀는 부하들에게 일을 하는 목적에 대해 이야기했다. 로빈슨 장군은 자신이 이 일을 하는 이유, 즉 명확한 WHY와 목적의식을 토대로 놀라운 성공을 거뒀다.

그녀가 부하들에게 길을 열어주며 큰일을 자신 있게 해내도록 도와준 것은 그녀에게도 큰일을 맡을 수 있는 발판이 되어주었다. 매우 남성적인 군대 안에서도 그녀는 훌륭한 리더의 본보기를 보였다. 과시나 조종은 진정한 리더십이 아니다. 로빈슨 장군이 보여주듯 위대한 리더는 WHY로써 조직을 이끌고, 목적의식을 구체화해 열의를 심어준다.

로빈슨 장군은 무기 통제사로서 엄청난 신임을 받았다. 조종사들이 자신의 훈련 담당 무기 통제사로 로빈슨을 지정하는 것은 당연한 일이었다. 그녀는 자신이 들은 최고의 칭찬으로 '전쟁에 나간다면 로리가 무기 통제를 맡아주면 좋겠다'라는 말을 꼽았다. 미 공군 역사상 여성 최초로 그녀는 제552항공통제비행단 사령관이 됐다. 팅커 공군기지에 있는 이 비행단은 공군전투사령부 예하 부대 중 규모가 큰 비행단으로 손꼽힌다(기체 위에 큰 레이더를 장착한 보잉 707Boeing 707 계열 항공기인 공중조기경보통제기AWACS를 조종하는 비행단이기도 하다). 조종사 경력을 거치지 않고 전투비행단장이 된 사례는 그녀가 최초였다. 또한 공군 최고 조종사를 훈련하는 곳인 공군무장학교에서는 최초 여성 교관이었다. 그녀는 7회 연속 최고 교관으로 선정될 만큼 뛰어났다. 또한 공군성 장관 및 공군 참모총장 예하 간부 실행 그룹에서 여성 최초로 총책임을 맡았다. 2000년에는 합참의장이 당시 대위였던 그녀를 치켜세우며 공군력에 있어 자신에게 여러 아이디어를 주는 사람이라고 설명하기도 했다. 이런 사례를 대자면 끝이 없을 정도다.

어느 기준으로 보나 로리 로빈슨 장군은 탁월한 리더다. 한편 리더 중에는 나무 위 원숭이처럼 행동하는 사람들도 있다. 이들은 나무 꼭대기에 있는 사람에게는 웃는 얼굴만 보여주고, 밑에 있는 사람에게는 엉덩이만 보여준다. 로빈슨 장군처럼 위대한 리더는 위아래 구분 없이 존경받는다. 부하들은 그녀를 절대적으로 신뢰한다. 자신을 보호해주리라는 믿음이 있기 때문이다. 공군무장학교 학생들은 그녀에게 "어떤 일이 있어도 나는 자네들을 지킬 수 있다"라는 말을 자주 들었다고 한다. 로빈슨 장군의 상관들 역시 대단한 존경을 표했다. 사람들은 "그녀가 어떻게 이 모든 일을 다 해내는지 모르겠다"라고 말하며 감탄했다. 로빈슨 장군이 훌륭한 리더가 될 수 있었던 이유는 머리가 똑똑하거나 사람이 좋기 때문이 아니다. '강한 인상으로는 조직의 신뢰를 만들 수 없으며, 나를 섬기는 사람을 나 역시 섬겨야 신뢰가 생긴다'라는 사실을 기억했기 때문에 훌륭한 리더가 되었다. 리더로서 역할을 해내는 데 필요한 힘은 보이지 않는 신뢰에서 나온다. 로리 로빈슨은 자신의 역할을 다해낸 리더였다.

앞서 군대 이야기를 예로 든 이유는 요점을 더욱 강조하여 드러내기 위해서다. 신뢰는 중요한 가치관이다. 같은 신념을 공유하는 문화나 조직에 소속되면 신뢰가 생겨난다. 신념을 적극적으로 실현하는 조직은 신뢰가 지속된다. 반면 회사가 골든 서클의 균형을 잡지 않으면, 다시 말해 WHY를 명확하게 정하고 행동원칙을 세우며 일관성을 유지하지 않으면 신뢰는 점차 무너진다. 모든 회사와 조직은 구성원에게 WHY가 무엇인지

적극적으로 상기시켜야 한다. 그리고 가치관과 신조를 지킬 책임을 지워야 한다. 벽에 써 붙여놓는 것만으로는 부족하다. 이 방법은 아주 수동적이기 때문이다. 성과급과 인센티브도 반드시 WHY에서 출발한 가치관과 신조를 중심으로 지급되어야 한다. 회사는 회사를 섬기는 사람을 섬겨야 한다.

명확성, 행동원칙, 일관성의 균형이 잡히면 회사와 잘 맞는 직원들은 그들이 같은 목적으로 한 배에 탔다는 사실을 믿게 된다. 구성원들은 조직의 균형이 잘 잡히면 로빈슨 장군의 말처럼 '이곳을 더 나은 조직으로 만들기 위해 모든 구성원이 노력하고 있다'라는 사실을 신뢰할 수 있다. 이는 열정의 근원이 된다. 열정이란 각자의 이익보다 큰 가치를 추구하며 신념을 실현하고자 노력할 때 생긴다. 직원들의 마음속에 회사가 WHY를 실현하고 있다는 믿음이 없으면 열정이 식는다. 신뢰를 형성하지 못하면 그들은 정해진 일만 처리하며 자신의 안위만 걱정한다. 이는 사내정치의 근원이 된다. 개인의 이익을 위해 동료를 희생시키고 심할 경우 회사에 손해를 입히기도 한다. 회사가 신뢰를 형성하지 못하면 직원 또한 회사를 믿지 못하며 개인의 이익을 위해 움직이게 된다. 이런 상황이 계속되면 당장은 큰 변화가 드러나지 않더라도 장기적으로 조직 전체가 점점 약해질 것이다.

사우스웨스트항공을 이끈 통찰력 있는 리더 허브 켈러허는 직원에게 열의를 주는 법을 누구보다 잘 알고 있었다. 그는 직원의 최선을 이끌어내려면 회사가 먼저 그들을 진정으로 위하고 마음이 느껴지도록 행동해야 한다고 생각했다. 직원들은 자신이 일로써 변화를 일으킬 수 있는 환경이 갖춰지면 자연스럽게 최선을 발휘한다. 켈러허는 그 사실을 알고 있었다. 그는 주주와 직원 중 누가 우선이냐는 질문을 받자 당시로서 신선한 대답을 했다(사실 지금 봐도 그렇다). "아주 쉬운 문제네요. 직원이 우선입니다. 직원이 올바른 대접을 받으면 고객을 올바르게 대접할 테고, 이에 감동한 고객이 우리 항공사를 다시 이용한다면 주주도 행복해질 것입니다. 일은 이렇게 해야 합니다. 전혀 어려운 문제가 아닙니다."

타인의 영향력은 생각보다 크다

당신은 아는 사람과 모르는 사람 중 누구를 더 신뢰하는가? 광고 문구와 친구의 추천 중 무엇을 더 신뢰하는가? 식당의 모든 메뉴가 맛있다고 설명하는 종업원과 닭 요리를 피하라고 말하는 종업원 중 누구에게 더 믿음이 가는가? 문제가 너무 쉬운가? 그렇다면 이 질문은 어떤가? 사람들이 왜 당신을 신뢰해야 하는가?

추천은 큰 효력을 발휘한다. 우리는 다른 사람들의 판단을 신뢰한다. 이는 강한 문화의 기반이 된다. 하지만 우리는 아무나 믿지 않으며 가치관과 신념이 같은 사람을 더욱 신뢰하는 경향이 있다. 개인이 관심사와 생각이 맞는 기업을 신뢰할 때 개인의 이익과 집단의 이익은 합을 이룬다. 이처럼 사회는 가치관과 신념을 공유하는 사람들의 신뢰에 기반해 발전을 이뤄왔다.

뇌에서 신뢰감을 담당하는 부위는 변연계다. 이는 WHY를 느끼는 부위와 정확히 같은 곳이다. 신뢰감은 객관적인 자료나 의심을 뛰어넘을 만큼 강력하다. 우리는 좋거나 나쁜 점을 나보다 다른 사람들이 잘 알 것이라 생각하는 경향이 있다. 수많은 조종전략이 효과적인 이유도 바로 이 때문이다. 우리는 치과의사 다섯 명 중 네 명이 선호한 껌이라고 하면 의사들이 자기보다 많은 것을 알고 있다 생각해 이를 신뢰한다(그렇다면 나머지 한 의사의 견해는 어떨까? 다른 사람들이 모르는 중요한 사실을 그가 알 수도 있지 않은가?). 우리는 유명인이 나오는 광고를 신뢰한다. 사실 광고에 출연하는 유명인은 원하는 제품을 본인 돈으로 살 수 있는 재력을 갖췄을 확률이 높다. 그런데도 자기 유명세를 걸고 광고할 정도라면 그것은 정말 좋은 제품이 틀림없지 않겠는가?

여러분은 이미 진짜 정답을 떠올렸다. 유명인이 제품을 홍보하는 이유는 보상이 주어졌기 때문이다. 유명인을 내세운 광고가 효과적이지 않다면 어느 회사도 이 방법을 선택하지 않을 것이다. 어쩌면 이 방법을 쓰지 않아서 매출이 감소할지도 모른다는 두려움 때문에 유명인의 윙크와 미소로 다른 차가 아닌 이 차를, 다른 립스틱이 아닌 이 립스틱을 사라고 부추기는지도 모른다. 결정을 내릴 때 아는 사람이나 '신뢰할 만한' 사람의 영향을 무시할 수 있는 사람은 거의 없다.

광고에 유명인을 등장시키는 이유는 바로 다음과 같은 가정 때문이다. 회사는 잘 알려진 얼굴이나 이름을 사용하면 고객에게 더 신뢰를 주리라고 가정한다. 이 가정의 결점은 유명인이 사람들의 행동에 영향을 미치더라도 그저 또래의 압박 수준에 그친다는 사실이다. 유명인 광고가 효과를 발휘하려면 모델이 명확한 대의나 신념을 대표할 수 있어야 한다. 예를 들어 노력파로 유명한 운동선수는 성실성을 강조하는 회사의 광고 모델이 되기에 적합하다. 자선 활동으로 유명한 배우는 선행으로 잘 알려진 회사 모델에 적합하다. 이런 경우 회사와 유명인이 같은 대의를 실현하고자 함께 노력한다는 사실이 분명히 드러난다. 한때 TD은행TD Bank 광고에 아침 프로그램 진행자인 레지스 필빈Regis Philbin과 켈리 리파Kelly Ripa가 출연한 적이 있다. 나는 두 사람이 어떤 대의를 대표했으며 은행 선택 기준에 어떤 영향을 줬는지 여전히 잘 모른다. "고객이 우리 회사를 볼 때 떠올렸으면 하는 이미지를 유명인 광고 모델을 고용해 보여준다"라고 말하는 회사가 있다면 이들은 핵심을 잘못

잃었을 가능성이 크다. 유명인 모델은 회사의 WHY를 보여주는 WHAT이다. 그러므로 이미 잘 알려진 이미지를 구체화해서 보여주는 존재가 바로 유명인이 되어야 한다. WHY를 명확하게 해두지 않으면 광고로 얻을 수 있는 이익은 그저 널리 알려지는 수준에 그친다.

수많은 결정과 계약 협상이 Q-스코어Q-score라는 기준으로 이뤄지고 있다. 이는 광고업계에서 특정 인물이 얼마나 유명한지를 나타내는 지수다. 점수가 높을수록 유명하다는 의미다. 하지만 Q-스코어 하나만 결정의 근거로 삼기에는 부족하다. 사람들에게 WHY를 명확하게 전달하는 사람일수록 자신과 신념이 같은 회사를 효과적으로 알릴 수 있기 때문이다. 그러나 현재 유명인의 WHY를 지수에 반영할 방법이 없으므로 결과는 뻔하다. 유명인의 매력만 내세우는 광고는 아주 많다. 광고 모델과 회사의 신념이 일치하지 않거나 모델이 타깃 고객에게 신념을 명확하게 전달할 수 없으면 광고 예산을 들여 매출과 회사 인지도를 올리더라도 일시적 결과에 그치며 신뢰를 형성하지 못할 것이다.

신뢰하는 사람의 추천은 객관적인 자료나 고예산 마케팅보다 강력하다. 젊은 아기 아빠가 있다고 가정해보자. 그는 갓 태어난 자녀에게 좋은 일이라면 무엇이든 하고 싶었고, 아기를 위해 안전한 자동차를 구입하기로 했다. 일주일 내내 수많은 잡지와 자료, 광고를 보며 고민한 끝에 돌아오는 토요일 볼보를 사기로 결정했다. 근거가 충분했고 결심도 확고하게 섰다. 금요일 저녁, 그는 아내와 파티에 갔다. 그곳에서 평소 잘 알고 지내던 친구를 만났다. 친구는 동네에서 제일가는 자동차 마니아였다. 결심이 확고했던 아기 아빠는 아이를 위해 볼보를 살 예정이라고 친구에게 말했다. 그런데 친구가 그의 말을 듣고는 한 치의 망설임도 없이 이렇게 대답했다. "아니, 왜? 벤츠가 제일 안전한데. 아이를 생각한다면 벤츠를 사야지."

좋은 아빠가 되고 싶고 친구의 의견도 신뢰한다면 결과는 다음 세 가지 중 하나다. 첫째, 마음을 바꾸고 벤츠를 산다. 둘째, 기존 계획을 밀어붙이지만 이게 잘하는 일이 맞나 싶은 의심이 남는다. 셋째, 원점으로 돌아가 스스로 확신이 들 때까지 모든 자료를 다시 조사한다. 하지만 세 번째의 경우 입수한 정보가 아무리 정확하더라도 '이게 옳다'라는 확신이 들지 않으면 스트레스가 커지고 선택에 대한 자신감이 줄어들 것이다. 어느 면에서 보든 타인의 의견은 중요하다. 그중에서도 신뢰하는 사람들의 의견은 더더욱 중요하다.

여기서 중요한 문제는 자동차 회사가 차를 사려는 아빠에게 어떻게 홍보해야 하느냐가 아니다. 회사가 자동차 마니아 친구처럼 영향력 있는 인플루언서의 호평을 얻으려면 어떻게 해야 하는지도 아니다. 구매자와 인플루언서는 새롭게 생겨난 개념이 아니다. 여기서 중요한 문제는 기업의 메시지를 널리 퍼뜨리고 유행을 만들어낼 만한 인플루언서를 어떻게 발견할 것인가다.

7장

티핑포인트 : 판도가 바뀌는 순간

TV를 즐기는 방식을 완전히 바꿔줄 신제품을 개발한 회사가 있다면 당신은 어떤 생각을 하겠는가? 아마 그 제품을 구매하거나 회사에 투자하고 싶다고 생각할 것이다. 구미가 당길 만한 정보가 더 있다. 그 회사 제품 품질은 정말 뛰어나다. 시장에서 더 좋은 제품을 찾아보기 어려울 정도다. 게다가 홍보를 열심히 한 결과 이름만 대면 다 아는 회사가 됐다. 흥미롭지 않은가?

바로 디지털비디오레코더DVR 업체 티보TiVo 이야기다. 당시 상황은 회사에 유리하게 돌아가는 듯했으나 티보는 결국 상업적인 면과 재무적인 면에서 모두 실패를 면치 못했다. 성공 조건이 충분했던 티보의 몰락은 기존 상식을 뒤엎는 일이었다. 하지만 티보가 WHY보다 WHAT을 중요시했다는 사실을 고려하면 몰락의 고초를 겪은 이유를 쉽게 이해할 수 있다. 게다가 이 기업은 혁신확산 법칙Law of Diffusion of Innovations도 무시했다.

2000년 말콤 글래드웰Malcolm Gladwell은 사회와 기업에서 급변 지점이 어떻게 만들어지는지 설명하면서 티핑포인트라는 개념을 소개했다. 글래드웰은 저서 『티핑포인트』*The Tipping Point*에서 티핑포인트를 만드는 데 꼭 필요한 집단을 커넥터와 인플루언서라고 지칭했다. 글래드웰의 주장은 의심할 여지 없이 정확히 맞아떨어진다. 하지만 여전히 몇 개의 의문점이 있다. 인플루언서 입장에서 볼 때 그가 어떤 회사에 대해 긍정적인 이야기를 해야 하는 이유는 무엇일까? 마케터는 항상 인플루언서와 좋은 결과를 만들기 위해 노력하지만 사실 어떻게 해야 하는지 제대로 아는 사람은 거의 없다. 위에서 언급한 티핑포인트의 존재 여부와 이에 대한 글래드웰의 주장에는 대체로 이견이 없어 보인다. 그렇다면 티핑포인트를 만들어낼 수 있는가? 이것이 우연히 발생하는 현상일 리는 없다. 실제로 존재한다면 만들어낼 방법도 있을 것이고, 최초의 티핑포인트를 뛰어넘어 성공이 더 오랫동안 지속되도록 할 수도 있을 것이다. 이것이 바로 사회나 산업 전체를 영원히 바꿀 영감과 일시적인 유행의 차이점이다.

1962년 에버렛 M. 로저스Everett M. Rogers는 자신의 책 『혁신의 확산』*Diffusion of Innovation*에서 최초로 혁신이 확산되는 과정을 설명했다. 30년 뒤 『캐즘 마케팅』*Crossing the Chasm*의 저자 제프리 무어Geoffrey Moore는 로저스 이론을 확장해 첨단 기술 제품 마케팅에 적용했다. 저자는 혁신확산 법칙이 혁신이나 기술 영역뿐 아니라 아이디어 확산 과정에도 유효하다고 설명했다.

이 법칙에서 사용하는 용어는 이론을 모르는 사람도 익숙할 정도로 잘 알려져 있다. 전체 인구는 정규 분포에 따라 총 다섯 부류로 나뉜다. 혁신가innovators, 얼리어답터early adopters, 조기 다수자early majority, 후기 다수자late majority, 지체자laggards다.

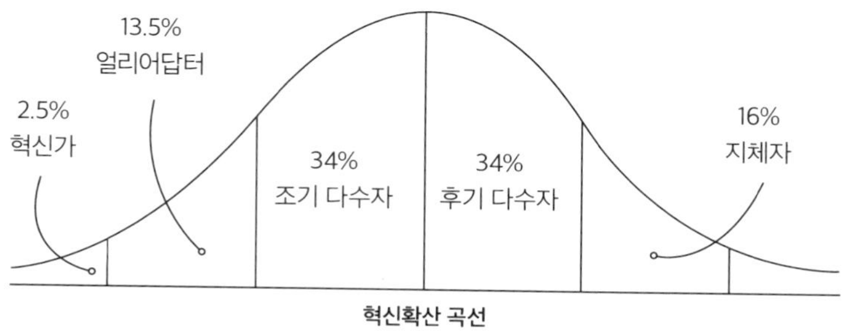

혁신확산 곡선

무어의 이론에 따르면 분포 곡선에서 왼쪽 첫 번째 집단은 전체 인구의 2.5퍼센트를 차지하는 혁신가, 다음은 13.5퍼센트를 차지하는 얼리어답터다. 혁신가는 매우 적극적으로 신제품을 사용하고 새로운 아이디어를 추구하며 여러 분야의 기술 진보에 흥미를 느끼는 사람들이다. 누구보다 새로운 기술을 빨리 누리는 일은 이들에게 중요한 가치다. 혁신가는 이름에서도 알 수 있듯 전체 인구에서 차지하는 비중이 작으며, 타인이 세상을 다른 시각으로 바라보고 생각할 수 있도록 돕는 유형이다.

얼리어답터는 신기술이나 새로운 아이디어를 높이 평가한다는 점에서 혁신가와 유사하다. 이들은 새로운 아이디어의 가치를 다른 사람들보다 먼저 인식하고 잠재력을 알아보기 때문에 적용 초기의 불완전함에서 기인하는 번거로움을 기꺼이 참아낸다. 그러나 혁신가처럼 새로운 아이디어를 창출해내지는 못한다. 두 집단은 직관에 크게 의존한다는 점에서 비슷하다. 이들은 자신의 직감을 믿는다.

얼리어답터는 혁신가만큼은 아니지만 마음에 드는 신제품을 구매하고 참신한 시도를 하기 위해 기꺼이 기회비용을 지불하거나 불편함도 감수한다. 정규 분포 곡선에서 왼쪽에 치우친 이들은 출시된 신제품을 여섯 시간 동안 기다려 가장 먼저 구매하는 사람들이다. 일주일만 지나도 대기 없이 제품을 구매할 수 있지만 기꺼이 줄을 선다. 이들이 번거로움을 참아내고 거리낌 없이 더 높은 금액을 지불하는 이유는 물건의 품질이 뛰어나서가 아니라 신제품과 새로운 시도가 자기 정체성에 맞기 때문이다. 이들은 최초가 되고 싶어 한다.

이 유형은 초슬림형 TV가 처음 출시되면 가격이 4만 달러가 넘고 기술이 아직 완벽하지 않더라도 구매하는 사람들이다.

내 친구 네이선이 딱 이런 유형이다. 한번은 네이선의 집에 갔는데 휴대전화용 블루투스 이어폰이 열두 개 넘게 굴러다니는 광경을 보았다. 나는 그에게 왜 이렇게 이어폰이 많냐며 "다 고장 났어?" 하고 물었다. 그는 "아니, 새로 출시되서 산 거야"라고 대답했다. 그러고 보니 네이선의 집에는 노트북이 다섯 대 정도 있었고 블랙베리 스마트폰 여러 기종과 각종 기기를 담은 상자가 널려 있었다. 게다가 잘 사용하지도 않는 듯했다. 네이선은 얼리어답터다.

얼리어답터 뒤를 따르는 34퍼센트는 조기 다수자고, 그다음은 후기 다수자, 곡선 오른쪽 끝은 지체자다. 지체자는 다이얼 전화기 생산이 중단된 뒤에야 버튼식 전화기를 사는 사람들이다. 한편 조기 다수자와 후기 다수자는 좀 더 타산적으로 생각한다. 이들에게는 합리적인 요소가 중요하다. 다만 조기 다수자는 신기술이나 새로운 아이디어를 어느 정도 받아들이고 후기 다수자는 그렇지 않다.

정규 분포 곡선에서 오른쪽으로 갈수록 회사 신념과 상관없이 필요에 의해 제품을 구매하는 고객을 만나게 된다. 이런 고객은 회사가 아무리 정성을 다하더라도 크게 소용이 없다. 이들은 가격으로 판단하고 따지기 때문이다. 충성심이 거의 없으며 다른 사람에게 제품을 추천하지도 않는다. 회사 입장에서는 이들과 계속 거래해야 할 필요성을 느끼지 못하게 된다. '이 사람들은 우리를 이해하지 못해'라는 생각이 절로 들기 때문이다. 이런 고객을 알아봐야 하는 중요한 이유는 거래를 피하기 위해서다. 현실적인 기준이 맞을 때만 거래하고 충성심도 없는 고객에게 아까운 돈과 에너지를 들일 필요가 있을까? 사람들과 관계를 형성해보면 그 사람이 분포 곡선에서 어떤 집단에 속하는지 그리 어렵지 않게 구분할 수 있다. 누군가와 거래하기 전에 상대가 어느 집단에 속하는지 파악하면 도움이 된다.

제품이나 아이디어가 무엇인지에 따라 개인이 분포 곡선에서 자리하는 위치는 달라질 수 있다. 누구나 특정 제품에는 깊은 관심을 보이며 곡선 왼쪽에 치우친 행동을 하다가, 다른 제품이나 아이디어에는 오른쪽에 치우쳐 무관심한 반응을 보일 수도 있기 때문이다. 어느 한쪽에 속해 있으면 다른 쪽에 속한 사람들을 이해하지 못하는 경우가 많다. 가령 내 여동생은 패션 트렌드 분야에서 얼리어답터지만 나는 그 분야에서 확고한 후기 다수자다. 최근 들어서야 디자이너 브랜드의 청바지를 처음 구매해봤을 정도다. 그 청바지가 멋지다는 사실은 인정하지만 그만큼 높은 비용을 지불할 가치가 있는지 여전히 모르겠다. 그러니 나와 반대로 생각하는 동생이 이해되지 않는 것은 당연한 일이다.

반면 나는 특정 기술 분야에서 얼리어답터에 속한다. 블루레이 기술이 막 개발되었을 무렵, 일반 DVD 플레이어보다 네 다섯 배나 비싼 블루레이 DVD 플레이어를 샀다. 동생은 내게 왜 그런 쓸데없는 물건에 돈을 낭비하는지 모르겠다고 말했다. 아마 이 문제에 있어서 우리의 의견은 영원히 일치하지 않을지도 모른다.

우리는 각자 다른 일에 저마다의 가치를 부여하며 그에 따라 다르게 행동한다. 그러므로 이성적인 정보와 객관적인 장점을 근거로 들어 특정 제품이나 가치를 다른 사람에게 이해시키기란 거의 불가능한 일이다. 이는 앞서 예로 들었던 페라리와 혼다 오디세이를 놓고 논쟁하는 것과 같다. 디자이너 의류 브랜드 직원이나 내 동생이라면 원단 품질, 디자인, 제작 기술이 얼마나 중요한지 몇 시간이고 열변을 토할 수 있을 것이다. 그러나 이를 이해하지 못하는 사람들은 한 귀로 듣고 한 귀로 흘릴 뿐이다. 마찬가지로 내가 100달러짜리 DVD 플레이어보다 500달러짜리 DVD 플레이어가 낫다고 아무리 떠들어봐야 동생은 들은 체도 하지 않을 것이다. 대개 이럴 때 조종이라는 게임이 시작된다. 다시 말하지만 조종은 효과가 있더라도 충성심을 형성하지 않으며 비용이 많이 들고 연관된 사람들의 스트레스를 가중한다.

제품과 서비스를 판매하거나 아이디어를 알리고자 하는 조직은 대부분 시장에서 성공하거나 인정받고 싶어 한다. 이들은 혁신확산 곡선의 모든 구간에서 최대한 많은 사람이 반응하기를 원한다. 그렇게 하는 것은 말처럼 쉽지 않다. 그런데도 작은 회사들에 목표를 물으면 대다수가 매출 10억 달러를 몇 년 안에 달성하는 일이라고 대답한다. 하지만 이 같은 목표를 실현하는 회사는 많지 않다. 미국에 등록된 2,700만 개 기업 중에서 연 매출이 10억 달러를 넘은 기업은 2,000개도 되지 않는다. 또한 미국 전체 기업의 99.9퍼센트는 직원이 500명 이하로 규모가 영세하다. 대중시장에서 성공을 거두기란 정말 어려운 일이다.

대기업도 시장에서 성공을 이어나가는 데 비슷한 어려움을 겪는다. 과거에 한두 번 성공한 사례가 있는 대기업이라도 매번 성공을 예측할 수는 없기 때문이다. 예를 들어 마이크로소프트가 기가바이트 단위의 mp3 플레이어 시장에 진입하며 출시한 준Zune은 아이팟과 맞붙을 경쟁자로 세간의 기대를 모았다. 하지만 안타깝게도 그런 일은 일어나지 않았다. 품질이 아주 뛰어나더라도 제품과 마케팅만으로 성공하기는 어렵기 때문이다. 1980년대 비디오테이프 시장에서는 기술이 뛰어난 베타맥스보다 기술이 조금 떨어지는 VHS가 표준 형식이 됐다. 가장 뛰어나다고 항상 앞서는 것은 아니다.

시장에서 인정받고 싶다면 확산 이론을 반드시 고려해야 한다. 그러지 않으면 막대한 마케팅 비용을 지출해야 하며, 실패를 면하더라도 큰 성과는 기대하기 어려울 것이다.

대중시장에서 성공을 거두는 일은 아이러니하다. 얼리어답터의 마음을 사로잡는 과정을 건너뛴 채 혁신확산 곡선 가운데 비율이 높은 고객층을 겨냥하면 오히려 성공하기가 힘들어지기 때문이다. 물론 겨냥에 성공하는 경우도 있지만 그렇게 하려면 많은 투자 비용이 든다. 조기 다수자는 다른 사람들이 먼저 새로운 것을 시도해보기 전에 섣불리 구매하지 않기 때문이다. 사실상 인구 전체에서 다수인 이들에게는 제품이나 서비스를 미리 경험해본 사람들의 추천이 필요하다. 조기 다수자는 누군가 먼저 시도했다는 사실을 확인해야만 한다. 이 유형은 대개 신뢰할 수 있는 사람의 추천이 없으면 먼저 나서지 않는다.

혁신확산 이론에 따르면, 전체 시장 15~18퍼센트 사이에 있는 그래프 곡선 앞쪽 고객의 마음을 사로잡아야 대중시장에서 성공을 거둘 수 있다. 그 뒤에 있는 조기 다수자는 다른 사람이 도전하지 않은 일을 앞서 시도하지 않기 때문이다. 기업은 이들을 인위적으로 설득하기 위해 가격을 인하하거나 부가서비스를 제공한다. 타산적인 사고방식을 지닌 소비자가 제품을 구매해도 되겠다고 판단할 수 있도록 감수해야 할 위험을 줄여주는 것이다. 이것이 바로 조종이다. 그러나 조종으로는 충성고객을 만들지 못한다. 충성심이란 고객이 거래를 하려고 불편함을 감수하는 마음이라는 사실을 기억하자. 충성고객은 다른 데서 더 나은 제안을 받더라도 쉽게 흔들리지 않는다. 후기 다수자라면 거의 하지 않을 일이다.

사업 성장 속도나 아이디어 확산 속도가 급격히 빨라지며 판도가 바뀌는 지점을 티핑포인트라고 한다. 바로 이때 제품이 시장의 인정을 받기 시작한다. 그리고 하나의 아이디어가 소비자의 움직임으로 확산된다. 성장 속도가 기하급수적으로 빨라질 뿐 아니라 그 과정에서 저절로 발전이 일어난다. 힘을 쏟지 않아도 자연스럽게 그렇게 된다.

사업 목적을 정할 때는 제품을 원하는 모든 사람보다 회사의 신념에 동감하면 행동할 사람, 즉 혁신확산 곡선 왼쪽에 있는 사람에게 주목해야 한다. 이들은 회사가 하는 일의 가치를 다른 사람들보다 크게 인식하며, 대의 실현에 동참하고자 번거로움이나 기회비용도 기꺼이 감수한다. 게다가 누가 시키지 않아도 자발적으로 주변에 회사를 홍보한다. 15~18퍼센트에 해당하는 이들은 제품만 사려고 하는 사람들이 아니다. 이들은 회사와 가치관을 공유하고 기업의 메시지나 제품, 서비스를 자기 삶의 WHY를 뒷받침하는 WHAT으로 여긴다. 또한 회사의 WHAT을 자신의 목적의식, 대의, 신념을 드러내는 요소로써 바라본다. 기회비용이나 불편함을 감수하는 이유는 회사 자체보다 자신을 상징하는 일과 연관이 있다. 이중 일부는 특정 회사 제품에 자신을 투영한 이유를 스스로 쉽게 깨달으며 여기에 가장 관심을 쏟는 고객층이 된다. 일부는 주주와 직원이 되기도 한다. 혁신확산 곡선 왼쪽에 있는 사람을 많이 확보해두면 이들은 나머지 곡선 오른쪽 사람들을 자연스레 이끌어줄 것이다.

나는 기업의 신사업 구매 전환율(고객이 광고를 보고 실제로 구매하는 비율—옮긴이)이 얼마나 되는지 묻곤 한다. 그러면 많은 담당자가 자랑스러운 표정으로 이렇게 대답한다. "10퍼센트입니다." 하지만 10퍼센트는 골든서클의 원리를 지키지 않아도 얻을 수 있는 평균 수치다. 스파게티 가닥을 벽에 던져도 10퍼센트는 달라붙는다. 사업을 키우려면 타깃 고객을 물색하는 일이 가장 중요한데 혁신확산 곡선 중간에 있는 사람들을 타깃으로 삼으면 구매를 유도하는 데 비용이 많이 든다. 게다가 앞서 시도하지 않으려는 집단 특성 때문에 구매 전환율은 평균 수준에 그칠 것이다. 10퍼센트는 티핑포인트를 만들어내기에 부족한 수치다.

보통 기존 구매자의 10퍼센트가량은 저절로 충성고객이 된다고 한다. 그들이 충성고객이 되는 이유는 무엇일까? 이는 누군가를 좋아하는 이유를 논리적으로 설명하지 못하는 상황과 비슷하다. 회사는 고객의 충성심을 설명하려고 노력해보지만 "고객이 우리의 메시지를 이해했다" 정도로밖에 답하지 못한다. 의미가 옳은 설명이라 하더라도 행동으로 구체화할 수 없는 표현이다.

회사는 더 많은 사람에게 이야기를 전하기 위해 어떻게 해야 할까? 무어는 이를 '캐즘'이라 일컬었다. 캐즘은 얼리어답터와 조기 다수자 사이의 극복하기 어려운 간극을 뜻한다. 하지만 이 간극은 WHY로 좁힐 수 있다.

얼리어답터에게 집중하면 결국 대다수가 따라온다. 그러기 위해서는 반드시 WHY로 시작해야 한다. 인플루언서에게 초점을 맞추는 일만으로는 부족하다. 기업은 어떤 인플루언서에게 집중할지 고민해야 한다. 인플루언서 자질을 갖춘 이들이 따로 있어 보이지만 사실 모든 사람은 특정 시기와 분야에서 인플루언서다. 회사는 유명세에 절대적으로 의존하기보다 신념이 같은 인플루언서와 거래하는 데 집중해야 한다. 그래야 보상에 크게 연연하지 않고 성심성의껏 이야기를 전하는 사람과 거래할 수 있다.

진정으로 목적의식을 공유할 줄 아는 혁신확산 곡선 왼쪽의 사람들은 대가를 전부로 여기지 않는다. 그들은 일이 좋으면 자발적으로 움직인다. 보상을 가장 중심에 놓고 거래하는 행동은 조종이다. 기업은 보상을 줌으로써 인플루언서와 그를 따르는 집단이 진정성 없는 일을 하게 만든다. 집단은 오래지 않아 인플루언서의 제품 추천이 진정성에서 우러나온 일이 아니라 개인적인 이익에서 비롯된 일이라는 사실을 알아차린다.

그러면 신뢰는 서서히 무너지고 인플루언서의 가치도 끝내 사라진다.

홍보 비용을 절감하려면

1997년 티보는 인상적인 신제품으로 대중시장에 뛰어들었다. 티보가 해당 분야에서 품질이 가장 뛰어난 제품을 생산했다는 사실에는 논란의 여지가 없었다. 홍보도 뛰어났다. 티보는 회사 대부분이 꿈꾸는 '이름만 대면 누구나 아는 브랜드'가 됐다. 클리넥스Kleenex, 밴드에이드Band-Aids, 큐팁Q-tips(유니레버의 면봉 브랜드이지만 미국에서 면봉을 뜻하는 단어로 널리 쓰인다—옮긴이)처럼 회사 이름이 보통명사로 쓰이는 수준이 됐다. 티보는 여기서 더 나아가 대단한 수준에 이르렀다. 회사 이름이 '티보하다'to TiVo라는 동사가 됐으니 말이다.

벤처 캐피털에서 충분한 자금을 지원받은 이 기업은 텔레비전 시청 방식을 바꿀 만한 기술력이 있었다. 그런데 아쉽게도 혁신확산 곡선 정중앙에 있는 사람들을 목표로 마케팅을 시작했다. 제품을 시장에서 성공시킬 생각만 하느라 혁신확산 이론을 무시하고 다수부터 공략한 것이다. 타깃을 잘못 설정한 티보는 회사나 제품의 존재 이유인 WHY를 명확히 전달하지 않고, 제품의 WHAT만 내세우며 냉소적인 대중을 사로잡으려 했다. 성능과 장점만 어필해 소비자의 신뢰를 얻으려 한 셈이었다.

티보는 대중시장에 이렇게 말한 것과 다름없었다.

> 신제품이 나왔습니다.
>
> 이 제품을 사용하면 TV 생방송을 일시정지할 수 있습니다.
>
> 생방송 중에도 되감기가 됩니다.
>
> 광고를 건너뛸 수도 있습니다.
>
> 시청 기록을 기반으로 관심 있을 만한 프로그램을 골라줍니다.

애널리스트들은 티보의 가능성에 주목했다. 동시에 티보 경쟁사인 리플레이Replay에도 관심을 보였다. 리플레이 역시 벤처캐피털 자금을 충분히 받은 스타트업이었다. 한 시장조사 전문가는 출시 첫해 연말이 되면 티보나 리플레이 같은 퍼스널 TV 수신 서비스 이용자가 무려 76만 명에 달하리라고 추산하기도 했다.

1999년 마침내 티보가 출시됐다. 전 직장 동료 사이이자 티보 공동 창립자인 마이크 램지Mike Ramsay와 짐 바턴Jim Barton은 TV 시청자들이 서비스를 이용하리라 확신했다. 그들이 시청자들에게 말을 잘했더라면 기대가 실현됐을지도 모른다. 그러나 여러 애널리스트의 기대와 달리 매출은 매우 실망스러운 수준이었다. 출시 첫해 티보는 4만 8,000대를 파는 데 그쳤다. 넷

스케이프Netscape 창립자를 포함한 여러 투자자에게 지원받았던 리플레이도 인기몰이에 실패했고 심지어 광고를 건너뛰는 방식 때문에 방송국과 분쟁에 휘말렸다. 리플레이는 다음 해에 새로운 전략을 펼쳤지만 몇 개월 뒤 결국 가정용 오디오 및 비디오 장비 제조사인 소닉블루SonicBlue에 매각되고 말았고, 소닉블루 역시 그 후 파산했다.

애널리스트들은 티보의 매출이 지지부진하자 말문이 막혔다. 분명 모든 상황이 티보에 유리하게 돌아가고 있었고 성공 조건이 전부 갖춰져 있었기 때문이다. 티보는 품질이 뛰어나고 자금 상황도 여유로웠다. 심지어 시장의 흐름도 이상적이었다. 하지만 2002년 이 기업이 시장에 진출한 지 3년쯤 되던 해에 마케팅 잡지 『애드버타이징에이지』*Advertising Age*는 티보가 처한 상황을 한마디로 정리했다. "미국에 티보가 있는 가정보다 옥외 화장실이 있는 가정이 많다." (당시 옥외 화장실을 보유한 가정은 67만 1,000가구였고 티보를 보유한 가정은 50만 4,000~51만 4,000가구였다.) 티보는 매출이 저조했을 뿐 아니라 주가에서도 성과를 내지 못했다. 1999년 가을, 기업공개 당시 티보 주가는 주당 40달러가 약간 넘었는데 이후 50달러로 고점을 찍은 뒤 매년 꾸준히 하락했고, 2001년 이후에는 단기적으로 세 차례 상승만 했을 뿐 10달러를 넘긴 적이 없었다.

여기에 골든서클 원리를 적용해보면 정답은 명확하게 드

러난다. 사람들은 WHY를 보고 구매를 결정하는데, 티보는 WHAT으로 고객을 사로잡으려 했다. 이 기업은 제품 기능과 객관적인 장점만 언급했다. 그러므로 최신 기술을 즐기지 않고 제품을 타산적으로 판단하는 유형의 소비자가 어떤 반응을 보일지는 충분히 예측 가능한 일이었다. "나는 그런 기계를 이해할 수 없다." "필요 없다." "그런 건 별로 끌리지 않는다." "선뜻 구매하기가 겁난다." 물론 다른 기업이 그랬듯 평균 수치인 10퍼센트 가량은 저절로 티보의 충성고객이 되었다. 하지만 기업이 기대했던 티핑포인트를 만들어내기엔 매우 적은 수치였다.

티보는 먼저 신념으로 공감대를 형성해야 했다. 신제품을 개발하게 된 WHY에 대해 먼저 이야기하고 가치관에 공감할 만한 혁신가와 얼리어답터에게 제품을 선보여야 했다. 제품의 존재 목적을 먼저 밝힌 후에 판촉 활동을 벌였더라면 그것은 회사의 큰 신념을 보여주는 증표가 될 수 있었다. 다시 말해 제품이 티보의 WHY를 받쳐주는 근거가 될 수 있었다. 골든서클이 균형을 이뤘더라면 결과는 상당히 달라졌을지도 모른다. 제품 기능과 장점만 내세웠던 기존 메시지와 새롭게 각색한 아래 메시지를 비교해보자.

삶을 자유롭게 주도하며 살아가고 싶은 사람을 위한 신제품입니다.

생방송이지만 멈출 수 있습니다.

광고를 보고 싶지 않다면 건너뛸 수 있습니다.

게다가 라이브 되감기도 가능합니다.

시청 기록을 기반으로 관심 있을 만한 프로그램을 골라줍니다.

고객에게 이렇게 메시지를 전하면 티보의 기능과 장점은 제품이 '왜' 존재하는지를 보여주는 확실한 근거가 된다. 기술이 뛰어나므로 제품을 구매하라는 의미가 아니다. WHY라는 신념으로 고객의 결정을 이끌고 논리적인 WHAT으로 제품의 매력을 드러내라는 뜻이다.

티보는 목표 고객층을 잘못 선택했다는 사실을 확실하게 보여줬다. 홍보팀 레베카 베어Rebecca Baer는 『뉴욕 타임스』에 이렇게 말했다. "티보를 사용해보기 전에는 이 제품이 왜 필요한지 알지 못할 것이다." 이 논리가 참이라면 신기술이 세상을 장악하는 일은 없어야 한다. 이는 명백히 틀린 주장이다. 대중은 티보의 가치를 이해하지 못했다. 제품을 구매한 사람이 그토록 적었던 이유는 티보가 고객에게 회사의 생각을 제대로 전달하지 못했고, 혁신확산 곡선 왼쪽에 있는 사람들에게 제품을 알리려고 노력하지 않은 탓이었다. 티보는 WHY로 시작하지 않았다. 혁신가와 얼리어답터층을 무시했고 결국 티핑포인트를 만드는 데 완전히 실패했다.

그 후로 10년이 흘렀다. 티보는 여전히 시장에서 가장 뛰어난 DVR을 만들고 있었다. 브랜드 인지도도 변함없이 높았다. 많은 사람이 티보와 제품을 알고 있었다. 그렇지만 회사의 미래는 결코 확실하다고 할 수 없었다.

TV 시청자 수백만 명이 "티보한다"라고 말했지만 정작 이들은 티보 시스템을 이용하지 않았다. 케이블 TV 회사나 위성방송사에서 제공하는 DVR을 이용해 프로그램을 녹화했다. 당시 티보의 실패 이유를 두고 케이블 TV 회사의 배급력이 더 뛰어나기 때문이라고 주장하는 사람이 많았다. 하지만 사람들은 특정 회사와 감정적으로 통하는 느낌을 받으면 그 회사 제품을 선택하게 되어 있다. 예를 들어 할리데이비슨 오토바이를 6개월에서 1년을 기다려 받는 것은 어느 기준으로 보나 번거로운 서비스였다. 사실 경쟁사인 가와사키Kawasaki 대리점에 방문하면 새 오토바이를 당일 수령할 수도 있다. 가와사키에도 조건이 비슷한 모델이 있을 테고 어쩌면 더 저렴할지도 모른다. 하지만 할리데이비슨의 충성고객은 기꺼이 오랜 시간을 기다린다. 이들은 오토바이가 아니라 할리데이비슨을 원하기 때문이다.

골든서클 원리나 혁신확산 이론 같은 원리를 무시한 회사는 티보만이 아니다. 작은 성공을 기록했던 위성 라디오 방송사 시리우스Sirius나 XM라디오XM Radio도 비슷한 행보를 보였다.

이 기업들은 광고가 없고 경쟁사보다 채널이 다양하다는 기능과 장점만 내세웠고, 많은 자금이 투입된 유명 신기술을 선보이며 소비자를 사로잡으려 했다. 유명 래퍼 스눕 독Snoop Dogg과 1970년대 팝스타 데이비드 보위David Bowie 등 유명인을 출연시켜 이목을 끄는 광고도 했다. 그러나 효과는 미미했다.

회사가 WHY로 시작하면 신념에 공감하는 사람들이 여러 개인적인 이유로 매력을 느낀다. 티핑포인트는 제품 품질이 아니라 가치관과 신념이 만든다. 이 과정에서 회사는 어떤 목적의식과 대의, 신념을 추구하는지 명확하게 밝히고, 제품과 서비스가 이를 실현하는 데 어떤 도움이 되는지 보여주어야 한다. WHY가 없으면 새로운 아이디어와 신기술도 금세 가격 경쟁과 기능 싸움에 내몰린다. WHY의 부재로 '상품화'가 진행될 때 나타나는 전형적인 현상이다. 기술이 좋지 않아서가 아니라 회사가 잘못된 방법으로 제품을 판매하려고 해서 일어나는 일이다.

당시 위성 라디오는 어떤 측면에서도 상업 라디오의 위치를 의미 있게 대체하지 못하고 있었다. 그러나 시리우스와 XM은 운명이 바뀌기를 기대하며 합병했고, 당시 회사 주가는 주당 50센트 이하였다. 그리고 내가 마지막으로 확인했을 때 XM은 제품을 판매하고자 여전히 할인과 프로모션, 무료 배송 혜택을 선보이며 '170개 이상의 채널을 제공하는 미국 최고 위성 라디오 방송국'을 표방하고 있었다.

신념이 같은 사람들이 이뤄내는 변화

1963년 8월 28일 워싱턴DC 내셔널몰에는 전국에서 25만 명이 모여들었다. 마틴 루서 킹 목사의 유명 연설 'I Have a Dream'을 듣기 위해서였다. 연설 초대장이나 날짜를 확인할 수 있는 웹사이트는 없었다. 그런데도 25만 명이 한날한시에 같은 곳에서 모일 수 있었던 이유는 무엇일까?

1960년대 초반, 미국은 인종 갈등으로 몸살을 앓고 있었다. 각 도시에서 일어난 폭동이 1963년 한 해에만 수십 건에 달했다. 미국은 불평등과 차별로 얼룩진 나라였다. 그런 와중에도 민권운동이 모든 이가 평등하다는 생각을 널리 퍼뜨리며 나라를 바꿀 만큼 강력한 운동으로 성장한 비결은 골든서클 원리와 혁신확산 법칙에 기초해 설명할 수 있다.

당시 민권이 자리를 잡으려면 '무엇을' 바꿔야 할지 아는 사람은 킹 목사만이 아니었다. 킹 목사와 마찬가지로 다른 사람들에게도 수많은 아이디어가 있었다. 또 그의 아이디어가 다 좋기만 했던 것도 아니다. 그는 완벽한 사람이 아니었고 나름의 어려움이 있는 인물이었다.

하지만 킹 목사에게는 확고한 신념이 있었다. 그는 미국에 변화가 일어나야 한다고 확신했다. 그에게는 명확한 WHY가 있었고 이런 목적의식은 극복하기 힘든 어려움에 맞서 싸울 힘과 에너지를 주었다. 그와 비슷한 비전을 품은 사람들도 있었지만 대부분 수많은 패배를 겪고 포기했다. 패배는 고통스럽다. 게다가 매일 현실과 정면으로 맞서려면 어떤 법안이 통과되어야 하는지 아는 것 이상으로 많은 정보가 필요했다. 민권이 진정으로 자리 잡으려면 주도자가 대중의 참여를 끌어내야 했다. 민권운동을 주도한 사람들은 법안 통과 그 이상을 원했고, 나라를 통째로 바꾸고 싶어 했다. 그래서 중대한 변화를 이루고 대의를 실현하기 위해 국민 전체를 끌어들여야 했다. 누군가가 지시한 일이 아니라 그들이 진심으로 원한 일이었다. 하지만 소수의 힘으로는 지속적인 변화를 이루기 어려웠다. 그들에게는 같은 신념을 공유하는 사람들이 필요했다.

민권을 어떻게 성취할지, 정확히 무엇을 해야 할지는 집단마다 의견이 달랐고 그들은 각각 다른 전략을 시도했다. 그중에는 무력을 동원하는 사람들도 있고 유화정책을 펼치는 사람들도 있었다. 그들의 HOW나 WHAT은 저마다 달랐지만 여기에는 공통점이 하나 있었다. 바로 WHY였다. 국민의 마음을 움직일 수 있었던 이유가 단지 마틴 루서 킹의 확고한 신념 때문은 아니다. 그가 자신의 WHY를 말로 표현할 수 있다는 점이 큰 역할을 했다. 킹 목사에게는 신념을 메시지로 전하는 재능이 있었다. 그리고 그의 말에는 대중에게 열의를 불어넣을 힘이 있었다.

"나는 믿습니다."

"나는 믿습니다."

"나는 믿습니다."

그는 이렇게 말했다. "정당한 법과 부당한 법이 있다. 정당한 법은 사람이 만든 법규로 도덕법과 일치한다. 부당한 법은 도덕법에 어긋난다. 인격을 고양하는 법은 정당한 법이다. 인격을 격하하는 법은 부당한 법이다. 인종차별은 영혼을 왜곡시키고 인격에 상처를 입히므로 인종차별에 관련된 모든 법령은 부당하다." 그의 신념은 민권운동보다 한 단계 높았다. 온 인류가 서로를 어떻게 대해야 하는지 주장하는 이야기였다. 그의 WHY는 태어난 시기와 장소, 피부색으로 인해 형성됐지만 이후 모두의 평등을 위한 WHY를 실현하고자 하는 민권운동이 됐다.

킹 목사의 신념과 말은 사람들의 심금을 울렸다. 그와 뜻이 같은 사람들은 이를 자기 신념으로 삼았다. 그리고 주변 사람들에게 자신의 신념을 전했다. 신념을 듣고 동감한 사람들 역시 널리 전했다. 효과적으로 이야기를 퍼뜨리기 위해 집단을 꾸리는 사람들도 있었다.

그리고 1963년 여름, 킹 목사의 연설 'I Have a Dream'을 들으려고 무려 25만 명이 링컨 기념관 앞에 모였다.

그들 중에서 킹 목사를 위해 모인 사람은 몇이나 됐을까?

단 한 명도 없었다.

그들은 자기 자신의 소신을 가지고 나갔다. 연설은 곧 '그들의' 신념이었다. '그들 스스로' 이 사건이 미국을 더 나은 나라로 만들 기회라고 생각했기에 왔다. 자신의 가치관과 신념이 반영된 나라에 살고 싶어서 8월 중순 무더운 날씨에도 여덟 시간 동안 버스를 타고 워싱턴에 왔다. 자신의 신념을 증명하려고 한 일이었다. 그날 연설을 들으러 온 사람들의 행위는 WHY를 향한 WHAT이었다. WHY는 공통의 대의이자 각자의 대의이기도 했다.

킹 목사의 연설은 모든 이의 공통된 신념을 깊이 일깨워주는 역할을 했다. 연설의 주제는 신념이지 이를 실현하는 방법이 아니었다. "나에게는 꿈이 있습니다"이지 "나에게는 계획이 있습니다"가 아니었다. '목적'을 이야기한 것이지 '미국 민권 실현을 위한 열두 단계 종합 계획'을 이야기한 것이 아니었다. 킹 목사는 미국이 가야 할 방향을 제시했을 뿐 따라야 할 계획을 제시하지 않았다.

킹 목사가 표명한 신념은 무척 강력했기에 차별받은 적이 없는 사람들도 공감할 수 있었다. 그날 모인 사람 중 4분의 1

은 백인이었다. 이는 민권운동이 흑인뿐 아니라 모두 함께 살아가는 미국을 위한 신념이라는 사실을 의미했다. 킹 목사는 민권운동을 주도하는 리더였다. 그가 추구한 대의는 피부색과 상관없이 신념이 같은 모두를 위한 일이었다.

그가 리더의 자격을 얻은 이유는 상세한 계획을 갖추었기 때문이 아니다. 그는 사람들에게 명확한 WHY를 전했기에 리더가 됐다. 다른 위대한 리더와 마찬가지로 신념과 대의의 상징이 됐다. 사람들은 그 신념이 꺼지지 않기를 바라는 마음으로 킹 목사의 동상을 세운다. 많은 이가 킹 목사를 따른 이유는 그가 미국을 바꿨기 때문이 아니다. '그들의' 소신이 모여서 미국을 바꿀 수 있었기 때문이다. 행동과 의사결정에 영향을 미치는 뇌 부위는 언어를 처리하지 못하다보니 진심을 논리적으로 설명하기에 늘 역부족이다. 그날 모인 사람들은 이곳에 왜 왔느냐는 질문에 그저 킹 목사를 가리키며 "믿음이 있기 때문입니다"라고 말할 뿐이었다.

그들은 마틴 루서 킹 목사 덕분에 자신의 마음을 명확하게 표현할 수 있게 됐다. 덕분에 신념이 생겼고, 그 신념을 주변 사람들과 쉽게 공유할 수 있었다. 그날 내셔널몰에 모인 사람들은 같은 가치관과 신념을 품었다. 피부색, 인종, 성별과 관계없이 서로를 신뢰했다. 바로 그 신뢰가, 유대감이, 공동의 신념이 미국을 바꿨다.

우리는 믿었다.

우리는 믿었다.

우리는 믿었다.

4부

성공과 사람을 불러모으는 조직

8장

강력한 시너지를 만들어내는 조합

"와!!!!"

빌 게이츠의 뒤를 이어 마이크로소프트 CEO가 된 스티브 발머Steve Ballmer가 함성을 지르며 연례 글로벌 서밋 미팅 무대에 나타났다. 발머는 마이크로소프트를 사랑한다고 힘주어 말했다. 그는 관중을 흥분시키는 법을 알았다. 에너지가 넘쳐흘렀다. 주먹을 불끈 쥐고 함성을 지르며 무대 끝에서 반대쪽 끝으로 달려갔다. 이마에는 땀이 흘렀다. 인상 깊은 모습에 관중은 열광했다. 발머는 에너지 넘치게 말하면 관중에게 동기를 부여할 수 있다는 사실을 보여줬다. 그렇다면 발머의 에너지가 진정한 열의를 불어넣을 수도 있을까? 며칠이 지나 그의 에너지가 사라지고 나면 어떻게 될까? 그 에너지는 직원이 8만 명에 이르는 회사를 하나로 만들기에 충분할까?

그와 반대로 빌 게이츠는 숫기가 없고 사교성이 부족했다. 그는 수백억 달러 가치의 기업을 이끄는 전형적인 리더와 달랐다. 연설을 힘 있게 하지도 못했다. 하지만 그가 말하면 사람들은 숨죽여 들었다. 말 하나하나를 놓치지 않으려 애썼다. 그는 말할 때 선동하지 않았고 듣는 이에게 깊은 영감을 줬다. 빌 게이츠의 연설을 들은 사람들은 그의 말을 마음에 새기고 몇 주, 몇 달, 몇 년 동안 간직했다. 빌 게이츠에게는 폭발적인 에너지 대신 진정한 열의를 주는 능력이 있었다.

에너지는 즉각적으로 잘 보이는 동기를 부여하지만 카리스마는 깊은 열의를 준다. 에너지는 겉으로 잘 드러나며 측정하거나 모방하기 쉽다. 반면 카리스마는 정의하기 어렵고 측정하기가 거의 불가능하며 모방하기도 매우 난해하다. 위대한 리더는 대부분 카리스마가 있다. 그들에게는 분명한 WHY가 있기 때문이다. WHY는 개인적인 이익보다 큰 목적 그리고 대의를 향한 근본적인 믿음을 의미한다. 우리는 빌 게이츠의 컴퓨터를 향한 열정보다 어떤 복잡한 문제도 해결할 수 있다는 그의 희망적인 태도에서 큰 영감을 받는다. 그는 모든 사람이 최대 잠재력을 발휘하며 일하는 세상을 만들 수 있다고 믿었고, 이를 방해하는 장애물을 제거할 수 있다고 말했다. 우리가 그에게 이끌리는 이유는 낙관주의 때문이다.

컴퓨터 혁명 시대를 살았던 빌 게이츠는 컴퓨터가 모두의 생산성을 높여주고 최대 능력을 발휘하게 해줄 기술이라고 확신했다. 그는 이런 믿음으로 세상의 모든 책상에 PC를 놓겠다는 비전을 실현하고자 했다. 당시 마이크로소프트는 PC를 만든 적이 한 번도 없었으므로 그의 비전은 아이러니한 일처럼 보였다. 하지만 게이츠는 비전을 사람들이 컴퓨터로 '무엇을 할 수 있는가'로 한정 지어 판단하지 않았다. 대신 '왜 컴퓨터가 필요한가'로 판단했다. 이후 그는 빌앤드멀린다게이츠재단Bill and Melinda Gates Foundation에서 소프트웨어와 전혀 관계없는 일을 했지만 이 또한 자신의 WHY를 실현하려고 찾아낸 또 하나의 길이었다. 그는 여러 문제를 해결할 방법을 찾으며 꺼지지 않는 신념을 이어가고 있다. 빌 게이츠는 불우한 환경에 처한 사람들의 장애물을 제거해준다면 그들이 생산성을 높여 최대 잠재력을 발휘할 수 있으리라고 믿는다. 게이츠에게는 대의를 실현하고자 행하는 WHAT이 바뀐 것뿐이다.

카리스마는 에너지와 관계없다. WHY의 명확성에서 나온다. 또 개인의 이익보다 큰 이상을 향한 절대적인 확신에서 나온다. 반면 에너지는 하루를 푹 쉬거나 카페인을 많이 섭취하면 나온다. 사람들을 잠시 열광시킬 수 있지만 진정한 열의를 줄 수는 없다. 카리스마는 충성심을 형성하지만 에너지는 충성심을 형성하지 못한다.

에너지는 구성원의 특정 행동을 유도하기 위해 언제든 조직에 투여될 수 있다. 성과급이나 승진 같은 당근을 이용하거나 때로는 채찍으로 사람들을 더 열심히 일하게 만들 수 있다. 하지만 모든 조종이 그렇듯 효과는 단기적이다. 조종은 결국 미끼가 되어 직원이 출근하는 유일한 이유가 되고 만다. 이는 충성심이 아니다. 고객으로 비유하자면 충성심 있는 고객이 아니라 할인 등의 이유로 재구매하는 고객에 해당한다. 직원의 충성심은 가령 다른 회사에서 더 높은 연봉과 혜택을 제시하더라도 이직하지 않고 기존 회사에 남는 것이다. 직업 자체로 열의를 느끼기란 쉽지 않은 일이다. 우리에게 출근할 열의를 주는 힘은 대의다. 우리는 벽이 아니라 대성당을 짓기 위해 출근하는 삶을 원한다.

당신의 인생은 일로 정의할 수 없다

라이트 형제의 고향에서 약 100킬로미터 떨어진 곳에 살던 닐 암스트롱Neil Armstrong은 어린 시절 내내 라이트 형제 이야기를 들으며 자랐다. 그는 아주 어릴 때부터 하늘을 나는 꿈을 꿨다. 모형 비행기를 만들고 비행 관련 잡지를 읽으며 지붕에 설치한 망원경으로 하늘을 관찰했다. 심지어 자동차 운전면허보다 비행기 조종면허를 먼저 땄을 정도였다. 어릴 적 꿈을 실현한 그는 운명처럼 우주비행사가 됐다. 하지만 이런 일은 결코 흔치 않다. 우리의 진로는 보통 닐 암스트롱보다 이어서 소개할 제프 섬프터Jeff Sumpter와 비슷한 방식으로 정해진다.

섬프터는 고등학교 재학 중 여름방학을 맞아 어머니가 근무하던 은행에서 인턴으로 일했다. 이후 고등학교를 졸업한 뒤 인턴으로 있었던 은행에서 시간제 근무를 시작했고 정직원이 됐다. 그는 은행업계에서 15년간 근무한 뒤 직장 동료 트레이 모스트Trey Maust와 함께 오리건주 포틀랜드Portland에서 루이스앤드클라크은행Lewis & Clark Bank을 창립했다.

섬프터는 일을 무척 잘했다. 그의 담당인 대출 분야에서 늘 최상위권 실적을 자랑했다. 게다가 동료와 고객에게도 사랑받고 존경받는 은행원이었다. 하지만 그는 은행 일 자체에 큰 열정이 없었다. 지금 하는 일은 어린 시절 꿈꿔온 일이 아니었기 때문이다. 그에게는 추구하는 바가 따로 있었다. 섬프터가 매일 아침 하루를 시작할 수 있었던 원동력은 일 자체가 아니라 그 일을 하는 이유, 즉 WHAT이 아니라 WHY 때문이었다.

진로는 대체로 우연히 정해진다. 나 역시 지금 하는 일을 꿈꾼 적이 한 번도 없었다. 어렸을 때는 항공우주공학자가 되고 싶었고 대학교에 진학하고는 검사를 꿈꿨다. 하지만 로스쿨에 들어간 뒤 법조인에 대한 환상이 깨졌다. 직감적으로 법조인은 내가 원하는 직업이 아닌 것 같았다. 나는 영국에 있는 로스쿨에 재학했는데, 당시 영국인은 법조인을 마지막 남은 진정한 '영국식' 직업으로 여겼다. 심지어 면접 시 줄무늬 정장 착용 여부가 합격에 치명적인 영향을 미칠 정도였다. 이런 업계 분위기는 내 취향이 아니었다.

시러큐스 대학교Syracuse University에서 마케팅을 전공하는 젊은 여성과 데이트한 적이 있다. 그녀는 내가 어떤 분야에서 열정을 느끼고 법조계의 어떤 부분에 실망했는지 듣더니 마케팅 일을 해보는 것이 어떠냐고 제안했다. 그렇게 나는 우연한 계기로 마케팅 분야에서 새로운 커리어를 시작했다. 하지만 내게 마케팅은 해본 일 중 하나일 뿐이다. 나는 이 분야에 열정이 없었고 이 일로 인생을 정의하지도 않았다. 내가 하루를 시작하는 이유는 대의가 있기 때문이다. 사람들이 각자 열의를 느끼는 일을 하도록 격려하겠다는 나만의 WHY가 있기 때문이다. 나는 대의를 실현하는 여러 새로운 방법, 즉 WHAT을 찾아내는 일이 정말 흥미롭다. 이 책도 그 WHAT 중 하나다.

살면서 무엇을 하든 WHY는 쉽게 변하지 않는다. 골든서클이 균형을 이룬 상태라면 WHAT은 대의에 생명을 불어넣는 구체적인 일일 뿐이다. 빌 게이츠에게 소프트웨어 개발은 대의 실현을 위한 여러 일 중 하나였다. 허브 켈러허에게 항공사는 자유를 향한 신념을 드러낼 수 있는 완벽한 수단이었다. 존 F. 케네디에게 조국을 섬기는 일은 국가를 발전시키리라는 신념을 위한 일이었다. 그에게 달 착륙 프로젝트는 신념을 실현하고자 사람들을 모으는 데 필요한 목표였다. 스티브 잡스에게 애플이란 현실에 도전하고 세상을 움직이는 큰일을 하기 위한 하나의 길이었다. 카리스마 넘치는 리더들이 한 일은 모두 자신의 WHY를 실현하고자 찾아낸 구체적인 방법이었다. 이들 중 어렸을 때 자신이 커서 하게 될 WHAT을 예견했던 사람은 아무도 없다.

WHY가 분명하면 신념에 공감하는 사람들이 모인다. 이들은 신념을 실현하는 일에 동참하고 싶어 한다. 신념이 널리 퍼지면 뜻이 같은 사람을 더 많이 모을 힘이 생긴다. 수많은 사람이 몰려와 "저도 돕고 싶습니다"라고 하며 손을 들 것이다. 공동의 목적을 추구하는 사람들이 한데 모이면 엄청난 일이 일어난다. 하지만 위대한 리더가 되기 위해서는 열의만으로 부족하다. 열의는 단지 시작에 불과하기 때문이다. 열의를 움직임으로 추진하려면 필요한 것이 하나 더 있다.

골든서클과 회사의 가치 구조

골든서클은 그저 의사전달 도구가 아니다. 이는 위대한 조직이 어떻게 만들어지는지 보여준다. 골든서클 개념을 한 차원 높여보자. 우리가 사는 3차원 세상에서 위대한 조직을 만드는 방법을 제대로 알려면 골든서클 역시 3차원으로 나타낼 수 있어야 한다. 다행히 그렇게 할 수 있다. 골든서클을 3차원으로 나타내면 원뿔형이 된다. 이를 기존 모형 옆에 두면 새로운 가치 구조가 드러난다.

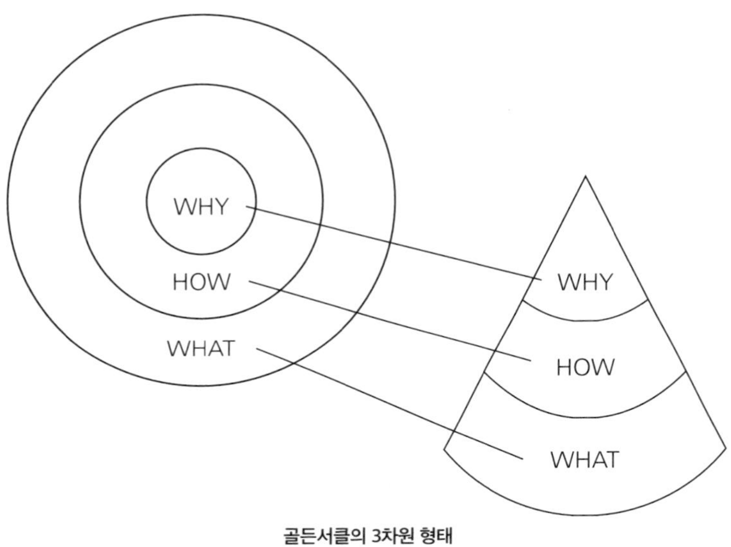

골든서클의 3차원 형태

원뿔 모형은 회사나 조직을 나타낸다. 회사나 조직은 본질적으로 위계적인 구조 체계다. WHY를 가리키는 맨 꼭대기 층은 리더를 뜻한다. 회사에서는 보통 CEO다. 그 아래층은 HOW로 보통 고위 임원이 여기 속한다. 이들은 리더의 비전에 의욕을 느끼며 비전이 실현되려면 '어떻게' 해야 하는지 알고 있다. WHY는 그저 시작일 뿐이다. HOW는 신념을 실현하려는 행동이고, WHAT은 행동의 결과다. 제아무리 카리스마와 의욕이 넘치는 리더라도 비전을 실현하는 데 열의를 느끼는 직원이 없고 조직 체계와 업무 절차 기반을 닦아줄 사람이 없다면 아무리 잘해도 효율성이 떨어질 수밖에 없고 최악의 경우 조직 전체가 실패할 수도 있다.

HOW층은 조직이 WHY를 가시적으로 만들 수 있도록 근간을 형성하는 집단을 나타낸다. 마케팅, 운영, 재무, HR을 비롯해 모든 고위 경영진이 속한 부서가 이 층에 해당한다. 그 아래층인 WHAT은 모든 일이 실현되는 곳이다. 직원 대부분이 속해 있으며 눈에 보이는 모든 결과물이 여기서 나온다.

나에게는 꿈이 있고 그에게는 계획이 있습니다

킹 목사는 자신에게 꿈이 있다고 말하며 사람들이 같은 꿈을 품을 수 있도록 열의를 불어넣었다. 킹 목사의 오랜 친구이자 멘토였고 남부크리스천지도자회의 총무 및 회계를 맡았던 랠프 애버내시Ralph Abernathy는 민권운동에 다른 방식으로 기여했다. 꿈을 이루려면 무엇이 필요한지 알았던 그는 비전을 구조화해 사람들에게 '어떻게' 해야 하는지 보여줬다. 킹 목사는 이 운동이 철학적으로 어떤 영향을 가져올지 이야기했고, 애버내시는 구체적으로 밟아야 할 단계를 제시했다. 킹 목사의 의욕적인 연설이 끝나면 애버내시는 청중을 향해 이렇게 말했다. "자, 그럼 이제 내일 아침부터 어떻게 하라는 뜻인지 설명하겠습니다."

마틴 루서 킹 목사는 미국을 홀로 바꾸지 않았다. 킹 목사가 사람들에게 운동에 참여할 진정한 열의를 준 것은 사실이지만 이를 움직임으로 만들려면 조직화가 필요했다. 위대한 리더가 거의 그렇듯 킹 목사 곁에는 '어떻게' 해야 하는지 잘 아는 사람들이 있었다. 대부분의 위대한 리더, WHY 유형의 곁에는 그를 보며 영감을 받은 HOW 유형이 있다. 이들은 대의를 가시적인 형태로 실현하는 기반을 마련한다. 이 기반은 눈에 보이는 차이나 성공을 만들어준다.

리더는 원뿔 모형의 꼭대기, WHY이자 시작점에 앉아 있다. 한편 HOW 유형의 사람들은 그 아래층에서 실제로 변화가 일어나도록 만드는 일을 한다. WHY 유형은 목적지를 상상하고, HOW 유형은 목적지로 가는 길을 찾아낸다. 목적지만 있고 가는 길이 없으면 여기저기 헤매게 되어 효율성이 떨어진다. WHY 유형이 주변 도움을 받지 못할 때 이런 현상이 일어난다. 목적지 없는 길은 마지막에 어떻게 될까? 사람들은 보통 목적지가 있을 때 더 큰 성취감을 느낀다. 랠프 애버내시는 킹 목사의 대의를 함께 추구하는 사람이자 이를 눈에 보이는 형태로 실현할 방법을 아는 사람이었다. 애버내시는 이렇게 말했다. "킹 목사의 역할은 비폭력주의 이념과 신학 개념을 해석하는 일이었다. 내 역할은 좀 더 단순하고 현실적이었다. 예컨대 사람들에게 '저 버스를 타지 마세요'라고 말하는 식이었다."

인류사에 크게 기여한 리더 뒤에는 항상 그의 비전을 어떻게 실현해야 하는지 아는 이들이 따랐다. 킹 목사에게는 꿈이 있었다. 하지만 꿈을 실현할 수 없다면 아무리 의욕적이라도 그것은 한낱 꿈으로 남는다. 킹 목사의 꿈은 미국 남부 지역의 수많은 아프리카계 미국인이 품은 마음과 같았다. 그의 이야기는 많은 이가 언급해온 주제였다. 당시 킹 목사 외에도 수많은 사람이 부당한 제도에 분노를 느끼고 있었다. 그런데도 사람들이 유독 킹 목사를 보며 열의를 불태운 이유는 흔들림 없는 낙관주의와 그가 전하는 메시지 때문이었다.

킹 목사는 법을 바꾸거나 제정하는 사람이 아니었다. 다만 그는 법이란 피부색과 상관없이 미국에 있는 모든 이에게 평등할 권리를 주기 위한 것이라 생각했다. 미국을 변화시킨 사람은 킹 목사가 아니었다. 그에게 영향을 받은 수백만 명이 민권운동에 참여해 역사의 흐름을 바꾼 것이었다. 이처럼 수많은 사람을 조직화하려면 어떻게 해야 할까? 수백만 명이 아니더라도 수백 명, 수십 명을 조직화하려면 어떻게 해야 할까? 리더는 비전과 카리스마로 혁신가와 얼리어답터를 사로잡을 수 있다. 리더의 직감과 본능을 믿는 이들은 비전 실현을 돕고자 기꺼이 희생할 것이다. 비전이 실제로 실현되어 눈에 보이는 증거가 하나하나 늘어가면 현실적인 사람들도 관심을 보이기 시작할 것이다. 꿈에 불과했던 일은 그때부터 두 눈으로 확인할 수 있는 현실이 된다. 이렇게 되면 티핑포인트에 도달할 수 있고 모든 일이 순조롭게 진행된다.

뛰어난 리더에게 날개를 달아주는 사람

『세계는 평평하다』*The World Is Flat* 저자 토머스 프리드먼Thomas Friedman이 한 말을 응용해 표현해보겠다. '비관주의자는 보통 옳은 말을 하지만 정작 세상을 바꾸는 사람은 낙관주의자다.' 빌 게이츠는 사람들이 컴퓨터를 이용해 잠재력을 최대로 끌어올리는 세상을 꿈꿨다. 그리고 이 꿈은 현실이 됐다. 이제 그는 말라리아가 없는 세상을 꿈꾼다. 이 역시 현실이 될 것이다. 라이트 형제는 버스를 타듯 쉽게 비행기를 타는 세상을 꿈꿨다. 이 꿈도 현실이 됐다. WHY 유형은 산업 전체와 세상까지 변화시킬 힘이 있다. 단, 그러려면 HOW를 알아야만 한다.

WHY 유형은 미래를 내다볼 줄 안다. 이들은 환상에 가까운 상상력을 보여주기 때문이다. 그중에는 자신이 상상하는 일이 실현되리라고 믿는 낙관주의자가 많다. 반면 HOW 유형은 현재를 살아가는 사람들이다. 이들은 현실주의자이며 실용적인 일에 더 명확한 판단력을 보인다. WHY 유형은 남들이 잘 보지 못하는 미래에 집중하고, HOW 유형은 남들도 볼 수 있는 것에 집중해 구조와 절차를 능숙하게 형성하며 추진력이 있다. 어떤 유형이 더 좋거나 나쁜 것은 아니다. 그저 사람마다 세상을 바라보고 경험하는 방식이 다를 뿐이다. 게이츠는 WHY 유형이다. 라이트 형제도 마찬가지다. 스티브 잡스와 허브 켈러허도 그렇다. 하지만 이들은 일을 홀로 해내지 않았다. 혼자 할 수 없었다. 이들에게는 HOW를 아는 사람들이 필요했다.

1957년 월트 디즈니Walt Disney는 로스앤젤레스에서 청중에게 농담 반 진담 반으로 이렇게 말했다. "제 형이 없었다면 저는 부도 수표 때문에 감옥에 몇 번이나 끌려갔을 겁니다. 저는 은행에 뭐가 있는지도 모르는 사람이었습니다. 형 덕분에 올바르게 살아왔습니다." WHY 유형이자 몽상가였던 월트 디즈니는 그의 형이자 HOW 유형인 로이 디즈니Roy Oliver Disney의 분별 있는 도움으로 꿈을 실현할 수 있었다.

월트 디즈니는 광고에 들어가는 만화를 그리는 일로 커리어를 시작했지만 금세 애니메이션 영화 제작으로 분야를 옮겼다. 1923년 할리우드가 영화산업의 심장부로 떠오르고 있을 때였다. 월트는 할리우드 영화업계의 일원이 되고 싶었다. 여덟 살 많은 형 로이의 직업은 원래 은행원이었다. 그는 동생의 재능과 상상력을 존경했지만 월트가 위험성 높은 일을 선호하며 사업 관련 일은 소홀히 하는 경향이 있다는 사실을 잘 알고 있었다. WHY 유형이 보통 그렇듯 월트는 미래를 상상하는 데 정신을 쏟느라 현재를 잊고 살 때가 많았다. 디즈니 전기 작가 밥 토머스Bob Thomas는 형제를 이렇게 설명했다. "월트 디즈니는 꿈꾸고 그림을 그리고 상상했다. 로이는 그 뒤에서 제국을 건설했다. 훌륭한 금융 전문가이자 사업가인 로이는 동생 월트 디즈니의 이름을 단 회사를 세우고 꿈이 실현되도록 도왔다."

로이는 많은 이의 어린 시절을 함께했던 디즈니 영화를 만든 부에나비스타영화배급사Buena Vista Distribution Company 설립자이다. 캐릭터 상품 사업을 시작해 디즈니를 유명하게 만든 사람도 그였다. 그러나 HOW 유형이 대체로 그렇듯 로이는 앞에 나서는 일을 좋아하지 않았다. 뒤에서 동생의 비전을 어떻게 실현할지 고민하는 일을 더 좋아했다.

대부분 사람은 HOW 유형이다. 이 유형은 대개 현실에서 맡은 일을 잘 해낸다. 몇몇은 큰 성공을 거두기도 한다. 하지만 수십억 달러 가치의 기업을 만들거나 세상을 바꾸는 일에 앞장서는 경우는 드물다. HOW 유형은 WHY 유형의 도움 없이도 잘 해내는 사람들이다. 반면 WHY 유형은 비전과 상상력이 뛰어나지만 큰 손해를 입는 일이 많다. 이들은 비전을 함께 실현할 사람이 곁에 없으면 대부분 배고픈 선구자가 된다. 답은 알고 있지만 스스로 성취하지 못하고 끝날 가능성이 크다.

성공한 기업가는 보통 자신을 선구자라고 생각하지만 사실 이들 중 다수가 HOW 유형에 속한다. 이들에게 기업가로서 어떤 일이 가장 좋은지 물으면 대부분 회사를 키우는 일이 좋다고 대답한다. 이 대답은 일을 '어떻게' 해야 할지 알고 있다는 명확한 증거다. 사업은 구조다. 그러므로 체계와 절차를 구조화하는 일이 중요하다. 이런 요소를 구축하는 데 능숙한 사람은 HOW 유형이다. 하지만 구조가 아무리 잘 갖춰진 회사라도 대부분 10억 달러 가치의 기업이 되지 못하며 업계 판도를 바꾸지도 못한다. 가치를 달성하고 판도를 바꾸는 기업이 되려면 WHY를 아는 한 사람과 HOW를 아는 여러 사람이 특별한 파트너 관계를 형성해야 한다.

사람들에게 열의를 불어넣으며 남다른 일을 해낸 개인과 조직을 살펴보면 항상 WHY 유형과 HOW 유형이 특별한 관계를 이루고 있다는 사실을 알 수 있다. 예를 들어 빌 게이츠는 모든 책상에 PC가 놓인 세상을 꿈꾼 선구자이지만 회사 실무를 맡아 키운 사람은 폴 앨런Paul Allen이었다. 허브 켈러허는 자유라는 대의를 보여주었지만 사우스웨스트항공을 떠올린 사람은 롤린 킹이다. 스티브 잡스는 혁신의 대명사이지만 애플을 실제로 돌아가게 한 사람은 엔지니어인 스티브 워즈니악이었다. 잡스에게는 비전이 있고 워즈니악에게는 제품이 있었다. 비전과 이를 실현하는 재능이 만나면 위대한 조직이 시작된다.

WHY와 HOW의 파트너 관계를 떠올리면 조직 비전 선언문과 미션 선언문의 차이점을 명확하게 이해할 수 있다. 비전 선언문은 설립자의 의도를 공표한다. 이는 회사가 '왜' 존재하는지 들려준다. 여기에는 아직 눈으로 확인할 수 없는 회사의 비전과 미래가 담겨 있다. 반면 미션 선언문은 조직이 선택한 길과 행동원칙을 보여준다. 그리고 꿈꾸는 미래를 '어떻게' 만들어낼지 말한다. 비전과 미션 두 가지가 명확하면 WHY와 HOW 유형은 파트너 관계에서 각자 해야 할 일을 정확히 파악할 수 있다. WHY 유형은 명확한 목적의식을 제시하고 HOW 유형은 목적을 향한 계획을 제시해 서로 힘을 합친다. 하지만 이 일이 실현되려면 능력만으로 부족하다. 양쪽에 신뢰가 있어야 한다.

3부에서 상세히 설명했듯 안전함을 느끼기 위해서는 서로 신뢰하는 관계가 필요하다. 다른 사람이나 조직을 신뢰하면 위험을 무릅쓸 수 있게 되고 노력을 인정받는 느낌이 든다. 그중에서도 신뢰가 가장 깊은 관계는 선구자와 조직을 키우는 사람, 바로 WHY 유형과 HOW 유형이다. 사람들에게 열의를 주는 훌륭한 CEO는 주로 WHY 유형이다. 이들은 회사 경영뿐 아니라 대의를 떠올리며 매일 하루를 시작한다. 그런 리더가 있는 조직의 최고재무책임자CFO와 최고운영책임자COO는 뛰어난 성과를 내는 HOW 유형이다. 이들은 자신이 선구자 유형이 아님을 알고 있다. 대신 리더의 비전에서 받은 영감을 어떤 체계로 실현할 수 있을지 구상한다. 이들은 대개 앞장서서 비전을 전하는 일을 좋아하지 않는다. 오히려 뒤에서 비전 실현에 필요한 체계를 구축하는 일을 선호한다. 위대한 일을 이루기 위해서는 양쪽의 능력과 노력이 모두 필요하다.

두 유형의 깊은 파트너 관계가 가족이나 오랜 친구 사이에서 자주 나타나는 것은 우연이 아니다. 같은 환경에서 자라고 같은 경험을 하면 비슷한 가치관과 신념을 형성할 확률이 높아진다. 가족이나 어릴 적 친구는 성장환경과 유년 시절의 인생 경험이 거의 일치한다. 그렇다고 해서 이런 관계만 좋은 파트너가 될 수 있다는 뜻은 아니다. 다만 유사한 환경에서 성장하고 같은 일을 경험한 사람들은 세상을 바라보는 관점이 비슷할 확률이 높다는 뜻이다.

월트 디즈니와 로이 디즈니는 형제였다. 빌 게이츠와 폴 앨런은 시애틀에서 같은 고등학교를 다녔다. 허브 켈러허는 롤린 킹의 이혼 담당 변호사이자 오랜 친구였다. 마틴 루서 킹과 랠프 애버내시는 민권운동이 시작되기 한참 전 버밍엄Birmingham에서 목사로 활동했다. 스티브 잡스와 스티브 워즈니악은 고등학교 시절 가장 친한 친구였다. 이런 사례는 매우 많다.

위대한 조직의 비밀

조직을 운영하는 데 능숙한 HOW 유형의 사람들이 성공을 이어나가려면 회사 운영에 평생을 바쳐야 한다. 기업이 성공하고 이익을 내는 방법에는 여러 가지가 있다. 매우 다양한 조종 전략이 있으며 단기적으로 효과도 꽤 좋다. 이 책에 소개한 조종전략은 극히 일부일 뿐이다. 오랫동안 지속될 깊은 변화 없이도 조종전략으로 티핑포인트에 도달할 수 있다. 사람들은 이를 유행이라고 부른다. 반면 위대한 조직은 사회운동 같은 방식으로 움직인다. 사람들에게 영감을 줘서 자발적으로 제품이나 아이디어를 이야기하게 하고, 라이프스타일에 제품이 녹아들게 하며, 심지어 조직을 발전시킬 방법마저도 그들이 이야기하게끔 만든다. 위대한 조직은 영혼을 자극한다. 금전적 대가나 특정 혜택을 제공하는 일에 치중하지 않아도 사람들이 대의 실현에 동참하도록 영감을 줄 수 있다. 할인이나 적립 혜택이 없어도 가능하다. 영감을 받은 사람들은 위대한 조직의 이야기를 널리 퍼뜨리고 싶다고 느낀다. 누가 시키지 않았지만 그렇게 한다. 사람들은 자신이 영감을 받았던 일을 공유하고자 기꺼이 무기를 들고 나선다.

효과적으로 목소리를 내는 방법

BCI Big Company Incorporated는 신제품 출시에 맞춰 광고 캠페인을 진행하고자 3개월의 선정 과정을 거쳐 마침내 새로운 광고 대행사를 선택했다. BCI는 과밀한 시장에서도 유명세를 떨치는 기업이었다. 제조기업인 이들은 생산 제품을 대형 할인점 같은 제3자를 거쳐 판매했다. 따라서 회사는 판매 과정을 직접 통제할 수 없었다. 회사가 할 수 있는 일은 마케팅으로 매출을 촉진하는 것뿐이었다. BCI는 강한 문화를 기반으로 한 좋은 기업이다. 직원은 경영진을 존중했고, 회사는 전반적으로 좋은 방향을 향해 가고 있었다. 하지만 몇 년 동안 시장 경쟁이 상당히 치열해졌다. 여전히 품질이 훌륭하고 가격에서도 경쟁력이 있지만 기업이 매년 강력한 성장세를 유지하기란 어려운 일이었다. 이런 상황인 만큼 경영진은 신제품 출시에 많은 기대를 걸었다. 시장에서 신제품이 반드시 두각을 나타낼 것이라 예상했기 때문이다. BCI 광고 대행사는 제품을 홍보하는 대대적인 광고 캠페인을 시작했다.

"업계를 이끄는 브랜드." 광고는 이렇게 시작됐다. "지금까지 본 제품 중 가장 참신하고 혁신적인 신제품을 출시합니다." 이어서 신제품의 새로운 기능과 장점이 소개됐다. 경영진의 강력한 요청에 따라 "BCI에 기대할 수 있는 품질"이라는 문구도 광고에 포함됐다. BCI 임원은 회사 명성을 쌓기 위해 열심히 일했고 그 명성을 광고에 활용하고자 했다. 직원들은 새로운 광고 캠페인에 대한 기대로 매우 들떠 있었고, 신제품 성과가 전반적인 회사 매출 상승에 도움이 되리라고 예상했다. 그들은 신제품 출시 준비가 남다르다는 사실을 알고 있었으므로 이제는 세상에 전하고 싶어 했다. 더 큰 소리로 널리 알리기를 원했다. 게다가 광고에 수백만 달러 예산을 투입했으니 성공은 확실해 보였다.

BCI와 광고 대행사는 사람들에게 신제품을 효과적으로 알렸다. 제품의 새롭고 특별한 점을 잘 설명했고, 광고는 매우 독창적이었다. 포커스 그룹(시장조사를 위해 선발된 소수 그룹으로 특정 회사 제품이나 서비스를 이용하는 사람들로 구성된다—옮긴이)도 BCI 신제품이 경쟁사 제품보다 훨씬 낫다고 평가했다. 거액의 예산을 들인 덕에 광고는 많은 사람에게 노출됐다. 대행사에서 광고에 노출된 인원을 집계할 때 사용하는 도달률과 평균 노출 빈도도 매우 높은 수준이었다. 메시지가 큰 소리로 울려 퍼졌다는 사실은 확실했다.

하지만 문제가 있었다.

바로 명확하지 않은 메시지였다. 광고에는 WHAT과 HOW만 있고 WHY가 없었다. 사람들은 제품 기능이 무엇인지는 알았지만 BCI의 신념을 알지 못했다. 결과가 완전한 실패는 아니었다. 광고 예산이 집행되고 경쟁력 있는 프로모션이 지속되면 그 기간 동안 제품은 계속 팔리기 때문이다. 이는 효과적이지만 높은 예산을 투입해야 하는 방법이다.

만약 마틴 루서 킹 목사가 미국 민권 실현을 위한 열두 단계 종합 계획을 이야기했다면 어땠을까? 그 열두 단계 계획이 여태까지 나온 민권 실현 방법 중에서 가장 복잡했다면 어땠을까? 그렇다고 해도 1963년 여름날 스피커로 흘러나온 그의 목소리는 변함없이 크게 퍼졌을 것이다. 마이크로 목소리를 크게 키우면 광고와 마찬가지로 전하려는 말을 확실히 전달할 수 있다. 그날 킹 목사가 꿈이 아닌 계획을 말했더라도 연설은 스피커를 통해 많은 사람에게 전해졌겠지만 신념은 분명하게 전달되지 않았을 것이다.

소리를 높이는 일은 어렵지 않다. 자본을 들이거나 이목을 끄는 행동을 하면 된다. 자금을 많이 투입하면 전하고 싶은 말을 제일 앞, 정중앙에 배치할 수 있다. 이목을 끄는 행동으로 관심을 받으면 뉴스에 나올 수도 있다. 그러나 이렇게 해서는 충성심을 형성할 수 없다. 오프라 윈프리가 스튜디오에 모인 청중 모두에게 차를 한 대씩 선물한 사건은 유명한 일화다. 2004년에 있었던 일이지만 아직도 회자되곤 한다. 그런데 오프라가 선물한 차종을 기억하는 사람은 얼마나 될까? 문제는 여기 있었다. 그 차는 폰티액Pontiac에서 나온 신모델 G6였고 선물 수량은 총 276대로 700만 달러에 상당했다. 폰티액은 이를 신모델 홍보 기회로 여겼다. 하지만 사람들은 오프라의 씀씀이가 후하다는 인상만 강렬하게 받고 차종이 무엇인지는 기억하지 못했다. 게다가 이 일은 폰티액이 추구하는 대의와 아무런 관계가 없었다. 사람들은 폰티액의 WHY가 무엇인지 전혀 알지 못했다. 이 일은 그저 이슈가 됐을 뿐 제 역할을 하지 못했다. 이처럼 명확한 WHY가 없으면 하는 일의 의미를 제대로 전할 수 없다.

전하고자 하는 메시지가 진정한 영향력을 발휘하고 고객의 충성심을 형성하려면 이목을 끄는 일만으로 부족하다. 공감대가 비슷한 사람들이 연관성을 느낄 만한 목적의식, 대의, 신념을 널리 알려야 한다. 그렇게 해야 시장에서 지속적으로 성공할 수 있다. 혁신확산 곡선 왼쪽에 있는 사람들의 마음을 사로잡기 위해서는 그 일을 하는 WHY가 분명해야 한다. 언론의 주목을 받으려는 목적으로는 부족하다. 물론 WHY가 분명하지 않더라도 단기적인 조종전략으로 이익을 얻을 수 있지만 물리적으로 소리 크기만 키운다면 그저 시끄러운 소리를 낼 뿐이다. 광고계에서 주로 쓰는 용어로 말하자면 클러터(광고가 현란해 보는 사람의 집중력을 방해하는 현상—옮긴이)다. 회사는 차별화 과정을 어려워하며 이것이 그토록 어려운 이유를 깨닫고 싶어 한다. 큰 소리를 내는 방법에 의존해 타 기업과 차별화를 이루어낸 이들을 본 적 있는가?

반대로 킹 목사가 마이크와 스피커 없이 연설한다면 연설이 미치는 영향력은 어떻게 달라졌을까? 그의 비전은 변함없이 매우 명확할 테고 그의 말은 똑같이 사람들의 심금을 울렸을 것이다. 그는 자신의 신념을 명확히 알고 열정적인 모습으로 카리스마 넘치게 이야기했다. 하지만 마이크와 스피커가 없다면 앞줄에 앉은 소수만 연설에 감동했을 것이다. 대의가 있는 리더에게는 메시지를 전달해줄 확성기가 반드시 필요하다. 확성기는 목소리를 크고 또렷하게 전달해야 한다. 신념도 중요하지만 많은 사람이 말을 들어야 움직임이 생기기 때문이다. WHY가 사람들을 움직일 만큼 강력한 힘을 지니려면 메시지가 명확해야 하며, 판도를 뒤집을 만큼 많은 사람에게 도달할 수 있도록 소리가 증폭되어야 한다.

3차원 골든서클이 원뿔형인 것은 우연이 아니다. 원뿔은 곧 확성기 모양이다. 조직은 목적의식이나 대의, 신념이 명확한 사람이 이야기를 퍼뜨릴 수 있도록 확성기 역할을 한다. 그러나 확성기가 제대로 작동하려면 우선 전하고자 하는 바가 명확해야 한다. 명확한 메시지도 없이 무엇을 증폭하겠는가?

명확한 신념이 만들어내는 일

킹 박사는 수많은 사람이 사회 정의 구현에 동참하도록 이끌기 위해 확성기를 사용했다. 라이트 형제는 지역 사람들에게 세상을 바꾸는 일에 함께해달라고 요청하기 위해 확성기를 사용했다. 확성기를 통해 존 F. 케네디의 봉사 신념을 마음에 새긴 수천 명은 달 착륙 프로젝트를 성공시키고자 한데 모였다. 사람들이 개인적인 이익보다 큰 가치를 좇도록 영감을 주는 일이 사회적 대의를 추구할 때만 일어나는 것은 아니다. 어떤 조직이든 큰 영향력을 행사하는 확성기를 만들 수 있다. 확성기는 위대한 조직을 만드는 중대한 요인이다. 위대한 조직은 그저 이익만 추구하지 않는다. 이 조직은 진정한 리더처럼 구성원을 이끌며 업계 판도를 바꾸고 때로는 그 과정에서 누군가의 인생을 바꾸기도 한다.

WHY가 명확하면 사람들은 기대치를 설정할 수 있다. 반대로 조직의 WHY를 알지 못하면 어떤 것을 기대해야 할지 알 수 없으므로 기대치를 최소한에 맞추게 된다. '상품'을 바라볼 때처럼 가격, 품질, 서비스, 기능 등으로 평가하는 것이다. 하지만 WHY를 분명히 알면 기대치가 높아진다. 기준을 높이는 일이 부담스럽게 느껴지는가? 그렇다면 자신의 WHY를 발견하거나 골든서클의 균형을 잡는 일은 포기하기를 강력히 권한다. 높은 기준은 유지하기 어렵다. 조직의 존재 목적을 끊임없이 이야기해야 하며 모든 구성원에게 그 이유를 상기시켜야 하기 때문이다. 또한 WHY를 전하되 조직 내 구성원이 실현을 위해 각자 어떻게 행동해야 할지는 스스로 책임지게 해야 한다. 회사 가치관과 행동원칙을 지킬 책임을 부여해야 한다. 조직의 WHY에 걸맞은 행보로 일관성을 유지하는 일에는 많은 시간과 노력이 든다. 하지만 노력을 다해 해낸다면 엄청난 이익이 생길 것이다.

리처드 브랜슨Richard Branson은 버진레코드Virgin Records를 수십억 달러 가치의 소매 음악 브랜드로 만들었다. 그 뒤로 음반사를 시작해 성공을 거뒀다. 이후 항공사도 세웠다. 그 항공사는 오늘날까지 우수 기업으로 손꼽힌다. 이어서 그는 탄산음료 브랜드, 웨딩업체, 보험회사, 이동통신서비스 등 다양한 사업을 시작했다. 그의 새로운 사업은 계속된다. 이처럼 애플도 컴퓨터, 휴대전화, DVR, mp3 플레이어 등 여러 제품군을 판매하며 세상에 도전하고자 계속해서 역량을 발휘하고 있다. 일부 기업이 한 차례 성공에서 그치지 않고 반복해서 그 성공을 이어나갈 수 있는 이유는 변치 않는 충성고객이 있기 때문이다. 그리고 수많은 사람이 기업을 응원하기 때문이다. 업계에서 애플이 라이프스타일 브랜드라고 말하는 이들을 보곤 한다. 그러나 이는 애플의 영향력을 과소평가한 발언이다. 애플은 업계 판도를 바꾼 기업이므로 오히려 라이프스타일 브랜드의 예로는 구찌Gucci를 들 수 있겠다. 애플처럼 업계 판도를 바꾸고자 하는 소수의 회사는 기업체가 아니라 사회운동과 비슷한 양상을 보인다.

한 가지 신념으로 성공을 거듭하려면

론 브루더는 이름만 대면 누구나 다 알 만큼 유명한 사람은 아니지만 훌륭한 리더 중 한 명이다. 1985년 어느 날 그는 두 딸과 함께 횡단보도 앞에서 신호를 기다리고 있었다. 그때 딸들에게 지금이 인생의 귀중한 교훈을 줄 좋은 기회라는 생각이 들었다. 그는 길 건너 "걷지 마시오"Do Not Walk라는 빨간불 신호를 가리키며 저게 무슨 뜻인지 아느냐고 물었다. 딸들은 "여기서 기다려야 한다는 뜻이잖아요"라고 답했다. 물론 그 답은 옳았지만 브루더는 딸들이 한 번쯤 다른 방향으로 생각해볼 수 있길 바라며 질문을 던졌다. "정말 그럴까? 혹시 걷지 말고 뛰라고 말하는 건 아닐까?"

항상 깔끔한 맞춤 정장 차림으로 출근하는 브루더는 말투가 부드러우며 보수적인 기업 임원의 이미지를 풍긴다. 하지만 겉모습으로 모든 것을 가정할 수는 없다. 브루더는 전형적인 임원과 달랐다. 그는 성공에 동반하는 혜택을 누렸지만 그것을 원동력으로 삼지 않았다. 열심히 일해서 얻었으나 의도하지 않은 부산물이었기 때문이다. 브루더에게는 명확한 WHY가 있었다. 그는 사람들이 삶을 수동적으로 받아들이며 하던 일만 반복하는 모습을 보고, 그들이 그래야만 해서가 아니라 아무도 대안을 알려주지 않았기 때문에 그렇게 살아간다고 생각했다. 그날 횡단보도 앞에서 딸들에게 주고 싶었던 교훈 또한 '항상 다른 측면을 고려해야 한다'였다. 브루더는 항상 WHY로 시작했고 이로 인해 자신에게 유익한 여러 훌륭한 일을 이루었다. 하지만 그보다 중요한 것은 브루더가 여러 가지 일로써 WHY를 주변에 공유했고, 사람들이 자신을 위해 대단한 일을 시도할 수 있도록 영감을 줬다는 사실이다.

대부분 사람과 마찬가지로 브루더의 진로는 우연히 정해졌다. 하지만 그의 WHY는 어떤 일을 하든 변하지 않았다. 지금까지 브루더가 해온 일은 전부 WHY에서 시작했다. 그가 결코 굽히지 않고 지켜온 WHY라는 신념은 '정해진 길 외에 다른 길이 있다는 사실을 보여주는 것만으로 그 사람은 다른 길로 갈 확률이 커진다'라는 믿음이었다. 오늘날 브루더는 세상을 바꾸는 일을 하고 있지만 그가 처음부터 이런 일을 해왔던 것은 아니다. 그런데도 사람들에게 영감을 주는 수많은 리더와 마찬가지로 그 역시 업계 흐름을 바꿨다. 게다가 론 브루더는 한 번 반짝 성공하고 사라지지 않았다. 거듭해서 성공을 거뒀으며 다양한 업계 판도를 여러 차례 바꿨다.

브루더가 채소와 육류, 통조림 식품을 판매하는 대기업에서 근무할 때 일이다. 한 고위급 임원이 조카를 위해 여행사를 인수하기로 했다. 그는 본격적으로 인수 업무를 진행하기 전에 당시 최고재무책임자이던 브루더에게 여행사 재정을 살펴봐 달라고 부탁했다. 브루더는 그린웰Greenwell이라는 이 여행사를 검토하던 중 다른 사람들이 보지 못한 기회를 발견했고 이 회사에 들어가서 경영을 도와야겠다고 생각했다. 그린웰로 직장을 옮긴 브루더는 다른 여행사가 어떤 방식으로 일하는지 알아본 다음 그와 다른 새로운 방법으로 일했다. 덕분에 그린웰은 동부 해안 지역 여행사 중 최초로 신기술을 도입해 업무를 완전히 전산화한 회사가 되었다. 이 기업은 지역에서 손꼽히는 성공을 거뒀을 뿐 아니라 불과 1년 만에 사업모델을 산업 전체 표준으로 만들었다. 브루더의 성공은 여기서 그치지 않았다.

브루더의 전 클라이언트였던 샘 로젠가튼Sam Rosengarten은 석탄, 석유, 가스와 관련된 사업을 하고 있었다. 이는 전부 토양을 오염시키고 땅을 폐부지로 만드는 사업이었다. 폐허가 된 땅으로 할 수 있는 일은 거의 없었다. 오염이 극심해 개발할 수도 없었고 정화 작업에 비용이 많이 들어 보험료도 막대한 수준이었다. 사람들은 폐부지를 오로지 정화 비용이 잔뜩 드는 애물단지로 보고 피했다. 하지만 브루더는 이 어려움을 다른 시각으로 바라봤다. 정화에만 초점을 맞추지 않고 새롭게 생각한 그는 뛰어난 해결책을 찾을 수 있었다.

당시 브루더는 브룩힐Brookhill이라는 부동산 개발 회사를 설립해 직원 열여덟 명을 두고 사업을 꽤 잘 해나가고 있었다. 그는 기회를 잡아야겠다는 생각으로 세계적인 규모의 환경공학 회사 데임즈앤드무어Dames & Moore에 찾아가 사업 아이디어를 제안했다. 그들은 브루더의 제안을 마음에 들어 하며 브룩힐과 파트너십을 맺었다. 브룩힐이 직원 1만 8,000명의 대규모 회사와 손잡자 그 사실만으로 위험성이 크게 줄었다고 판단한 보험회사는 막대한 보험료를 기꺼이 합리적인 금액으로 낮춰주었다. 게다가 크레디트스위스퍼스트보스턴은행Credit Suisse First

Boston Bank에서는 자금을 조달해주었다. 덕분에 브룩힐은 2억 달러 상당의 폐부지를 사들여 오염을 정화하고 재개발해서 다시 시장에 내놓을 수 있게 됐다. 브룩힐은 폐부지 재개발 사업의 개척자가 됐다. 브루더는 자신의 WHY 덕분에 좋은 사업 분야를 개척했고 토지 정화로 환경에 이바지할 수도 있었다.

론 브루더의 WHAT은 크게 중요하지 않다. 자신이 속하게 될 업계나 도전하게 되는 일은 우연히 정해진다. 그러나 WHY는 절대 변하지 않는 신념이다. 브루더는 자신에게 아무리 좋은 기회가 찾아오더라도 누군가의 도움이 없으면 아무것도 이룰 수 없다는 사실을 잘 알고 있었다. 성공이란 '팀스포츠'라는 사실 또한 잘 알고 있었다. 그는 자신의 신념을 다른 사람에게 전하는 능력이 뛰어났다. 신념에 끌린 재능 있는 여러 사람은 그에게 찾아와 이렇게 묻곤 했다. "제가 도울 일이 없을까요?" 여러 분야에서 기존의 관점을 타파하고 혁명을 일으킨 브루더는 더 큰 목표에 도전했다. 바로 세계 평화였다. 그는 EFE재단Education for Employment Foundation을 설립했다. 재단은 그의 신념을 전하는 확성기 역할을 하고 있다.

EFE재단은 중동 지역에서 청년들의 인생을 바꾸는 일에 상당한 진전을 보이고 있다. 횡단보도 앞에서 딸들에게 '세상에는 항상 다른 길이 있다'라는 교훈을 줬던 브루더는 중동에서 일어나는 문제에 다른 시각으로 접근한다. 그가 과거에 성공한 일들과 마찬가지로 EFE재단은 새로운 사업의 길을 열고 많은 선행을 베푼다. 브루더는 그저 회사 경영을 하는 것이 아니라 사회운동을 리드하고 있다.

모든 일은 개인적인 신념에서 출발한다

사건은 2001년 9월 11일에 일어났다. 브루더는 다른 사람들과 마찬가지로 왜 이런 일이 일어났는지 의문을 품으며 중동 지역에 관심을 갖기 시작했다. 테러가 재차 일어날 수도 있다고 생각한 그는 딸들을 위해서라도 이런 위험한 일을 예방하고 싶었다.

그는 자신이 무엇을 할 수 있는지 알아보다가 놀라운 사실을 발견했다. 자녀 보호나 미국 내 테러 예방보다 훨씬 중요한 일이었다. 당시 미국 청년 대다수는 미래를 긍정하는 마음으로 하루를 시작했다. 청소년들의 마음속에는 경제 상황과 상관없이 원하는 일을 해낼 수 있다는 고유의 낙관주의가 있었다. 이들은 아메리칸드림을 실현할 수 있다고 믿었기 때문이다. 하지만 팔레스타인 가자지구나 예멘에서 자라는 청소년들은 아침마다 미래를 긍정하는 마음으로 하루를 시작하기가 어려웠다. 그곳엔 미국 같은 낙관주의가 없었기 때문이다. 이를 그저 문화의 차이라고 치부하면 쉬울지도 모른다. 하지만 그렇게 말하면 아무것도 바꿀 수 없다. 그곳에 낙관주의가 없는 진짜 이유는 청소년에게 미래를 향한 희망을 심어줄 교육기관이 턱없이 부족하기 때문이었다. 예를 들어 요르단에서는 청년들이 대학을 마치면 어느 정도 사회적 지위를 얻을 수도 있지만 반대로 미래를 보장받지 못하는 경우도 잦았다. 이런 문제 때문에 오히려 교육을 받은 청년들이 불안정한 구조와 문화를 비관하는 마음을 가질 수도 있었다.

브루더는 테러리즘 문제가 중동 청소년이 미국을 바라보는 시선보다 그들이 자신의 미래를 바라보는 관점과 관련이 깊다는 사실을 깨달았다. 브루더는 EFE재단을 매개로 중동 전역에 여러 프로그램을 마련해 청소년에게 하드스킬(업무에 필요한 전문 지식, 직무 능력—옮긴이)과 소프트스킬(사회적 능력, 커뮤니케이션 기술—옮긴이)을 두루 가르쳤다. 교육 목적은 '인생에는 기회가 있으며 누구나 운명을 스스로 개척할 수 있다'라는 사실을 전하는 데 있었다. 브루더는 EFE재단을 통해 자신의 WHY를 전 세계적으로 공유하며 '세상에는 자신이 생각했던 길 외에 다른 길도 존재한다'라는 사실을 알리고 있다.

EFE재단은 머나먼 곳에서 좋은 일이 일어나길 바라는 자선단체가 아니다. 이 재단은 세계적으로 운동을 펼치고 있다. 각 지사는 독립적으로 운영되며 지사 이사회 대다수는 현지인이다. 현지 리더들은 청소년에게 기술을 가르치고 지식을 전달하며, 더 중요하게는 자신을 위해 다른 길을 택할 용기를 준다. 기회가 있다는 사실을 청소년 스스로 확신할 수 있도록 책임을 다한다. 그중 마이야다 아부 자비르Mayyada Abu-Jaber는 요르단에서 이 활동을 주도하고 있다. 모하마드 나자Mohammad Naja는 가자지구와 요르단강 서안지구West Bank에서 대의를 널리 알리고 있다. 그리고 마인 알이르야니Maeen Aleryani는 이 대의가 예멘의 문화를 바꿀 수도 있다는 사실을 증명하고 있다.

예멘은 기대교육기간(5세 어린이가 평생에 걸쳐 공식 교육을 받을 것으로 기대되는 평균 기간—옮긴이)이 9년에 불과하다. 이는 세계에서 가장 낮은 수준이다. 미국의 기대교육기간은 16년이다. 브루더의 대의에 큰 의욕을 느낀 알이르야니는 예멘 청소년들이 관점을 바꾸고 자기 삶에 더 큰 결정권을 행사할 수 있도록 도울 기회를 엿보고 있었다. 그는 예멘의 수도 사나에서 EFE 지사를 운영하고자 자금을 구하러 나섰고, 일주일 만에 5만 달러를 모금했다. 그 정도 금액을 일주일 만에 모은 사례는 당시 미국 내 자선 활동을 기준으로 봐도 매우 빠른 편에 속했다. 예멘에는 자선 문화가 없다는 점을 고려하면 그가 얼마나 대단한 성취를 했는지 알 수 있다. 예멘은 주변 지역에서 가장 가난한 나라다. 그러나 WHY를 전하면 이처럼 놀라운 일이 일어난다.

EFE재단과 함께하는 사람들은 형제자매와 아들딸에게 기술을 가르침으로써 앞으로 다른 길도 생각해볼 수 있는 기회를 열어준다. 또한 청소년이 자신의 밝은 미래와 다양한 기회를 기대할 수 있도록 노력한다. 이들은 브루더를 위해서가 아니라 자신의 신념을 이루고자 재단에서 일한다. EFE재단이 세상을 바꿀 수 있는 이유는 바로 여기에 있다.

원뿔 모형 꼭대기 WHY에 있는 브루더의 역할은 사람들에게 진정한 열의를 불어넣고 움직임을 만들어내는 것이다. 하지만 변화를 실제로 이룩하고 움직임을 지속해나가는 일은 바로 리더의 WHY를 신뢰하는 사람들이 한다. WHY로 변화를 만드는 일은 거주지역, 직업, 국적과 관계없이 누구나 참여할 수 있다. 당신이 그동안 걸어온 길 외에 다른 길이 있다고 믿으며 이 사실을 널리 알려야 한다고 생각하면 지금 실천하라. 신념이 통하는 많은 사람의 지지가 있다면 세상은 바뀔 것이다.

9장

제품이 아니라 신념을 판다

사람들이 일렬로 행진하고 있다. 입을 여는 사람은 아무도 없다. 서로 눈을 마주치지도 않는다. 그들은 모두 똑같은 모습이다. 짧게 깎은 머리, 너덜너덜한 회색 옷, 먼지 묻은 신발. 그들은 광활한 공간에 한 명씩 들어간다. SF영화에서나 나올 법한 격납고 같은 곳이다. 보이는 색깔이라곤 온통 회색이다. 먼지와 연기가 가득해 벽은 물론 공기마저 회색으로 보인다.

일벌 같은 사람 수백 명, 아니 수천 명이 각을 맞춰 벤치에 앉는다. 그렇게 한 줄 한 줄 채워진다. 광경이 마치 회색빛 바다 같다. 사람들은 모두 맨 앞에 있는 화면을 바라보고 있다. 벽면을 가득 채운 대형 화면에 누군가의 얼굴이 확대되어 나온다. 지도자로 보이는 그는 사람들을 완전히 통제할 수 있다는 사실을 자랑스럽게 여기며 신조와 정치 선전 문구를 읊어

댄다. 그들은 흐트러짐 없이 완벽했고, 상황을 방해할 요소는 아무것도 없어 보인다.

그때 한 금발 여성이 터널을 뛰어나와 격납고로 달려가기 시작한다. 새하얀 민소매 티셔츠에 빨간 반바지 차림이다. 회색으로 가득한 공간에서 여성의 얼굴빛과 선명한 옷 색깔이 마치 등대처럼 빛난다. 보안요원들에게 쫓기고 있는 이 여성은 손에 대형 망치를 든 채 달린다. 방금 전까지 지도자가 자랑스러워했던 상황은 여성으로 인해 제대로 유지되지 않을 것으로 보인다.

1984년 1월 22일, 애플은 매킨토시 컴퓨터를 출시하며 이 TV 광고를 내보냈다. 그리고 조지 오웰의 『1984』처럼 전체주의 정권이 인류를 지배하는 모습을 묘사하며 "1984년은 『1984』와 다를 것입니다"라고 말했다. 이는 그저 신제품 기능과 특징을 소개하는 광고가 아니었다. 차별화한 가치를 제안하는 것도 아니었다. 이 광고는 하나의 선언문이었다. 애플의 WHY를 보여주는 한 편의 시이자 혁명에 불을 지피며 기존 현실에 도전하는 개인을 상징하는 영상이었다. 오늘날 애플의 제품과 유행은 전부 달라졌지만 이 광고는 처음 방영된 날이나 지금이나 똑같이 유효하다. 왜냐하면 이 기업의 WHY가 바뀌지 않았기 때문이다. 기업이 하는 WHAT은 시간에 따라 변할 수 있지만 WHY는 결코 변하지 않는다.

광고는 회사가 세상에 신념을 보여주기 위해 하는 말과 행동이다. 애플의 광고, 제품, 파트너십, 패키지, 매장 인테리어 모두 기업의 WHY를 보여주는 WHAT이며 적극적으로 현실에 도전하고 있음을 보여주는 증거가 된다. 애플 광고에는 제품을 사용하는 '집단'이 출연하지 않는다는 사실을 눈치챘는가? 이 기업의 광고에는 항상 '개인'만 나온다. 애플은 "Think Different"라는 메시지로 지면 광고를 할 때도 전혀 조직을 드러내지 않았다. 파블로 피카소Pablo Picasso, 마사 그레이엄Martha Graham, 짐 헨슨Jim Henson, 앨프리드 히치콕Alfred Hitchcock 등의 유명인 사진과 함께 우측 상단에 "Think Different"라는 문구가 있을 뿐이었다. 애플이 이 인물들을 등장시킨 것은 유명인과 회사를 관련짓기 위해서가 아니었다. 인물들이 기업과 일맥상통하는 도전 정신을 상징하기 때문이었다. 창의적인 광고를 만드는 일은 중요하다. 그러나 WHY를 우선시하는 것이 더 중요하다. 광고에 집단이 등장한 사례가 없다는 사실은 우연이 아니다. 개인에게 힘을 실어주는 일은 애플의 WHY이자 존재 이유다. 애플은 자신의 WHY를 알고 있다. 우리도 그 WHY를 이해한다. WHY에 공감하든 그렇지 않든 기업이 지속적으로 신념을 전하고 있기 때문에 우리는 애플의 신념을 안다.

시장 구조와 기업 체계의 이해

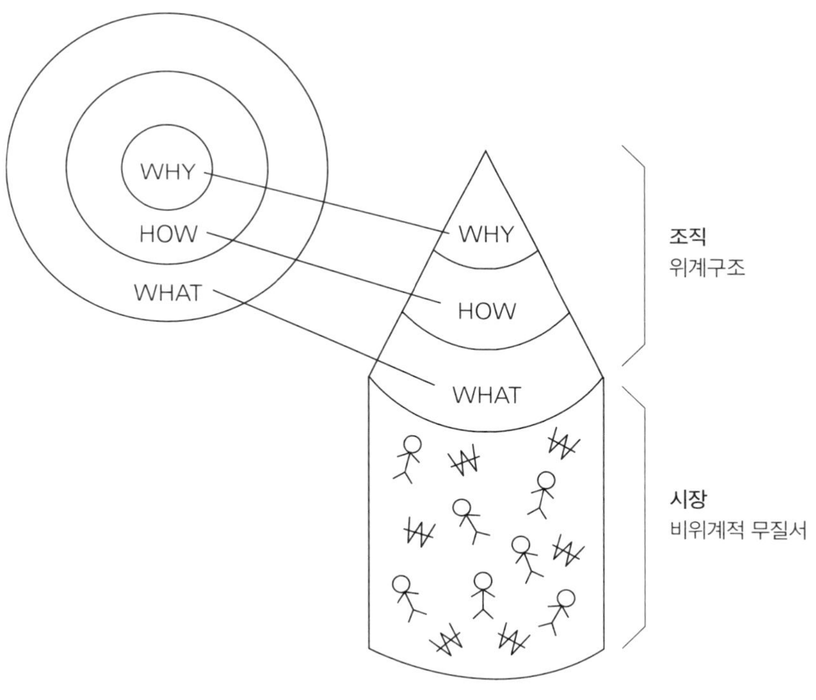

골든서클과 시장 구조

앞서 골든서클을 3차원 시각으로 바라보면 원뿔형이 된다고 이야기했다. 원뿔형의 조직 구조는 시장에 대입해볼 수 있다. 시장은 고객과 잠재고객, 광고매체, 주주, 경쟁사, 공급업체, 돈 등으로 구성된다. 시장은 본질적으로 무질서하고 체계가 없다. 조직적인 체계와 무질서한 시장이 만나는 장소는 오직 맨 아래층, WHAT이다. 회사 제품과 서비스, 마케팅은 모두 WHAT이다. 고객과 기업은 WHAT에서 만나지만 정작 고객은 WHY를 보고 구매한다. 그러므로 WHAT층에서 벌어지는 일에 회사의 WHY를 명확하게 드러내지 않으면 사람들에게 영감을 주기가 무척 어려워진다.

회사가 작을 때는 창립자가 외부와 직접 접촉하는 일이 많아 큰 문제가 되지 않는다. 이 규모에서는 신뢰할 만한 HOW 유형 직원이 부족할 수 있으므로 창립자가 주요 의사결정을 대체로 직접 내린다. 창립자나 리더가 고객과 직접 소통하고, 제품을 판매하며, 직원 대부분을 직접 채용한다. 하지만 회사가 성장하면 체계와 절차가 구축되고 여러 사람이 참여하게 된다. 개인이 보여줬던 대의는 서서히 구조화된 조직으로 변하며 원뿔 모양을 갖추기 시작한다. 회사가 확장하면 리더의 역할도 바뀐다. 이제 리더는 확성기로 큰 소리를 내지 않는다. 대신 확성기로 전해질 메시지의 근본을 담당한다.

작은 회사는 창립자의 성향을 중심으로 운영된다. 그렇기에 창립자의 성향이 곧 회사 성향이 된다는 말은 어쩌면 당연한 일이다. 그렇다면 성공한 기업이 변하는 이유는 무엇일까? 스티브 잡스가 애플에 있었을 당시 그와 애플이라는 회사 사이에 차이가 있었는가? 어떤 차이도 없었다. 리처드 브랜슨 경의 성향과 버진의 성향에 차이가 있었는가? 없었다. 회사 규모가 커졌을 때 CEO가 해야 할 역할은 WHY를 보여주는 일이다. WHY가 조직 전체에 스며들도록, 사람들이 WHY를 이해하고 전하도록, WHY가 회사 신념이 되도록 하는 것이 그의 역할이다. 마틴 루서 킹이 자신의 신념으로 사회운동을 주도했듯이 리더는 거래 성사가 아니라 진정한 열의를 불어넣을 WHY를 보여주는 일을 해야 한다.

조직이 커지면 리더는 물리적으로 회사의 WHAT에서 멀어진다. 조직 외부에 있는 시장과는 더욱 멀어진다. 나는 CEO를 만나면 최우선순위가 무엇이냐는 질문을 즐겨 한다. 조직 규모나 구조에 따라 답이 달라지긴 하지만 그들은 보통 고객 아니면 주주라고 대답한다. 그러나 안타깝게도 규모가 커진 회사의 CEO는 더 이상 고객이나 주주와 접촉할 일이 없다. 고객과 주주는 조직 외부의 무질서한 시장에 존재하기 때문이다. 원뿔 모형에서도 드러나듯 CEO의 역할과 책임은 조직 외부에 있는 시장에 집중하는 것이 아니다. 자기 바로 밑에 있는 층, HOW에 초점을 맞추는 것이다. 리더는 자신과 신념이 같고 신념을 실현할 방법인 HOW를 아는 사람들로 회사를 구성해야 한다. HOW 유형은 조직의 WHY를 이해해야 하며 회사에서 조직 체계를 구축하고 WHY를 실현할 직원을 채용해야 한다. 채용된 직원들은 회사가 하는 말과 일에서 WHY가 드러나도록 책임을 다해야 한다. 여기서 문제는 직원들이 WHY를 명확하게 드러낼 수 있느냐다.

골든서클은 생물학적인 원리라는 사실을 기억하라. 뇌에서 WHY를 담당하는 부위는 감정과 의사결정을 주관한다. WHAT을 담당하는 부위는 이성적인 사고와 언어 능력을 주관한다. 뇌의 생물학적 특성과 3차원 골든서클을 비교하면 깊이 있는 통찰력을 얻을 수 있다.

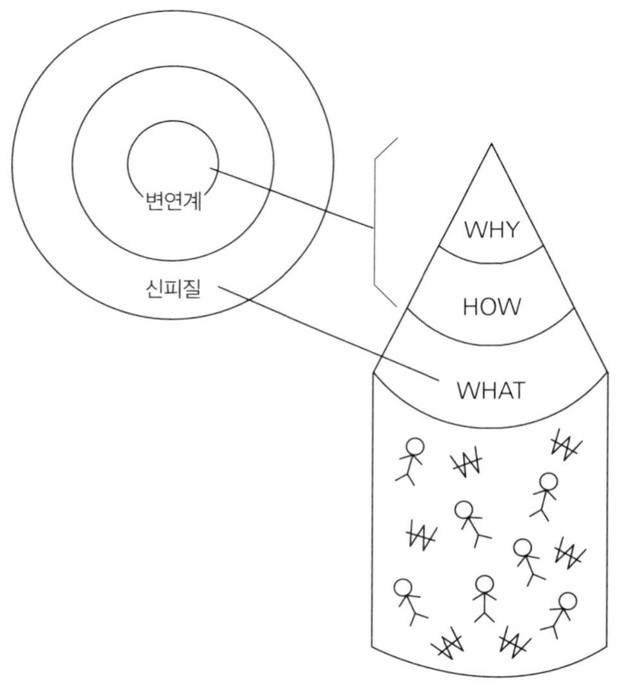

뇌의 3중 구조와 조직 체계

조직 맨 윗자리는 열의를 불어넣는 리더이자 일하는 이유를 보여주는 상징이 되어야 한다. 이들은 뇌로 보면 감정을 담당하는 변연계에 해당한다. 회사가 하는 말과 행동인 WHAT은 이성적인 사고와 언어를 주관하는 뇌 부위인 신피질에 해당한다. 우리는 말로 감정을 표현하는 일을 어려워해서 누군가를 사랑하게 된 이유를 잘 설명하지 못한다. 조직도 이와 마찬가지로 말로 WHY에 대해 설명하는 일을 어려워한다. 뇌에서 감정과 언어를 관장하는 부위가 각각 다르기 때문이다. 골든서클은 인간이 의사결정을 내릴 때 작용하는 생물학적 원리와 바탕이 같으며 3차원으로 구현했을 때 원뿔 형태이므로, 어떤 조직이든 규모와 상관없이 가장 위쪽에 있는 WHY를 시장에 정확히 전달하는 것은 어려운 일이다. 이를 비즈니스 용어로 표현하면 '차별화된 가치 제안'을 하기가 무척 어렵다고 한다.

수많은 기업이 시장에서 타사보다 나은 점을 찾아 진정한 가치를 전달하려고 애쓰지만 사실 이들이 겪는 어려움은 사업상의 문제가 아니라 생물학적인 문제다. 자신의 감정을 논리적으로 설명하기 어려워하는 사람과 마찬가지로 많은 기업이 은유, 비유, 심상에 의존해 메시지를 모호하게 표현하고 있다. 기업이 다져온 깊은 정서, 목적의식, 대의, 신념을 세상에 전하고 싶은데 적절한 말로 표현할 길이 없으니 이야기를 만들거나 추상적인 개념을 이용하는 것이다. 기업은 신념에 공감하는 사람들에게 "이래서 우리가 이 일을 하려는 거야"라고 콕 집어서 설명하고자 눈으로 확인할 수 있는 사물을 이용한다. 이 과정이 제대로 이뤄진다면 사물이 바로 마케팅과 브랜딩이며 제품과 서비스가 될 것이다. WHY를 명확하게 표현할수록 사람들은 당신을 분명하게 이해할 수 있다.

10장

분명한 기준
: 셀러리 테스트

민권운동의 상징이 된 마틴 루서 킹 목사는 그의 유명한 연설 'I Have a Dream'을 할 장소로 링컨 기념관을 택했다. 링컨은 킹 목사처럼 모든 이의 자유를 지향하는 미국의 가치를 상징하며 지금까지도 그 자리를 굳건히 지키고 있다. 상징은 가치를 강화하고 신념을 전하는 아주 중요한 방법이다. 상징의 중요함은 역사 속 독재자들도 잘 알고 있었다. 하지만 독재자에게 상징은 자기 자신일 뿐 큰 신념을 드러내지 않는다. 상징은 눈에 보이지 않는 것을 가시적으로 만들어준다. 사물이 특정 이미지를 상징하는 이유는 우리가 그것에 의미를 부여하기 때문이다. 의미는 마음에 살아 숨 쉬는 것으로 상징물과는 또 다르다. 상징은 목적의식이나 대의, 신념이 명확할 때 큰 힘을 발휘한다.

예컨대 국기는 국가관과 신념을 나타내는 사물에 불과하다. 그런데 우리는 그 국기를 따라 전쟁터까지도 간다. 아주 강력한 힘이다. 미군 군복 오른팔에 붙은 성조기를 본 적 있는가? 그 성조기는 좌우가 뒤집힌 모양으로 붙어 있다. 실수가 아니라 일부러 그렇게 만든 것이다. 깃발을 들고 전장으로 진격하는 모습을 오른쪽에서 보면 깃대에 달려 휘날리는 국기가 좌우로 뒤집혀 보이기 때문이다. 만약 성조기를 그대로 붙였더라면 전진이 아니라 후퇴처럼 보였을 것이다.

국기에는 큰 의미가 담겨 있어서 몇몇 사람은 국기 모독 금지법을 통과시키는 데 힘을 쏟았다. 그들이 지키고자 한 것은 국기를 만드는 원단이 아니다. 국기 훼손을 그저 재산 손괴로 보아 관련 법안을 발의한 것도 아니다. 국기 자체가 아니라 그것이 상징하는 의미인 국가의 WHY를 지키려고 한 것이다. 애국자들은 국기라는 상징물을 보호함으로써 보이지 않는 가치와 신념을 지키려고 법안을 발의했다. 대법원에서는 법안을 기각했고 이로 인해 여러 감정적인 논쟁이 일어났다. 표현의 자유를 인정해야 한다는 입장과 국가를 의미하는 상징물을 보호해야 한다는 입장이 대립했다.

위대한 소통가였던 로널드 레이건은 상징에 강력한 힘이 있다는 사실을 잘 알고 있었다. 1982년 그는 국정연설이 진행되는 하원 본회의장 2층에 영웅적으로 행동한 사람을 초청하는 자리를 마련했다. 이날은 영웅 초청 전통의 시작이 되었다. 낙천적인 에너지가 넘쳤던 레이건은 미국의 가치를 상징화하는 일이 중요하다고 생각했다. 이날 영웅으로 초청받은 사람은 레니 스커트닉Lenny Skutnik이라는 공무원이었다. 그는 초청 며칠 전 에어플로리다Air Florida 항공기 추락 사건 때 헬리콥터에서 떨어진 여성을 구하려고 얼음장같이 차가운 강물에 뛰어들었다. 레이건은 이 사건을 예로 들며 말을 행동과 가치로 옮기는 일에는 깊이가 있다고 말했다. 그는 더 열정적인 모습으로 말을 이어나갔다. "미국의 전성시대는 지나갔다고, 미국의 정신은 무너졌다고 말하지 마십시오. 그렇다고 하기에 우리는 인생에서 너무나 많은 승리를 거두고 있습니다." 레이건은 스커트닉을 용기의 상징으로 만들었다.

대부분의 회사에는 로고가 있지만 이것을 의미 있는 상징으로 만드는 곳은 거의 없다. 신념을 전하는 데 서투른 회사의 로고는 아무 의미를 가지지 못할 때가 많다. 기껏해야 회사와 브랜드를 식별하는 아이콘 역할을 할 뿐이다. 회사 상징인 로고로 회사의 존재 이유를 드러내지 않으면 로고는 소비자에게 브랜드를 식별하는 일 이상의 깊은 의미가 될 수 없다. 명확한 WHY가 없다면 로고는 그저 로고일 뿐이다.

로고가 품질, 서비스를 의미한다고 생각하면 그저 로고의 기초적인 역할만 강조하는 꼴이 된다. 앞서 말한 요소들은 회사 특성이지 대의와 관련이 없기 때문이다. 대개 독재자가 좁은 의미로 로고를 사용한다는 사실을 잊지 말아야 한다. 독재자는 상징의 강력한 힘을 알면서도 자기 자신을 의미하는 일에만 상징을 사용한다. 그런데 오늘날 수많은 기업이 독재자처럼 행동하고 있다. 계속해서 무엇을 원하는지만 말한다. 우리가 무엇을 해야 하는지, 우리에게 무엇이 필요한지 이야기하며 기업에 답이 있다고 주장한다. 이런 방식은 우리에게 진정한 영감을 주지 못하며 충성심을 불러일으키지도 않는다. 독재자가 권력을 유지하는 방법은 공포감 조성과 보상 제공을 비롯한 온갖 조종전략이다. 사람들은 독재자를 자발적으로 따르는 게 아니라 따라야만 하기 때문에 따른다. 진정한 리더가 되고 싶은 기업이라면 로고를 포함한 모든 상징이 깊은 신념을 나타내도록 해야 한다. 또한 사람들이 함께 믿고 지지할 수 있는 뭔가를 로고가 상징하도록 만들어야 한다. 그러려면 WHY의 명확성, HOW라는 행동원칙, WHAT의 일관성이 필요하다.

회사 로고가 상징의 기능을 하려면 사람들이 자신을 표현할 때 로고를 사용할 수 있을 정도가 되어야 한다. 명품 패션 브랜드를 생각해보면 이해하기 쉽다. 사람들이 지위를 드러내는 수단으로 명품을 사용하기 때문이다. 하지만 이런 브랜드들은 다소 포괄적인 개념을 상징하는 경우가 많으므로 더 알맞은 예를 들겠다. 바로 할리데이비슨이다.

몸에 할리데이비슨 로고를 문신한 사람들이 있다. 누군가가 보면 정신 나간 짓이라고 생각할 수도 있다. 기업 로고를 피부에 새겼으니 말이다. 심지어 그들 중에는 할리데이비슨 오토바이가 없는 사람도 있다! 사람들은 왜 회사 로고 문신을 할까? 이유는 간단하다. 할리데이비슨이 수년에 걸쳐 신념을 명확하게 보여주고 가치관과 행동원칙을 지키며 말과 행동의 일관성을 확실하게 유지해왔기 때문이다. 그렇게 시간이 흐르자 할리데이비슨 로고는 어느새 상징이 됐다. 회사와 제품을 뛰어넘어 사람들의 신념을 상징하는 표식으로 자리 잡았다.

사실 할리데이비슨 로고를 문신한 사람 대부분은 기업 주가가 얼마인지 잘 모를 것이다. 그들은 경영진 개편 여부도 모르는 경우가 많다. 이제 할리데이비슨의 로고는 브랜드만 상징하는 것이 아니다. 로고를 문신한 사람의 전체적인 가치관과 자아를 상징한다. 캘리포니아에 있는 할리데이비슨 대리점 총괄 매니저 랜디 파울러Randy Fowler는 왼쪽 팔에 있는 할리데이비슨 로고 문신을 자랑스럽게 내놓고 다닌다. 미 해병대원 출신이기도 한 그는 "이 문신은 내가 누구인지를 나타냅니다. 내가 미국인임을 보여주죠"라고 말한다. 고객과 회사는 이렇게 하나가 된다. 할리데이비슨은 누군가의 인생에서 큰 가치를 지닌다. 기업의 WHY에 공감한 이들에게는 브랜드가 삶의 의미를 드러내는 상징이 되었기 때문이다.

할리데이비슨이 WHY의 명확성, HOW라는 행동원칙, WHAT의 일관성을 잘 유지한 덕분에 대부분 사람은 이 기업이 상징하는 바를 알고 있다. 심지어 브랜드 상징에 동의하지 않는 사람들도 그 의미를 이해한다. 팔뚝에 커다랗게 할리데이비슨 로고를 문신한 사람이 바에 들어오면 뒤로 물러서는 이유도 같은 맥락이다. 로고가 상징하는 바는 갈수록 짙어졌고, 할리데이비슨의 로고 관련 사업 수익은 무려 매출의 12퍼센트를 차지했다. 대단한 일이다.

하지만 상징의 역할은 로고만 하는 것이 아니다. 가치관과 신념을 가시적인 형태로 명확하게 드러내는 것이라면 상징이 될 수 있다. 이라크에서 투표 참여를 뜻하는 잉크 묻은 손가락은 새로운 시작을 상징한다. 런던의 2층 버스나 카우보이모자는 국가 문화를 상징한다. 국가 상징은 만들거나 인식시키기 쉽다. 각 나라 사람들이 오래전부터 자연스럽게 받아들여온 뚜렷한 고유문화가 있기 때문이다. 여기서 알 수 있듯 상징의 의미를 정하는 주체는 회사나 조직이 아니다. 그 의미는 무질서한 시장이자 확성기 외부에 존재하는 집단이 정한다. 그들이 직접 보고 들은 것을 바탕으로 조직 신념을 명확하게 이해한 다음 일관되게 다른 곳에 전할 수 있어야 상징은 의미를 갖는다. 이는 조직의 확성기가 얼마나 효과적인지 확실하게 보여주는 잣대가 된다. 조직에 명확한 WHY가 있는지, 생산하는 모든 것이 조직의 WHY를 실현하고 있는지는 외부 집단을 통해 알 수 있다.

9장 앞에서 소개한 애플의 TV 광고 〈1984〉로 돌아가보자. 그 광고를 본 사람들에게 질문하겠다. 여러분은 광고를 보고 애플과 기업의 제품을 떠올렸는가? 아니면 광고에서 느껴지는 감성이 마음에 들었는가? 혹은 광고 문구가 와닿았는가?

당신이 만약 맥을 사용한다면 광고가 마음에 들었거나 심지어 광고를 보고 소름이 돋았을 수도 있다. 이 반응은 애플의 WHY와 당신 사이의 연결고리를 변연계가 본능적으로 감지했다는 증거다. 한 번도 맥을 구매한 적이 없는 사람이든 이미 열 번을 구매한 사람이든 이 광고에 공감했다면 구매 욕구가 더 확고해질 것이다. 다른 모든 애플 광고와 마찬가지로 이 광고 또한 신념을 강화하려는 애플의 말과 행동 중 하나다. 이는 우리가 알고 있는 그들의 가치관에 부합한다. 만약 애플 팬이 아닌데도 광고가 마음에 와닿았다면 당신은 '다르게 생각하라'라는 애플 신념에 동의할 확률이 높다. 광고에서 전하는 메시지는 애플의 WHY를 대신하는 여러 요소 중 하나다. 따라서 광고 메시지는 WHY를 품은 WHAT이자 상징이다. 그래서 이런 광고를 보면 "정말 마음에 와닿았어"라는 말이 나온다. 광고가 당신 마음에만 호소하는 것은 아니다. 광고를 보는 수백만 명의 공감을 살 수도 있다. "내 마음에 와닿는다" 같은 표현의 진정한 의미는 어수선하고 소란한 세상에서도 들리는 메시지가 있다는 뜻이다. 또한 거기에 귀를 기울이겠다는 뜻이다. 조직의 확성기에서 나온 소리가 사람들의 심금을 울린다는 말은 바로 이런 의미에서 비롯됐다.

확성기 가장 아래층에서는 조직이 신념을 표현하는 방식이 나와야 한다. 회사가 하는 말과 행동은 표현 수단이다. 오늘날 많은 회사가 제품이나 서비스에 과하게 비중을 두고 있다. 수익을 빨리 낼 수 있기 때문이다. 하지만 확성기 맨 아래층에는 세상과 소통하는 여러 방법이 있다. 제품으로 매출을 신장시킬 수 있지만 이것만으로는 고객의 애정이 생기지 않는다. 사실 회사는 고객이 아닌 사람에게도 충성심을 끌어낼 수 있다. 나는 애플 제품을 사기 한참 전부터 주변에 이 기업을 칭찬하고 다녔다. 하지만 실제로 몇 번이나 구매해서 사용하던 특정 컴퓨터 브랜드를 두고는 좋은 말이 나오지 않았다.

애플이 그토록 대단한 충성고객을 확보한 까닭은 명확성, 행동원칙, 일관성을 지켰기 때문이다. 애플은 회사 규모를 키운 것이 아니라 확성기에서 더 또렷하고 큰 소리가 나도록 만들었다. 애플을 열렬히 지지하는 팬들이 자신을 별명으로 칭하는 것은 이들이 기업의 WHY에 공감해 각자의 신념으로 받아들였다는 사실을 보여준다. 전문가들이 애플 제품과 마케팅을 '라이프스타일'이라고 표현하기 시작하면서 애플을 좋아하는 사람들이 제품, 즉 WHAT을 이용해 자신의 정체성을 드러내는 일이 더욱 늘어났다. 우리는 자기 삶의 방식에 상업적인 제품을 끌어들인 현상을 '라이프스타일 마케팅'이라 부른다. 능률이 높은 애플은 명확한 확성기를 만들었고 혁신확산 이론을 제대로 이용했으며 이야기가 널리 퍼지도록 도와줄 사람들을 초대했다. 이는 회사가 지시해 이루어진 일이 아니라 직원들이 자신의 신념을 위해서 자발적으로 한 일이었다.

애플은 프로모션과 파트너십에서도 WHY를 확실하게 보여주었다. 2003년과 2004년 애플은 '차세대의 선택'을 표방하는 브랜드 펩시Pepsi와 함께 아이튠즈 프로모션을 했다. 당시 음료 시장은 코카콜라Coca-Cola가 지배하고 있었고 이런 현실에 도전장을 내미는 펩시와 애플이 손잡는 일은 타당해 보였다. 여기서도 알 수 있듯 애플이 하는 말과 행동은 기업의 신념을 가시적으로 보여주는 근거가 된다. 내가 책 전반에 걸쳐 애플의 사례를 이토록 많이 소개하는 이유는 이 기업이 HOW라는 행동 원칙을 잘 지키고 WHAT을 일관성 있게 유지하기 때문이다. 또한 애플의 좋고 싫음을 차치하고 보더라도 많은 사람이 기업의 WHY, 즉 신념이 무엇인지 잘 알기 때문이다.

대부분 사람은 애플의 이야기를 다룬 책을 읽어본 적 없을 것이다. 우리는 애플 CEO를 개인적으로 알지 못한다. 애플 기업문화를 알아보기 위해 본사 건물을 돌아다닌 적도 없다. 우리가 이 기업을 아는 이유는 단 하나다. 애플이 신념을 확실히 알리기 때문이다. 사람들은 WHY로 구매를 결정한다. 애플은 신념에 일치하는 말과 행동으로 고객을 모은다. 만약 WHAT이 신념을 뒷받침하지 못하면 아무도 당신의 WHY를 모를 것이고 결국은 가격, 서비스, 품질, 기능, 혜택으로 경쟁할 수밖에 없게 된다. '상품'으로만 경쟁하게 된다는 뜻이다. 애플의 확성기는 크고 뚜렷한 소리를 낸다. 그리고 뛰어난 방식으로 이야기를 전하고 있다.

WHY의 규모 확장

우리는 HOW와 WHAT을 개선하고자 다른 사람들이 무엇을 하는지 끊임없이 주시한다. 콘퍼런스에 참석하거나, 책을 읽고, 친구와 동료에게 의견과 조언을 구하며, 가끔은 조언을 해주기도 한다. 또 자신을 올바른 길로 인도해줄 모범사례를 찾아다닌다. 하지만 효과적이었던 전략이라 해서 다른 사례에도 유효하리라고 생각하는 것은 틀린 가정이다. 동종업계이거나 조직 규모와 시장 상황이 같다 해도 '저들에게 효과가 있었으니 우리에게도 효과적일 것이다'라는 생각은 옳지 않다.

기업문화가 뛰어난 한 회사가 있다. 그 회사 직원들에게 회사의 가장 좋은 점을 물으면 그들은 회의실마다 탁구대가 있어서 좋다고 대답한다. 여러분의 회사에도 탁구대를 설치하면 기업문화가 향상될까? 당연히 그렇지 않다. 이는 그저 하나의 사례일 뿐이다. 성과가 뛰어난 조직의 WHAT이나 HOW를 따라 한다고 같은 효과가 발생하는 것은 아니다. 앞서 언급했던 페라리와 혼다 비교 사례에서도 알 수 있듯이 한 회사에 좋은 문화라도 다른 회사에서는 좋지 못할 수 있다. 모범사례라고 해서 어디에나 적용되는 것은 아니다.

WHAT이나 HOW만 보아서는 안 된다. WHAT과 HOW가 WHY와 일관성을 이루느냐가 중요하다. 그래야 모범사례가 될 수 있다. 다른 조직을 보고 배우는 일이 잘못된 것은 아니다. 다만 어떤 사례나 조언을 받아들여야 할지 잘 알아야 한다는 뜻이다. 다행히 WHAT과 HOW가 자신에게 맞는지 알아보는 방법이 있다. 바로 '셀러리 테스트'라는 간단한 비유법이다.

당신이 디너파티에 와 있다고 가정해보자. 어떤 사람이 다가와 이렇게 말한다. "회사에 꼭 필요한 게 무엇인지 아십니까? 바로 엠앤엠즈 초콜릿입니다. 회사에 엠앤엠즈 초콜릿이 없는 것은 바닥에 돈을 흘리는 짓이나 다름없어요."

그때 다른 사람이 오더니 이렇게 말한다. "어떤 상품이 잘 팔릴지 아십니까? 바로 라이스밀크입니다. 요즘 라이스밀크 매출이 늘고 있다는 자료가 쏟아지고 있어요. 지금 같은 상황에서는 라이스밀크를 판매해야 합니다."

음료를 마시려는 순간 누군가 와서 조언한다. "오레오 쿠키가 중요합니다. 우리 회사는 오레오 쿠키를 들여서 엄청난 매출을 올리고 있어요. 꼭 한번 해보세요."

다른 사람이 말한다. "셀러리죠. 셀러리를 사야 해요."

당신은 크게 성공한 사람들에게 이 모든 조언을 들었다. 그중에는 동종업계에서 일하는 사람도 있다. 당신보다 성공한 사람도 있고 다른 회사에 비슷한 조언을 해서 큰 성공을 거두게 한 사람도 있다. 이제 어떻게 해야 할까?

당신은 마트에 가서 셀러리, 라이스밀크, 오레오, 엠앤엠즈를 모두 산다. 마트 구석구석을 돌아다니느라 시간이 많이 들었다. 다 사려니 비용도 많이 든다. 이 모든 제품이 효과가 있을지 확실하지 않으며 아무것도 성공을 보장할 수 없다. 설상가상으로 예산이 부족하다면 몇 개를 골라서 사야 한다. 그렇다면 무엇을 골라야 할까?

한 가지 확실한 것은 셀러리, 라이스밀크, 오레오, 엠앤엠즈를 가득 안고 계산대 앞에 줄을 선 당신을 보고 당신의 신념을 알아볼 수 있는 사람은 아무도 없다는 사실이다. 행동이란 신념을 보여주는 가시적인 증거물이므로 기준 없이 모든 상품을 다 샀다면 신념이 드러나지 않는 게 당연하다.

당신이 마트에 가기 전에 자신의 WHY가 무엇인지 잘 알고 있다면 어땠을까? WHY가 '건강 잘 챙기기'나 '몸에 좋은 행동하기'라면 어땠을까? 그랬다면 동일한 조언을 받더라도 당신은 라이스밀크와 셀러리만 샀을 것이다. 이 두 가지가 신념에 맞는 상품이기 때문이다. 나머지 조언이 나쁘다는 뜻은 아니다. 그저 당신에게 맞지 않는 조언일 뿐이다.

WHY에 비추어 의사를 결정하면 선택 과정에서 필요한 시간과 돈을 아낄 수 있어 효율적이다. 구매한 모든 제품에서 가치를 찾을 수도 있다. 가장 중요한 점은 당신이 제품을 골라 계산 줄을 섰을 때 이를 본 다른 사람들이 당신의 가치관을 짐작할 수 있다는 사실이다. 셀러리와 라이스밀크만 들고 있는 당신의 신념은 전보다 확실해졌다. 누군가 다가와 "건강을 잘 챙기는 분이시군요. 저도 그렇거든요. 그래서 말인데 뭐 하나 여쭤봐도 될까요?"라고 말을 건넬지도 모른다. 이는 축하할 일이다. 자신에게 옳은 결정을 내렸을 뿐인데 미래의 고객 또는 직원, 파트너, 추천인을 사로잡았기 때문이다. 그저 WHAT과 신념의 방향성을 맞추기만 해도 뜻이 같은 사람을 만나기가 훨씬 쉬워진다. WHAT을 바탕으로 WHY를 전달하는 데 성공한 것이다.

물론 방금 설명한 사례는 이상적인 개념이므로 현실에서 항상 이렇게 행동할 수는 없다. 각종 비용을 충당하거나 순간의 이익을 얻기 위해 가끔은 단기적인 결정을 내려야 한다는 점을 이해한다. 하지만 이때도 셀러리 테스트는 효과를 발휘할 것이다. 초콜릿 케이크를 먹고 싶다면 먹어도 된다. 뚜렷한 WHY가 있다면 내 행동이 신념과 맞지 않는 결정이라는 사실을 확실하게 인지할 수 있기 때문이다. 자신을 기만하는 일과는 다르다. 당을 보충하는 일이 나의 WHY와 맞지 않는다면 그 후에는 만회하고자 WHY를 추구할 것이다. 많은 회사가 기회를 발견했을 때 이를 절대적인 성공가도로 여겨 가치를 부풀리거나 잘못 활용하고 결국 회사 가치마저 스스로 떨어뜨리고 있다. 이들은 초콜릿 케이크를 보고 참지 못한다. 반면 WHY로 시작하면 어떤 조언이 잘 맞으며 어떤 결정이 균형을 무너뜨리는지 쉽게 판단할 수 있다. 필요하다면 균형을 깨뜨리는 결정을 내릴 수도 있겠지만 자주 반복하는 것은 좋지 않다. 균형을 깨뜨리는 결정이 잦아지면 사람들은 당신의 신념이 무엇인지 알 수 없게 된다.

여기서 셀러리 테스트의 좋은 점이 드러난다. 위의 테스트에서 내가 당신의 WHY를 임의로 정하자 뒷부분을 읽기도 전에 당신은 셀러리와 라이스밀크만 사야 한다고 생각했을 것이다. 기준이 되는 WHY를 제시하자마자 당신은 어떤 결정을 내려야 하는지 바로 알아챘다.

이것이 바로 WHY의 규모 확장이다.

조직에 WHY가 분명하게 제시되면 누구라도 창립자처럼 분명하고 정확한 결정을 내릴 수 있다. WHY는 의사결정의 분명한 기준이 된다. 직원 채용, 파트너십, 경영전략 등 조직에서 내리는 모든 결정은 셀러리 테스트를 통과해야 한다.

우리가 신뢰하는 기업

마크 루빈은 좋은 아빠다. 그는 두 딸인 루시, 소피와 함께 많은 시간을 보낸다. 어느 토요일 오후, 그의 아내 클로딘이 루시를 친구네로 데리고 갔고 마크는 집에서 다섯 살 소피를 돌봤다. 나무 위 오두막을 몇 번이고 오르내리며 루시와 한참 놀아주느라 피곤해진 마크는 소파에서 쉬고 싶은 생각이 간절했다. 그는 소피의 집중을 다른 곳으로 돌리기 위해 TV의 도움을 받기로 했다. 집에는 신작 DVD 두 장이 있었다. 둘 다 제목조차 들어본 적 없는 만화영화였다. 언론이나 어린아이를 키우는 친구들에게서도 이런 영화가 있다는 이야기를 듣지 못했다. 마크는 소피에게 만화영화를 틀어주고 방에 들어가 다른 영화를 볼 셈이었다. DVD 둘 중 하나는 들어본 적 없는 회사의 만화였고 다른 하나는 디즈니 만화였다. 마크는 둘 중 무엇을 골랐을까? 당신이라면 무엇을 고르겠는가?

답이 매우 뻔해서 질문 자체가 어리석어 보이지만 재미 삼아 상황을 살펴보자. 두 DVD 모두 만화영화였고, 어린이가 시청하기에 적합한 등급이었다. 케이스에는 추천사가 두어 개씩 적혀 있었다. 유일한 차이는 우리가 디즈니에서 나온 DVD를 신뢰한다는 점이었다. 하지만 디즈니는 완벽한 회사가 아니다. 가끔 경영이나 리더십 문제가 발생하기도 한다. 주가가 하락할 때도 있다. 게다가 소송에 휘말리지 않은 날이 드물 정도다. 오로지 월스트리트에 잘 보이기 위해 일하는 고약한 회사와 함께 싸잡혀 비난을 받기도 한다. 그렇다면 우리는 왜 디즈니를 신뢰하는가?

디즈니는 명확한 WHY를 지닌 회사다. 선을 증진하고 가족에게 건전한 즐거움을 제공하고자 존재한다. 지난 수십 년간 이 기업이 걸어온 길은 WHY를 증명해왔다. 우리가 디즈니를 신뢰하는 이유는 간단하다. 기업의 신념이 수많은 영화를 통해 느껴졌기 때문이다. 디즈니는 셀러리 테스트를 통과한 기업이다. 작품과 메시지는 오랜 세월 동안 일관성을 유지해왔다. 그래서 부모들은 디즈니 영화라면 따로 알아보지 않고 아이들에게 바로 보여줄 만큼 신뢰한다. 만화영화의 품질과는 큰 상관이 없다. 논리적으로 내린 결정이 아니기 때문이다.

사우스웨스트항공도 셀러리 테스트를 통과한 기업이다. 긴 시간 일관성을 보여준 덕에 우리는 이 기업의 행동을 예측할 수 있는 수준에 이르렀다. 이 항공사는 좌석제를 선착순으로 운영한다. 선착순 좌석제는 자유를 향한 신념을 증명해주는 문화이자 기업과 잘 어울리는 제도다. 평범한 사람의 편리와 모든 이의 평등을 매우 중요하게 여기는 회사로서 이 기업은 좌석 등급을 설정하지 않았다. 델타항공이나 유나이티드항공, 콘티넨털항공(2011년 유나이티드항공에 흡수합병)이 이렇게 한다면 어딘가 이질적일 것이다. 선착순 좌석제는 이들에게 어울리지 않기 때문이다.

길을 잃은 도전, 외면하는 고객

버켄스탁 샌들, 날염 티셔츠, 데이지 팔찌, 폭스바겐Volkswagen 밴. 모두 평화, 사랑, 채식주의를 추구하는 히피족의 이상을 상징한다. 그래서 2004년 폭스바겐이 7만 달러 상당의 고급 모델을 출시했을 때 사람들은 깜짝 놀랐다. 차에서도 생화를 즐길 수 있도록 꽃병을 부착한 뉴비틀New Beetle로 잘 알려진 폭스바겐이 메르세데스-벤츠Mercedes-Benz S클래스, BMW 7시리즈 같은 최고급 자동차와 경쟁하려고 페이톤Phaeton을 출시했기 때문이다. 335마력 V-8 엔진을 장착한 페이톤은 에어 서스펜션과 4존 자동 온도조절장치 같은 최고급 기능을 자랑했다. 심지어 좌석에 안마 기능까지 있었다. 이 차는 놀라운 성과였다. 승차감이 우수하며 도로에서 괴물 같은 힘을 내뿜었다. 다른 고급 브랜드 동급 모델을 능가할 정도였다. 평론가들 반응도 좋았다. 하지만 작은 문제가 하나 있었다. 뛰어난 성능과 각종 기능을 갖춘 데다 세계적으로 유명한 독일 기술로 제작된 차인데도 구매하는 사람이 거의 없었던 것이다. 이는 페이톤이 폭스바겐과 어울리지 않기 때문이었다. 페이톤 출시는 우리가 그동안 알고 있던 폭스바겐 신념과 어긋나는 행보였다.

독일어로 '국민차'라는 뜻인 폭스바겐은 수 세대에 걸쳐 평범한 사람들을 위한 차를 만들어왔다. 폭스바겐이 '평범한 사람들에게 힘을 주는 회사'의 상징이라는 것을 모르는 사람은 거의 없었다. 폭스바겐은 보통 사람이 살 수 있는 품질의 자동차를 생산해 대의를 실현해왔다. 그런데 딱 한 번 그동안의 신념과 다르게 행동한 일로 폭스바겐은 완전히 균형을 잃고 말았다. 델이 mp3 플레이어를 출시한 사례나 유나이티드항공이 저가 항공사인 테드를 출범한 사례와는 달랐다. 사람들은 델과 테드의 WHY가 무엇인지 몰랐다. WHY가 알려지지 않았으니 두 기업의 WHY에 어떤 감정도 없는 상태였다. 따라서 WHAT의 수준에 맞춰 타산적으로 구매하고 이를 넘어서는 일은 하지 않았다. 하지만 WHY가 명확했던 폭스바겐이 신념에 완전히 위배되는 WHAT을 생산한 것은 다른 얘기였다. 폭스바겐은 셀러리 테스트를 통과하지 못했다.

토요타와 혼다는 폭스바겐보다 이 현상을 잘 이해하고 있었다. 그래서 제품군에 고급 모델을 추가하면서 각각 렉서스Lexus와 어큐라Acura라는 새로운 브랜드를 만들었다. 토요타는 평범한 사람들을 위해 효율성과 합리적인 가격을 추구하는 브랜드로 자리 잡은 상태였다. 토요타는 저렴한 자동차를 기반으로 성장했다. 그러므로 고급 차를 만든다고 해도 같은 로고를 달고 판매하면 고객이 높은 가격을 부담하지 않으리라는 사실을 예상했다. 렉서스는 고급 자동차지만 토요타의 WHY를 보여주는 또 다른 WHAT이다. 렉서스도 토요타와 여전히 같은 대의를 추구한다. 유일한 차이는 대의를 실현하고자 생산한 WHAT이다.

다행히도 이후 폭스바겐은 같은 실수를 하지 않았으며 아직도 WHY를 명확하게 유지하고 있다. 하지만 기업이 이른바 '시장 기회를 잡기 위해' WHY에 일치하지 않는 행동을 자주 하면 WHY가 흐릿해지면서 고객에게 영감을 주지 못해 충성심을 끌어내는 능력마저 약해질 것이다.

기업이 하는 말과 행동은 무척 중요하다. 기업의 대의는 WHAT 단계를 거쳐 시장에서 실현된다. 바로 이 단계에서 기업은 조직 외부를 향해 이야기하며, 사람들은 신념을 깨닫는다.

5부

위기는 다시 찾아온다

11장

WHY가 흐릿해질 때

성공한 기업이 흔들리는 과정

"요즘 고공행진하는 회사와 기업 꼭대기에 앉아 과도한 연봉을 받으며 직원을 착취하고 자기 안위만 신경 쓰는 CEO들 때문에 정말 화가 난다. 오늘날 미국 비즈니스에서 가장 잘못된 사고방식이다." 이는 한때 심하게 비난받았던 기업의 경영자가 한 말이다. 어느 기업의 누가 한 말일까?

미국 심장부인 중서부 지역의 한 농가에서 자란 월튼은 대공황기에 성인이 됐다. 그의 검소했던 면모도 이런 배경에서 비롯했을 것이다. 그는 어려서부터 노력의 가치를 깨달았다. 노력하면 승리하리라고 믿어왔다. 고등학교 때 175센티미터에 60킬로그램밖에 나가지 않았던 그는 풋볼 팀에서 쿼터백으로 뛰었고 수없이 승리했다. 팀이 주 전체에서 우승을 거두기도 했다. 그는 승리에 익숙했다. 노력이든 운이든 흔들리지 않는 낙관주의 때문이든 항상 승리를 거둬왔기 때문에 진다는 게 어떤 느낌인지 상상하기 어려울 정도였다. 그는 항상 승리한다는 생각만 한 것이 자기충족적 예언(바라는 일이 실현되리라고 믿음으로써 그 믿음이 직간접적인 원인이 되어 그대로 실현되는 현상—옮긴이)으로 작용했다고 진지하게 말하기도 했다. 심지어 나라가 대공황을 겪을 때도 신문 배달로 꽤 높은 임금을 받았다.

아칸소주 벤턴빌Bentonville의 어느 작은 소매점에서 시작한 월마트는 창립자 샘 월튼이 사망하던 당시 연 매출 440억 달러에 매주 4,000만 명이 찾는 유통업계의 공룡이 된 상태였다. 경제 규모 세계 23위 국가와 맞먹는 거대한 기업을 만드는 데는 경쟁 성향이나 노력, 낙관주의 외에도 다른 것이 더 필요했다.

작은 사업을 시작하며 큰 꿈을 꾼 사람은 월튼만이 아니다. 무수한 소상공인이 사업체를 크게 성장시키는 꿈을 꾼다. 많은 기업가를 만나다 보면 자사를 몇십억 달러 가치 기업으로 키우는 일에 목표를 두는 사람이 놀라울 정도로 많다. 하지만 그 목표를 달성할 가능성은 상당히 희박하다. 2000년대 초반 미국에 등록된 사업체는 2,770만 개였으며 그중 오직 1,000개의 회사만 포천Fortune 선정 1000대 기업에 들어갈 수 있었다. 다시 말해 전체 회사의 0.004퍼센트만이 명단에 이름을 올릴 수 있었다는 뜻이다. 한 회사를 영향력 있게 만들고 시장을 주도할 정도로 크게 키우려면 돈과 노력 이상이 필요하다.

할인점이라는 개념을 샘 월튼이 창안한 것은 아니었다. 값싼 생필품을 취급하는 잡화점은 수십 년 전부터 있었고, K마트Kmart와 타깃Target도 월마트와 같은 해인 1962년에 문을 열었다. 월마트 1호점을 짓기로 했을 때 이미 할인점 시장 규모는 20억 달러에 이른 상태였다. K마트와 타깃 외의 경쟁사도 많았다. 일부 경쟁사는 자본금이 많고 입지가 좋아 월마트보다 성공 기회가 커 보였다. 게다가 샘 월튼이 자체적으로 더 나은 방법을 고안해낸 것도 아니었다. 그는 1950년대 캘리포니아 남부에 설립된 소매 할인점 페드마트Fed-Mart 창립자 솔 프라이스Sol Price에게 여러 아이디어를 얻었다는 사실을 인정했다.

저렴한 가격은 매우 효과적인 조종전략이다. 하지만 가격만으로는 사람들의 열성적인 지지를 끌어낼 수 없다. 대중적인 성공에 필요한 티핑포인트를 만들어줄 열렬한 충성심을 키울 수도 없다. 가격이 저렴하다고 해서 직원들이 피와 땀을 쏟지는 않기 때문이다. 월마트는 당시 가격으로 승부하겠다는 생각이 없었고, 사랑받는 기업으로 크나큰 성공을 기록한 이유 역시 낮은 가격 때문이 아니었다.

샘 월튼은 다른 곳에서 원동력을 얻었다. 그에게는 더 큰 목적의식이 있었다. 그리고 월튼은 누구보다 직원을 신뢰했다. 직원을 보살피면 그들도 자신을 따라주리라 믿었다. 그뿐 아니라 월마트가 직원, 고객, 지역공동체에 많이 베풀수록 더 많이 돌려받으리라 생각했다. 월튼은 이렇게 말했다. "우리는 모두 함께 일한다. 그게 성공 비결이다."

이는 이익금을 환원하는 일보다 훨씬 큰 개념이었다. 월튼은 그저 고객에게 서비스하겠다는 마음이 아니라 인류에 봉사하고자 하는 열의가 있었다. 월마트는 월튼이 세상에 이바지하기 위해 설립한 WHAT이었다. 그에겐 지역사회와 직원 그리고 고객에게 봉사하는 일이 대의였다.

하지만 그가 세상을 떠난 뒤 대의는 후대에 제대로 전해지지 않았다. 월튼이 떠난 이후 월마트는 서서히 '왜(인류에게 봉사하고자)'와 '어떻게(저렴한 가격을 제공한다)'를 혼동하기 시작했다. 월마트는 설립 목적인 대의를 조종과 맞바꿨다. 월튼의 WHY를 잊은 채 어떻게 하면 가격을 낮출 수 있을지만 고민했다. 원래 표방했던 대의는 사라지고 효율성과 수익이 가장 중요한 가치로 자리 잡았다. 월튼은 이렇게 말했다. "컴퓨터는 당신이 무엇을 팔았는지 1센트 단위까지 정확히 보여주지만 무엇을 팔 수 있었을지를 보여주지는 않는다." 돈을 벌면 반드시 지불해야 할 값이 생긴다. 월마트는 규모가 워낙 거대했기 때문에 금전적인 면 외에서도 여러 비용을 치러야 했다. 월마트는 창립자의 WHY를 잊어서 직원과 고객의 신임을 잃고 말았다. 월마트의 창립 이념을 떠올려보면 이 변화는 아주 역설적인 일이다.

직원과 고객을 향한 봉사로 유명했던 월마트는 그 후 10년 가까이 각종 스캔들에 휘말렸다. 대부분 고객과 직원에게 형편없이 대우해서 빚어진 일이었다. 2008년 12월 월마트는 임금 규정 위반으로 73건의 집단소송을 당했으며 벌금과 합의금으로 수억 달러를 부담했다. 기업과 지역공동체의 공생관계를 믿었던 회사가 그 관계를 스스로 깨뜨린 것이다. 예전에는 월마트가 새로운 지역에 진출할 수 있도록 국회의원이 관련 법 통과를 도와주던 시절도 있었다. 하지만 이후 지역사회는 월마트를 몰아내기 위해 힘을 합쳤다. 전국에서 월마트 신규 점포 개설을 반대하는 시위가 열렸다. 뉴욕주에서는 부당노동행위로 악명 높은 월마트가 지역에 진출하지 못하도록 시의원과 노동조합이 손잡는 일까지 벌어졌다.

창립 이념과 위배되는 여러 행동을 한 월마트는 그 뒤로도 회사를 돌아보지 않았고 스캔들을 딛고 발전하는 모습을 보여주지도 않았다. 월튼은 살아생전에 이렇게 말했다. "자신의 성공을 축하하라. 실패에서 유머를 찾으라. 너무 진지하게 생각하지 마라. 편안하게 살아라. 그러면 주변 사람 모두가 편안해진다." 하지만 월마트는 예전과 달라졌다는 사실을 인정하지 않고 정반대로 행동했다.

열의에 가득 찼던 리더가 떠난 뒤로 월마트가 완전히 다르게 생각하고 행동한 이유는 비단 경쟁사에 밀렸기 때문이 아니다. K마트는 2002년 파산보호 신청을 했고 시어스Sears와 3년 뒤 합병했다. 월마트 연 매출은 약 4,000억 달러고 타깃의 연 매출은 월마트 6분의 1 수준이었다. 월마트는 세계에서 가장 큰 슈퍼마켓으로 미국에서 DVD, 자전거, 장난감을 가장 많이 판매하며 소매업까지도 넘본다. 회사는 외부 경쟁 때문에 망가지는 것이 아니다. 2000년대 초반 월마트가 직면한 가장 큰 문제는 기업 외부가 아닌 내부에 있었다.

월마트의 WHAT과 HOW는 변하지 않았다. 기업으로서 달라진 것도 없었다. 사람들의 사랑이 식기 전이나 지금이나 월마트는 같은 기업이다. 그러나 기업의 WHY는 희미해졌다. 사람들은 그 사실을 알았다. 우리는 변해버린 기업에 부정적인 감정을 느낀다. 하지만 부정적인 감정 원인을 느끼는 뇌 부위에서는 무엇이 변했는지 이성적으로 설명하지 못한다. 그래서 합리적인 이유를 찾아 조직 규모나 수익같이 눈에 보이는 측면을 지적한다. 조직 외부에 있는 고객이 월마트의 WHY를 더 이상 명확하게 볼 수 없다면 이는 조직 내부에서도 WHY가 흐릿해졌다는 신호다. 조직 내부에서 신념이 명확하지 않으면 밖에서도 분명히 드러날 수 없다. 2000년대 초반의 월마트와 샘 월튼 시절의 월마트는 확실히 다르다. 이 기업에 무슨 일이 있었던 걸까?

월마트는 수익에 집중하느라 이렇게 됐다고 해명할 수도 있다. 하지만 사업을 하는 모든 조직은 수익을 낸다. 높은 수익을 거둔다고 모든 기업이 극적으로 변하지는 않는다. 수익을 얻고 못 얻고는 그저 현상일 뿐이다. 기업에 좋지 못한 변화가 일어나는 근본적인 이유를 알아내지 못하면 이 문제는 기업이 큰 규모로 성장할 때마다 패턴처럼 반복되기 쉽다. 성공한 기업을 인간미 없는 골리앗으로 바꾸는 요인은 운명이나 성장 단계가 아니다. 바로 사람들이다.

당신은 지금 성공했다고 느끼고 있나요?

보스턴 외곽 MIT의 엔디콧하우스Endicott House에는 매년 큰 성공을 거둔 기업가들이 모인다. '타이탄의 모임'Gathering of Titans이라고 부르는 이 모임은 흔히 생각하는 경영 콘퍼런스가 아니다. 모여서 쓸데없는 이야기를 나누는 단순한 친목 모임도 아니다. 그들은 함께 골프를 치거나 스파를 하지도 않는다. 호화로운 저녁 식사도 하지 않는다. 여기서는 매년 40~50명의 경영인이 나흘간 아침 일찍부터 저녁 늦게까지 여러 발표를 듣는다. 이 모임에는 다양한 연사가 초청되어 생각과 영감을 전한다. 참석자가 서로 토론하는 자리도 있다.

몇 년 전 타이탄의 모임에 초청 연사로 참석하는 영광을 누린 적이 있다. 처음에는 기업가가 모여 자기 자랑이나 하는 뻔한 모임일 것이라 생각했다. 또한 수익을 극대화하고 경영체계를 개선할 방법을 이야기하는 자리일 줄 알았다. 하지만 직접 가서 보니 예상과는 완전히 달랐다. 오히려 내가 생각한 바와 정반대였다.

행사 첫날 한 연사가 청중을 향해 재무 목표를 달성한 사람은 손을 들어보라고 했다. 약 80퍼센트가 손을 들었다. 나는 그것만으로도 꽤 놀랐다. 그런데 훨씬 심오한 질문이 이어졌다. 80퍼센트가 손을 들고 있는 상황에서 연사는 이렇게 물었다. "이 중에서 자신이 성공했다고 생각하는 분 계십니까?" 그러자 80퍼센트가 손을 내렸다.

미국에서 가장 뛰어난 기업가들이 모인 자리였다. 이들 중에는 억만장자가 여럿 있었고, 원한다면 더는 일을 하지 않아도 되는 사람도 많았다. 그런데도 그들은 여전히 성공하지 못했다고 느끼고 있었다. 많은 사람이 사업을 시작한 이후로 잃은 듯한 기분마저 든다고 응답했다. 이들은 돈 한 푼 없이 지하실에서 고생하며 성공을 이루기 위해 노력하던 때를 추억했고 그때 그 느낌을 그리워했다.

훌륭한 기업가들은 사업이 판매로 수익을 창출하는 일 그 이상이라는 사실을 깨닫는 지점에 이르렀다. 이들은 WHAT과 WHY 사이에 깊고 개인적인 연결고리가 있다는 사실을 깨달았다. 이들은 WHY를 공유하고 찾기 위해 모였고 이야기하는 중에 북받쳐 오르는 감정을 느끼기도 했다.

참석자들은 경쟁하거나 성취주의적인 기업가처럼 자신을 드러내려고 한자리에 모인 게 아니었다. 이들 사이에서는 가차 없는 경쟁심이 아니라 강력한 신뢰가 느껴졌다. 그리고 신뢰감 덕분에 이들은 다른 곳에서 절대 보이지 않을 약점을 기꺼이 드러냈다. 행사가 진행되는 나흘간 모든 참가자는 한두 번씩 눈물을 보였다.

이야기의 요점은 돈으로 행복을 살 수 없다는 것이 아니다. 성공했다는 기분은 돈 주고 살 수 없다는 이야기를 하려는 것도 아니다. 이는 심오한 개념도 아니고 새로운 생각도 아니다. 나는 단지 '이 기업가들이 겪은 변화'를 이야기하고자 했다. 이들의 회사가 성장하고 점점 큰 성과를 이루면서 겪은 변화는 무엇일까?

기업가가 경력을 쌓으며 얻은 것은 눈으로 쉽게 확인할 수 있다. 재산, 사무실 크기, 직원 수, 집, 시장 점유율, 언론보도 건수 등은 헤아리기 쉽다. 하지만 무엇을 잃었는지는 콕 집어 이야기하기 어렵다. 눈에 보이는 성공이 커질수록 보이지 않는 것들은 깊이 사라지기 때문이다. 그곳에 모인 성공한 기업가들은 WHAT에 대해 아주 잘 알고 있었다. HOW 또한 마찬가지였다. 하지만 자신의 WHY가 무엇인지는 잘 몰랐다.

성취와 성공 사이

성공에는 역설적인 면이 있다. 큰 성공을 거둔 사람이 반드시 성공했다 느끼는 것은 아니다. 명성을 쌓은 사람은 '명예에는 외로움이 따른다'고 말하기도 한다. 성공과 성취가 다르기에 느끼는 기분이다. 그런데 이 두 가지를 혼동하는 사람이 많다. 성취란 도달하거나 획득하는 일이다. 목표와 비슷하다. 성취는 확실하게 정의할 수 있고 측정할 수 있으며 형체가 있다. 반면 성공은 느낌이나 상태다. "She feels successful"(그녀는 자신이 성공했다고 느낀다) "She is successful"(그녀는 성공했다)와 같이 영어에서는 누군가 성공했다고 표현할 때 feel이라는 동사나 be 동사를 써서 성공한 '상태'에 있음을 표현한다. 따라서 목표를 달성하는 방법은 쉽게 생각해낼 수 있지만 성공했다고 느끼는 방법은 알아내기가 어렵다. 성취는 자신이 원하는 바를 추구하고 획득할 때 따라온다. WHAT과 동반하는 개념이다. 반면 성공은 자신이 뭔가를 원하는 이유를 분명하게 알 때 이룰 수 있다. 명확한 WHY가 있어야 가능하다. 성취는 눈에 보이는 것이 동기가 된다. 반면 성공은 깊숙한 내면의 감정이 동기가 되는데 뇌는 이 감정을 말로 표현하지 못한다.

성공은 매일을 살면서 끝없이 WHY를 찾아다닐 때 시작된다. 반면 성취는 WHAT으로 옳은 길을 가고 있는지 보여주는 이정표 역할을 한다. 이 중 어느 하나만 선택하는 것은 바람직하지 않다. 두 가지 모두 필요하다. 한 현자는 이렇게 말했다. "돈으로 행복을 살 수는 없다. 하지만 행복 옆에 있는 요트는 살 수 있다." 이 문장은 진리다. 요트는 성취를 나타낸다. 눈으로 쉽게 확인할 수 있고 계획을 잘 세우면 확실하게 획득할 수 있는 물건이다. 행복은 정의하기 어려운 감정으로 성공했다는 느낌을 의미한다. 쉽게 눈으로 볼 수 없고 획득하기도 훨씬 어렵다. 요트와 그 옆에 있는 감정은 서로 다른 개념이다. 두 가지가 동반할 때도 있고 그렇지 않을 때도 있다. 그러므로 성공을 추구하는 과정에서 성취를 최종 목적지로 착각하지 말아야 한다. 아무리 큰 요트를 사고 대단한 성취를 거두더라도 진정한 만족감이 느껴지지 않을 수 있다. 우리는 흔히들 많이 성취하면 성공했다는 느낌이 당연히 따라오리라고 가정한다. 그러나 이는 틀린 가정이며 매우 드물게 일어나는 일이다.

사업을 키우거나 경력을 쌓아나가면 우리는 하는 일, 즉 WHAT에 점점 자신감이 생긴다. '어떻게' 해야 할지 더 깊이 있게 알게 된다. 성취할 때마다 성공을 측정해주는 것들이 쌓이고 발전한다는 느낌이 든다. 일이 순조로이 잘 풀린다. 하지만 우리 대부분은 그 과정에서 왜 여정을 시작했는지 잊고 만다. 그러다 보면 어느 시점에 피할 수 없는 분기점이 발생한다. 이는 개인과 조직 모두 해당한다. 엔디콧하우스에 모였던 기업가들이 개인적으로 겪었던 변화는 월마트를 비롯한 다른 대기업이 이전에 했던 경험 또는 지금 하고 있는 경험과 같다. 월마트는 거대한 규모의 대기업이므로 WHY가 흐릿해지면 발생하는 영향이 더 크게 느껴진다. 이는 직원과 고객, 지역사회도 충분히 느낄 수 있다.

성취를 얼마나 했든 WHY를 결코 잃지 않는 사람들은 우리에게 영감을 준다. 위대한 리더는 한눈팔지 않고 한결같이 WHY를 바라보며, 이정표 같은 성취를 하나씩 이루어나감으로써 함께 일하는 모두가 옳은 방향으로 가도록 인도한다. 위대한 리더의 골든서클은 균형이 잘 잡혀 있다. 위대한 리더는 WHY를 추구하고, 자신이 정한 행동 방침인 HOW를 정확히 지키며, 하는 일인 WHAT이 신념을 보여주는 근거가 되도록 한다. 하지만 안타깝게도 우리 대부분은 WHY와 WHAT이 균형을 잃는 지점에 도달한다. 그 지점은 바로 WHY와 WHAT이 일치하지 않는 순간이다. 분기점은 보이는 것과 보이지 않는 것이 분리될 때 발생한다.

12장

실수 그리고 만회

월마트는 작은 가게로 시작했다. 마이크로소프트도 그랬다. 애플도 마찬가지였다. 제너럴일렉트릭, GM, 포드처럼 크게 성장한 회사 대부분이 그랬다. 기업 인수나 분할에서 시작한 것도, 하룻밤 사이에 거대기업이 된 것도 아니었다. 월마트처럼 대기업이 되든 몇 년 만에 망하든 대부분 회사는 아이디어 하나로 혼자나 소수가 모여 사업을 시작한다. 심지어 미국이라는 한 국가도 그렇게 시작했다.

초반에는 열정 하나로도 일이 시작된다. 열정은 비이성적인 행동도 기꺼이 하게 하는 매우 강렬한 감정이다. 많은 사람이 이 열정에 사로잡혀 당장의 이익보다 큰 대의를 실현하며 희생을 아끼지 않는다. 혼자 힘으로 사업을 시작하려고 잘 다니던 학교를 중퇴하거나 조건이 훌륭한 직장을 그만두기도 한다. 때론 인간관계나 건강을 해치면서까지 비정상적으로 오래 일하기도 한다. 이런 열정은 매우 뜨거운 감정으로 다른 사람에게도 영향을 미친다. 창립자의 비전에 고무된 초기 직원들을 살펴보면 전형적인 얼리어답터가 많다. 직관적인 결정을 중시하는 이들은 좋은 직장을 그만두고 급여가 낮거나 실패할 확률이 높은 회사에 기꺼이 들어간다. 이들에게 확률은 중요하지 않다. 이들은 의욕과 긍정으로 가득하고 에너지가 넘친다. 얼리어답터가 그렇듯 초기 직원들의 행동에서는 회사보다 자신의 열정이 많이 드러난다.

여러 스타트업이 실패하는 이유는 열정 하나만으로 성공할 수 없기 때문이다. 열정에는 체계가 있어야 한다. 구조 없는 열정, 즉 HOW가 없는 WHY는 실패할 확률이 매우 높다. 열정만 넘치는 신생기업은 체계를 갖추지 못한 경우가 많다. 한편 엔디콧하우스의 타이탄들에게는 다른 문제가 있었다. 그들은 기업을 성장시키려면 체계와 절차를 어떻게 조직해야 하는지 알았다. 그들의 기업은 첫 3년 안에 무너지지 않은 상위 10퍼센트 회사였다. 다수의 직원이 꽤 잘 해냈다. 그러나 문제는 다른 데 있었다. 열정이 살아남으려면 체계가 필요했지만 체계가 성장하려면 또다시 열정이 필요했다.

나는 타이탄의 모임에서 이 사실을 발견했다. 기업가들은 스스로 사업을 시작할 만큼 열정이 넘쳤고, 회사가 살아남는

데 필요한 체계와 구조를 조직할 만한 지식이 있었으며, 심지어 높은 성과를 올렸다. 하지만 수년간 미래를 향한 비전을 실행 가능한 사업으로 전환하며 점점 조직의 WHAT이나 HOW에 매달리게 됐다. 재무 상황처럼 숫자로 쉽게 측정할 수 있는 결과물을 꼼꼼히 살피고 결과를 달성하고자 '어떻게' 해야 하는지에 집착한 그들은 더 이상 WHY에 집중하지 않았다. 사업을 시작한 이유마저 잊고 말았다. 이런 일이 일어난 기업 중 하나가 바로 월마트다. 지역사회를 향한 봉사에 온 신경을 썼던 월마트는 어느 순간 목표 달성에 혈안이 된 회사로 바뀌었다.

엔디콧하우스에 모였던 기업가들도 원래는 골든서클 안쪽에서 바깥쪽으로, 다시 말해 WHY에서 WHAT 방향으로 생각하고 행동하며 소통했다. 하지만 점점 큰 성공을 거두기 시작하면서 방향은 반대가 됐다. WHAT을 가장 우선시하고 눈에 보이는 결과물만 추구하게 됐다. 이렇게 변한 이유는 간단하다. 분기점이 발생했고 WHY가 흐릿해졌기 때문이다.

조직이 겪는 어려움은 바로 성공이다

조직이 겪는 가장 큰 어려움은 성공이다. 회사 규모가 작을 때는 마케팅, 상품, 전략, 채용과 해고 등의 중대한 결정이 창립자의 직감으로 이루어진다. 하지만 조직 규모가 커지고 더 큰 성공을 거둘수록 한 사람이 모든 중대한 결정을 내리는 일은

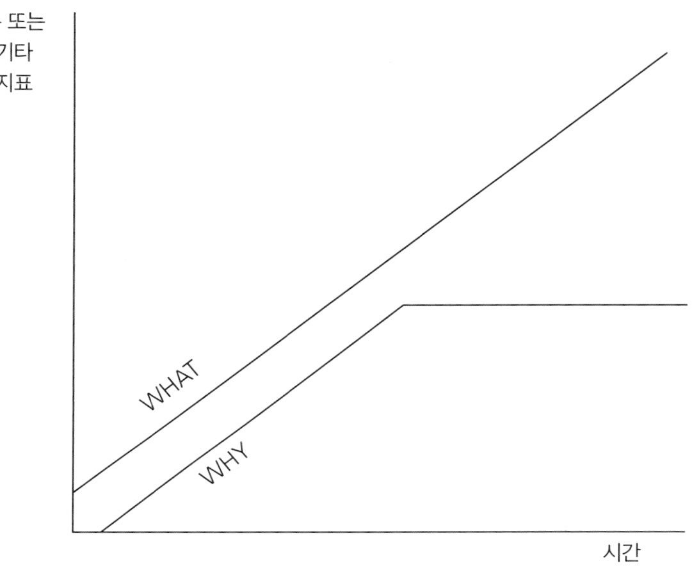

조직의 성장과 신념의 명확성

물리적으로 불가능해진다. 따라서 직원에게도 결정권을 주어야 하며 결정권을 가진 직원들은 신뢰하고 의지할 만한 행동을 해야 한다. 그때부터는 이들이 채용을 담당한다. 조직이 확장되면서 확성기도 커진다. 그러나 대체로 WHY의 명확함은 흐릿해지기 시작한다.

창립 초기에는 결정을 내리는 기준이 직감이라면 나중에는 대개 합리적인 사례와 객관적인 자료가 기준이 된다. 분기점이 나타난 조직은 자신의 이익보다 큰 대의를 추구하는 데 관심이 낮아진다. 구성원들은 회사에서 그저 체계를 관리하거나 위에서 내려온 일만 완수하려고 한다. 이런 조직에서는 아무도 대성당을 짓지 않는다. 열정이 사라지고 의욕 또한 바닥으로 떨어진다. 이 지점에 이르면 직원 대다수가 일은 단지 일일 뿐이라고 생각한다. 직원이 이렇게 느낀다면 밖에서는 어떻게 느끼겠는가? 이런 상황인 만큼 당연히 회사 전체에는 조종이 판치기 시작한다. 제품을 판매하는 방식은 물론이고 직원 이탈을 방지하는 데도 조종전략이 사용된다. 성과급과 승진을 비롯한 각종 혜택으로 직원을 붙잡아야 하고 심할 경우 공포감을 조성해야만 인재 유출을 막을 수 있다. 그러나 이런 방법으로는 진정한 열의를 줄 수 없다.

앞서 소개한 도표는 조직의 일생을 보여준다. 위에 있는 대각선은 WHAT, 조직의 성장을 의미한다. 회사라면 보통 돈이 지표가 된다. 수익, 매출, EBITA(상각 전 영업이익—옮긴이), 주가, 시장 점유율 등이다. 하지만 조직이 무슨 일을 하느냐에 따라 이 지표는 다른 것으로 바뀔 수 있다. 예컨대 유기견을 구조하는 조직이라면 지표는 구조한 강아지 수가 된다. 조직이 하는 일, 즉 WHAT의 성장을 측정하는 일은 본질적으로 간단하다. WHAT은 눈에 보이며 측정하기도 쉽기 때문이다.

도표의 아래쪽 선은 WHY를 나타낸다. 대의와 신념의 명확성을 의미한다. 목표는 WHAT의 성장과 WHY의 명확성이 밀접하게 함께 가는 데 있다. 다시 말해 확성기에서 나오는 소리가 커져도 전달되는 메시지는 변함없이 뚜렷해야 한다.

WHAT이 성장해야 확성기에서 나오는 소리가 커진다. WHAT의 지표가 성장하면 조직 규모가 커지므로 어떤 회사든 업계를 선도할 수 있다. 하지만 그 가운데 WHY를 명확하게 유지하고 사람들에게 열의를 불어넣을 줄 아는 소수의 사람과 조직이 진정한 리더가 된다. 조직의 분기점이란 WHY가 흐릿해지기 시작하는 지점을 말한다. 이 지점에 이르면 조직의 목소리는 커지지만 신념은 더 이상 또렷해지지 않는다.

조직이 작을 때는 WHAT과 WHY가 서로 가까이 붙어 도표에서 평행을 이룬다. 창립자 특성대로 조직이 움직이는 때이므로 직원들에게 회사의 뜻을 이해시키기도 쉽다. 따라서 직원 대부분이 WHY를 명확히 이해한다. 열정의 원천이 가까이 있기 때문이다. 사실상 물리적으로는 WHY를 매일 접하는 수준일 것이다. 작은 회사에서는 직원 대부분이 같은 사무실에 옹기종기 모여 있고 함께 어울린다. 카리스마 넘치는 창립자와 가까이 있어서 때때로 특별한 일을 하는 느낌이 들기도 한다. 작은 규모의 기업은 효율성이 다소 부족할 수 있지만 WHY를 강조할 필요가 별로 없다. 그러나 수십억 가치 기업으로 성장하고 싶다면, 시장이나 사회를 바꿀 만한 규모로 사업을 하고 싶다면, '스쿨버스 테스트'를 통과하고 싶다면 분기점을 잘 헤쳐나가는 일이 무엇보다 중요하다.

스쿨버스 테스트란 비유법을 이용한 검사다. 조직의 창립자나 리더가 스쿨버스에 치였다고 가정해보자. 창립자나 리더가 없어도 조직이 변함없는 페이스로 잘 해나갈 수 있을까? 수많은 기업은 대개 한 사람의 힘으로 지어졌기 때문에 이들이 조직을 떠나면 엄청난 혼란이 발생한다. 이런 일이 일어나느냐 마느냐는 문제가 될 수 없다. 모든 창립자는 결국 조직을 떠나거나 죽기 때문이다. 그렇다면 피할 수 없는 이 일을 언제 어떻게 준비하느냐가 문제다. 리더가 떠나지 않고 조직에 머무를 방법만 찾는 것이 아니라 설립 당시 비전을 영원히 살아 숨 쉬게 할 효과적인 해결책을 찾아야 한다.

스쿨버스 테스트를 무사히 통과해서 창립자가 떠난 뒤에도 조직을 건강하게 이끌어나가고 싶다면 창립자의 WHY를 조직 문화와 하나로 만들어야 한다. 또한 경영승계는 대의에 열의가 있으며 기업의 신념을 다음 세대로 전해줄 수 있을 만한 리더에게 맡겨야 한다. 미래의 리더와 직원들은 창립자의 개인적인 특성보다 큰 가치에서 열의를 느껴야 한다. 그리고 수익과 주가 너머에 있는 것을 볼 줄 알아야 한다.

마이크로소프트는 분기점을 겪었지만 다시 돌아오지 못할 만큼 엇나가지 않았다. 세상을 바꾸겠다는 목적의식을 품고 직원들이 출근하던 시절은 그리 오래 지나지 않았다. 그들은 정말로 해냈다. 모든 책상에 PC를 한 대씩 놓겠다던 기업 목표 덕에 우리 인생은 극적으로 바뀌었다. 하지만 시간이 흘러 기업의 WHY는 흐릿해졌다. 이제 마이크로소프트에 사람들의 생산성과 최대 잠재력을 끌어내기 위해 일하는 직원은 거의 없다. 마이크로소프트는 흔하고 평범한 소프트웨어 회사가 됐다.

워싱턴주 레드먼드Redmond에 있는 마이크로소프트 본사에서는 아직 옅게 남은 WHY를 느낄 수 있다. 그러나 다시 한번 세상을 바꾸겠다는 대의는 HOW와 WHAT에 가려져 전처럼 뚜렷하지 않다. 마이크로소프트에는 기업을 이 자리로 이끌어준 열의를 되찾고 WHY를 명확히 할 기회가 남아 있다. 이 기회를 중요하게 여기지 않고 WHAT에 매몰되어 WHY를 계속 외면한다면 마이크로소프트는 아메리카온라인America Online, AOL처럼 될 것이다. 아메리카온라인은 분기점에서 점차 멀어지다가 끝내 WHY를 잃은 기업 중 하나다. 이들이 추구했던 WHY는 어느 순간 흔적도 없이 사라졌다.

아메리카온라인은 원래 열의로 가득한 기업이었다. 오늘날 구글Google처럼 일하기 좋은 직장으로 통했다. 사람들은 비즈니스 판도를 바꾸고 있던 이 회사에서 일하고 싶어 버지니아주로 이사를 가기도 했다. 사람들에게 열의를 주었던 다른 회사들처럼 아메리카온라인도 우리가 하는 일을 완전히 바꿔놓은 기업이었다. 그들은 인터넷이 전국에 퍼지도록 해서 온 나라를 바꾸었다. 대의는 명확했고 모든 의사결정은 WHY에 따라

내려졌다. 기업 목표는 더 많은 사람이 인터넷을 사용하는 것이었다. 이를 추구하기 위해서 회사는 당장의 손해를 보더라도 개의치 않았다. 뚜렷한 WHY가 있었던 아메리카온라인은 인터넷 요금을 시간제에서 월 무제한 요금제로 바꾸기로 결정한 뒤 타 경쟁사보다 크게 앞서나갔다. 무제한 요금제를 시행한 후 트래픽이 과도하게 증가해 서버가 다운되곤 했으므로 이 결정을 합리적이거나 이성적이라고 보기는 어려웠다. 그러나 장기적으로 볼 때는 대의 실현을 도와줄 옳은 결정이었다. 서버가 다운되자 직원들은 이를 해결하고자 오히려 열심히 일했다. 아메리카온라인은 결국 미국 전체가 동시에 인터넷에 접속할 수 있는 환경을 만들었다.

당시 AOL 이메일 주소를 사용하는 것은 자부심의 상징이고 인터넷 혁명에 동참한다는 증거였다. 하지만 오늘날 AOL 이메일을 쓰는 것은 시대에 뒤처지고 있다는 점을 상징한다. '@aol.com'이라는 이메일 계정의 의미가 이렇게 극적으로 바뀐 현상은 회사 대의가 오래전에 사라졌다는 사실을 보여주는 증거다. 분명한 WHY가 없어진 아메리카온라인에는 회사 규모와 동력만 남았다. 이 기업은 전과 달리 누구에게도 영감을 주지 못했다. 직원이나 외부 사람들 모두에게 영향을 끼치지 못했다. 우리는 이제 전처럼 이들을 언급하지 않는다. 구글이나 페이스북Facebook처럼 업계를 통째로 바꾼 기업과 아메리카온라인을 비교하지도 않는다. 거대한 화물열차가 브레이크를 밟으면 멈추기까지 시간이 오래 걸리듯이 아메리카온라인이라는 큰 기업도 완전히 멈추기까지 시간이 걸렸을 것이다. 간단한 물리학 원리다. 규모가 있으니 어느 정도 버틸 수 있었겠지만 목적의식이 없어진 회사는 쌓아놓은 물건 더미와 다를 바 없다. 그들은 잘게 분해되어 기술이나 고객을 매수하고자 하는 회사에 매각될 것으로 보였다(아메리카온라인은 결국 2019년 버라이즌미디어그룹Verizon Media Group의 자회사가 되었다). 아메리카온라인이 얼마나 고무적인 기업이었는지 생각해보면 안타깝고 슬픈 현실이다.

성공한 기업가가 초창기를 그리워하거나 여러 대기업이 "기본으로 돌아가라"라고 말하는 일은 우연이 아니다. 돌아갈 시점은 분기점이 발생하기 전을 뜻한다. 이들의 생각이 옳다. 실제로 WHAT이 WHY와 평행을 이루던 시절로 돌아가야 한다. 계속 WHY를 외면하며 WHAT을 성장시키는 데만 초점을 맞춘다면 확성기 소리만 키우고 명확성을 떨어뜨리는 것과 같다. WHY가 명확하지 못하면 사람들에게 영감을 주거나 기업이 번영하는 일은 점점 어려워진다. 월마트, 마이크로소프트, 스타벅스Starbucks, 갭Gap, 델 등 한때 잘나가던 많은 기업이 분기점에 서 있다. 이 기업들이 WHY를 되찾지 못하고 직원과 고객에게 진정한 열의를 주지 못한다면 결국 전성기와 멀어지고 아메리카온라인과 비슷해질 것이다.

WHY를 측정하는 방법

크리스티나 하브리지Christina Harbridge는 대학교 1학년 가을 학기에 아르바이트를 구하고 있었다. 골동품 관련 직장에서 일하고 싶었던 그녀는 새크라멘토Sacramento의 한 신문에서 '컬렉터'collector 사무원을 구한다는 광고를 발견했다. 골동품 수집과 관련된 일이라고 생각해 그곳에 지원했는데 막상 가보니 하브리지가 할 일은 수금 대행업체에서 서류를 정리하는 것이었다. 그때까지만 해도 하브리지는 이 일이 나중에 어떤 변화를 만들어낼지 예상하지 못했다.

수금 대행업체 사무실에는 전화기 수십 개가 놓여 있었다. 직원들은 빚진 업체와 개인 이름이 빼곡히 적힌 목록을 보며 끊임없이 전화를 걸었다. 사무실 자리 배치는 사생활이 전혀 보장되지 않았다. 직원 모두가 서로의 통화 내용을 들을 수 있었다. 하브리지는 가혹한 말투로 통화하는 직원들을 보며 압박감을 느꼈다. "직원들은 채무자를 아주 집요하게 물고 늘어졌어요. 사실상 협박이었죠. 정보를 알아낼 수만 있다면 무슨 일이든 할 사람들이었어요."

그러나 알고 보니 회사 사장과 직원들은 대체로 친절하고 너그러운 사람들이었다. 그들은 어려운 일이 있으면 서로의 이야기를 경청했다. 심지어 연말 연휴 기간에는 다 함께 노숙자 가족을 돕는 봉사활동을 하기도 했다. 하지만 채무자에게 전화만 걸었다 하면 똑같은 사람이라는 게 믿기지 않을 정도로 공격적이고 무례한 사람이 됐다. 이들이 그렇게 한 이유는 채무자가 나쁜 사람이라서가 아니라 단지 그렇게 해야 보상을 받기 때문이었다.

직원들의 공격적이고 무례한 행동은 어쩌면 당연했다. 유명한 영업 코치 잭 데일리Jack Daly는 이렇게 말했다. "측정이 가능해야 완수할 수 있다." 수금 대행 시장은 직원이 수금한 액수에 따라 성과급을 지급했다. 그 결과 업계에는 채무자를 위협하거나 들들 볶고 집요하게 쫓아다니는 행태가 자리 잡았다. 훗날 하브리지는 이렇게 회상했다. "저도 채무자와 통화할 때 어느새 다른 동료들과 똑같이 행동하기 시작했죠."

하브리지는 자신이 하는 일, 즉 WHAT이 자신의 WHY와 전혀 균형을 이루지 못한다는 느낌이 들었다. 그래서 다른 방법을 찾아야겠다고 다짐했다. 그녀는 "친절하게 수금하는 대행업체를 만들고 싶다는 생각이 들었습니다"라고 말했다. 동종업계에서 일하는 사람들은 하브리지가 아주 순진하거나 미쳤다고 생각했다.

1993년 하브리지는 샌프란시스코로 옮겨 수금 대행업체 브리지포트파이낸셜Bridgeport Financial을 설립했다. 채무자를 들들 볶지 않고 존중할 때 더 효과가 있을 것이라는 믿음을 바탕으로 세운 회사였다. 자신의 WHY에 부합하는 일을 한 것이다. 하브리지의 WHY는 '모든 사람에게 사연이 있으며 누구나 자신의 이야기를 들어줄 사람이 필요하다'였다. 그녀는 직원이 채무자와 3분 동안 친분을 쌓는 시간을 보내도록 했다. 채무자 상황을 자세히 들여다보는 것이 이 대화의 목표였다. 채무자와 이야기를 나누며 빚을 갚을 방법은 있는지, 분할 납부를 할 생각이 있는지, 빚을 갚지 못하는 이유가 단기적인 것인지 파악했다. 그녀는 이렇게 말했다. "우리는 채무자가 솔직하게 말하도록 유도했습니다. 물론 우리 회사에도 법무팀이 있어요. 하지만 법으로 해결하는 일은 최대한 없도록 노력했죠." 또한 하브리지는 자신의 의도가 어떻든 업계와 똑같은 방식으로 성과를 측정하면 끔찍한 결과가 나오리라는 사실을 알고 있었다. 그래서 직원에게 적용할 새로운 보상 체계를 고안해냈다. WHY를 측정할 방법을 찾은 것이다.

브리지포트파이낸셜은 수금한 액수로 성과급을 측정하지 않았다. 채무자에게 감사카드를 얼마나 보냈는지에 따라 직원들의 성과급을 측정했다. 채무자에게 통화 시간을 내어줘서 고맙다고 말하며 감사카드를 보낼 줄 아는 직원을 찾는 일은 말처럼 쉽지 않았다. 하브리지는 자신과 신념이 같은 사람들을 채용해야 했다. 그녀는 회사의 방향과 어울리는 직원을 찾고자 했다. 직원들이 '누구나 자신의 이야기를 들어줄 사람이 필요하다'라는 신념에 동의하지 않는다면 회사 운영이 불가능했기 때문이다. 회사와 잘 맞는 직원만이 채무 상환을 권한 후에도 감사카드를 보낼 만한 분위기를 조성할 수 있었다. 하브리지는 채용 시 WHAT이 아니라 WHY를 기준으로 평가했고 그 결과 무엇보다 공감을 가장 중요한 가치로 여기는 조직문화를 만들 수 있었다.

그렇다면 브리지포트파이낸셜의 직원 평가 외에 다른 분야는 어떤 상황이었을까? 회사 대부분이 최우선으로 여기는 재무 결과는 어땠을까? 기업의 수금 실적은 업계 평균 대비 300퍼센트나 높았다. 게다가 더 놀라운 것은 빚을 지고 쫓기던 개인과 회사들이 수금 대행을 의뢰한 원회사와 오히려 더 많은 거래를 하게 되었다는 사실이다. 이는 수금 대행 시장에서 유례없는 일이었다.

하브리지의 회사가 성공한 이유는 그녀가 WHY를 깨달은 것뿐 아니라 WHY를 측정할 방법까지 찾았기 때문이다. 규모가 커진 회사 확성기에서는 큰 소리가 나왔고 여기에 명확한 대의가 더해지자 더 또렷해진 소리를 낼 수 있었다. 그녀는 WHY로 시작했고 직원들은 그녀를 잘 따랐다.

오늘날 조직은 직원이 하는 일, 즉 WHAT이 얼마나 발전하고 성장했는지 측정할 때 분명한 지표를 사용한다. 이는 주로 매출이다. 그러나 안타깝게도 WHY의 명확성을 측정해주는 지표는 거의 없다.

드웨인 오노레Dwayne Honoré는 10년간 루이지애나주 배턴루지Baton Rouge에서 건축회사를 운영했다. 목적의식이 깊은 리더였던 그는 기업문화에 적극적으로 자신의 가치관을 반영하고자 뛰어난 체계를 고안했다. 오노레는 듣기 좋은 말일 뿐이라고 생각했던 '일과 삶의 균형'을 실제로 측정할 방법을 찾아냈다. 그는 사람들이 직장에서 시간 대부분을 보낼 것이 아니라 가족과 함께 더 많은 시간을 보내야 한다고 믿었다.

오노레건축Honoré Construction의 모든 직원은 아침에 한 번, 저녁에 한 번 타임카드를 찍어야 한다. 이때 주의할 점이 한 가지 있다. 아침에는 8시에서 8시 30분 사이에, 저녁에는 5시에서 5시 30분 사이에 찍어야 한다는 점이다. 더 오래 근무하면 성과급 명단에서 제외된다. 직원들은 5시 30분까지 퇴근해야 하므로 낭비하는 시간을 최소한으로 줄였다. 그러자 생산성이 높아지고 이직률은 낮아졌다. 우리가 휴가 전날 수많은 일을 해내는 것과 비슷한 이치였다. 이 회사에서는 매일매일이 그랬다. 이것이 오노레가 찾은 방법이었다. 그는 자신이 중요하게 생각하는 가치를 어떻게 측정할지 알아냈고 타임카드 제도를 시행하면서 자신의 가치가 합당하다는 사실을 깨달았다. 또한 그의 결정은 셀러리 테스트를 통과했기 때문에 다른 직원들도 신념을 명확하게 이해할 수 있었다.

돈은 제품이나 서비스 가격을 측정하는 확실한 수단이다. 그러나 가치를 정확히 환산하지는 못한다. 소득이 높다고 해서 제공하는 가치가 반드시 큰 것은 아니다. 반대로 소득이 낮다고 해서 제공하는 가치가 반드시 적은 것도 아니다. 판매 물량이나 수입을 측정한 숫자는 가치를 나타내지 못한다. 여기서 말하는 가치는 계산할 수 있는 숫자가 아니라 감정이다. 가치는 인식하는 것이다. 기능이 많고 저렴한 제품이 그렇지 않은 제품보다 가치가 크다고 주장하는 사람도 있다. 하지만 이것은 판단 기준에 따라 달라질 수 있는 문제 아닌가?

내 삼촌은 한때 테니스 라켓을 제조했다. 삼촌이 만든 라켓은 유명 브랜드 라켓과 같은 공장에서 만들어졌다. 게다가 같은 기계에서 같은 재료로 만들어졌다. 두 라켓의 유일한 차이점은 유명 브랜드 로고의 유무였다. 삼촌의 라켓과 그 유명 브랜드 라켓은 한 대형마트에 들어가 같은 곳에 나란히 놓였고 가격은 삼촌의 라켓이 더 저렴했다. 그러나 유명 브랜드 라켓은 저렴한 삼촌의 라켓보다 훨씬 잘 팔렸다. 왜 그랬을까? 사람들은 유명 브랜드 라켓에서 큰 가치를 느꼈고, 가치 있다는 느낌을 위해서라면 비용을 좀 더 지불할 수 있다고 생각했다. 철저하게 이성적인 기준으로 보자면 브랜드 없는 라켓이 더 큰 가치를 제공한다. 하지만 앞서 설명했듯 가치는 인식이지 계산이 아니다. 회사가 브랜드에 거액을 투자하는 것도 이런 이유에서다. 좋은 브랜드를 만드는 일은 사람들이 가치를 인식할 때 고려하는 무형의 요인들과 비슷해서 WHY를 명확히 인식할 때 제대로 시작된다.

확성기 외부에 있는 사람들에게 WHY를 전하고 말과 행동으로 신념을 명확하게 드러낸다면 사람들은 신뢰를 형성하고 당신의 가치를 인식할 것이다. 이렇게 되면 충성심 높은 구매자는 브랜드 라켓을 구매하는 사람들처럼 프리미엄을 지불하거나 불편함을 감수하는 자신의 행동을 합리화할 것이다. 구매자의 시간이나 금전적 희생은 가치 있는 일이다. 구매자는 제품의 가치를 품질이나 기능 등 눈에 보이는 요소에서 느꼈다고 말할 테지만 이는 사실이 아니다. 이런 것들은 모두 외부적인 요인이며 구매자가 느끼는 실제 감정은 온전히 자신에게서 나온다. 사람들이 어떤 회사의 신념을 명확하게 표현하고 기업의 눈으로 볼 수 없는 가치를 이야기한다면 이는 회사가 분기점을 무사히 통과했다는 증거라 할 수 있다. 사람들이 기업을 보고 느낀 가치를 이야기할 때 '사랑'처럼 본능적이고 가슴이 두근거리는 단어를 사용한다면 기업의 명확한 WHY가 존재한다는 확실한 신호다.

리더가 바뀌어도 중심을 지키는 기업

2008년 6월 빌 게이츠가 마이크로소프트를 공식적으로 떠나며 발표한 고별사에는 "다시 돌아오겠습니다"라는 한 문장이 빠져 있었다. 아마 게이츠는 당시 그 문장을 써야 한다는 생각조차 하지 못했을 것이다.

그는 빌앤드멀린다게이츠재단에 시간과 에너지를 더 쏟기 위해 마이크로소프트 CEO 자리를 발머에게 물려줬지만 여전히 기업 본사에서 일정한 역할을 담당했고 존재감에도 변함이 없었다. 게이츠는 회사를 완전히 넘기고 경영에서 손뗄 계획을 세웠지만 다른 수많은 창업자와 마찬가지로 성공적인 승계에 꼭 필요한 일을 빠뜨리고 말았다. 그 실수는 마이크로소프트에 치명적인 영향을 끼칠 수도 있었고 심지어 바로잡으려면 게이츠가 회사로 돌아와야 할 수도 있는 문제였다.

그는 특별했다. 단지 머리가 좋거나 경영을 잘했기 때문은 아니었다. 물론 이 두 가지도 중요하지만 이것만으로 아무것도 없던 곳을 수천억 달러 가치 회사로 만들 수는 없다. 빌 게이츠가 역사에 남겨진 리더들처럼 특별한 이유는 신념을 구체화해서 보여주었기 때문이다. 그는 마이크로소프트의 WHY 그 자체였다. 그는 직원들이 이곳에서 일하는 이유를 스스로 생각할 수 있도록 돕는 등대 역할을 했다.

1975년 게이츠는 대의를 실현하고자 폴 앨런과 마이크로소프트를 설립했다. 그의 대의는 '올바른 도구로 사람들의 생산성을 높여준다면 모든 이가 운명과 상관없이 진짜 잠재력을 발휘할 기회를 얻는다'였다. 그는 '모든 가정과 책상에 PC가 한 대씩 있는 세상'을 상상했다. 당시 마이크로소프트는 PC 제조 경험이 전혀 없는 회사였기 때문에 그의 상상은 더욱 장벽이 높은 목표로 느껴졌다. 게이츠는 PC가 사람들을 평등하게 해줄 기계라고 생각했다. 마이크로소프트에서 가장 큰 성공을 거둔 소프트웨어 '윈도우'Windows는 누구라도 강력한 기술에 접근할 수 있도록 했다. 워드, 엑셀, 파워포인트 같은 툴은 사람들에게 신기술을 실현할 힘을 주고 효율성과 생산성을 더해주었다. 그 결과 작은 회사도 대기업처럼 일할 수 있게 되었다. 윈도우는 평범한 사람에게 힘을 주자던 게이츠의 대의를 실현할 증거물이었다.

마이크로소프트가 애플보다 세상을 많이 바꿨다는 사실은 분명하다. 우리는 애플이 보여주는 혁신과 여러 사업모델의 도전에 이끌리지만, 실질적인 퍼스널 컴퓨터 진보를 이룬 회사는 마이크로소프트다. 게이츠는 모든 책상에 PC를 올리고 그렇게 함으로써 세상을 바꿨다. 놀라운 잠재력을 실현한 사람이자 WHY를 물리적으로 형상화한 그가 마이크로소프트를 떠난 후 기업은 어떻게 됐을까?

게이츠는 맡은 역할에 비해 과도한 관심을 받는다고 생각했다. 관심은 대부분 막대한 재산 때문이었다. 그는 대의를 이루는 일이 제 역할이라 여겼지만 사실 이를 실현하는 일은 다른 사람들의 책임이었다. 마찬가지로 마틴 루서 킹 목사가 저명한 민권운동가 다섯 명만 이끌고 앨라배마주 셀마Selma 다리를 건넜더라면 미국은 바뀌지 않았을 것이다. 킹 목사의 뒤를 따른 수천 명이 있었기에 미국은 변화를 이뤄낼 수 있었다. 게이츠는 진정한 변화를 만들어야 한다는 사실을 인식하고 있었지만, 조직적인 움직임이 효과를 발휘하려면 사회운동이든 비즈니스든 리더가 이 일을 '왜' 하는지 사람들에게 상기시키고 신념을 앞장서서 전해야 한다는 사실에 소홀했다. 킹 목사는 수천 명과 다리를 건넜다. 여기서 중요한 것은 다리를 건너는 행동이 아니라 수많은 사람의 WHY다. 이는 비즈니스에서도 적용된다. 이익과 기업 가치는 마땅히 추구해야 할 목표지만 그것만으로 사람들의 열의를 고취할 수는 없다.

마이크로소프트는 세상을 바꾸던 기업에서 흔한 소프트웨어 기업으로 변하는 분기점에 맞닥뜨렸지만 게이츠가 남아 있었던 덕분에 신념을 유지할 수 있었다. 하지만 그가 떠난 후 기업 내에서 WHY를 측정하고 전할 충분한 체계는 점차 약해졌다. 이는 시간이 흐를수록 훨씬 심각해질 문제였다.

선구적인 리더가 떠난 다음 기업에 문제가 생기는 것이 전례 없는 일은 아니다. 반항적인 혁명의 본보기이자 애플의

WHY 그 자체였던 스티브 잡스는 존 스컬리John Sculley 사장 및 이사회와 전설적인 권력 다툼을 벌인 뒤 1985년에 애플을 떠났다. 이는 애플에 중대한 영향을 미쳤다.

스컬리는 1983년에 잡스가 뽑은 사람으로 능력이 출중하고 실적이 검증된 임원이었다. 그는 무엇을 어떻게 해야 할지 아는 사람이었다. 펩시코PepsiCo에서 유례없이 빠르게 승진한 스컬리는 최고 마케팅 전문가로 인정받고 있었다. 펩시코에서 코카콜라와 펩시콜라 맛을 블라인드테스트로 비교하는 광고 캠페인을 크게 성공시켰고, 덕분에 펩시콜라는 사상 처음으로 코카콜라를 제치는 성과를 거뒀다. 하지만 스컬리가 애플에 딱 맞는 사람은 아니었다. 그는 회사를 경영하는 데 능했지만 대의를 추구하는 사람이 아니었다.

애플과 어울리지 않는 그가 기업에 합류하게 된 원인을 생각해볼 필요가 있다. 간단히 말하자면 그는 조종당했다. 스컬리는 애플의 대의를 실현하고 싶다고 말한 적이 없었다. 나중에 밝혀진 실제 이야기를 듣고 보면 잡스와 스컬리의 사이가 어긋날 것은 불 보듯 뻔한 일이었다. 당시 잡스는 자신을 도와줄 사람이 필요했고, 큰 규모로 비전을 실현하기 위해 HOW 유형이 필요하다는 사실을 알고 있었다. 잡스는 경력이 탄탄한 스컬리를 애플에 영입하고자 "평생 설탕물을 팔겠습니까, 나와 함께 세상을 바꿔보겠습니까?"라고 물었다. 잡스는 스컬리의 자존심과 야망 그리고 두려움을 건드리며 완벽한 조종전략을 실행했다. 몇 년 뒤, 잡스는 스컬리와 권력 다툼을 벌인 후 자기 회사에서 쫓겨났다.

애플은 잡스가 나간 뒤에도 매킨토시 판매 성과가 좋았고 계속 새로운 소프트웨어를 개발하며 좋은 성과를 거뒀다. 그러나 오래지 않아 흔들리기 시작했다. 애플은 이제 예전 같은 회사가 아니었다. 기업이 중요한 분기점에 놓여 있었지만 다들 이를 외면하고 있었다. WHY가 매년 점점 흐릿해졌고 이전의 열의는 사라지고 말았다.

스컬리처럼 유능한 사람이 회사를 경영하자 대의를 리드하려는 사람은 아무도 없었다. 당시 경제전문지 『포천』은 이렇게 보도했다. "애플의 신제품은 혁신을 잃은 채 진화하고 있다. 이를 보고 지루하다고 말하는 사람도 있을 것이다." 스컬리는 애플이 잃은 것을 되찾으려고 노력하며 회사를 거듭 재정비했다. 자신을 도와줄 새로운 임원을 데려오기도 했다. 하지만 이 모든 일은 회사를 운영할 방법, HOW에 집중되어 있었다. 정작 필요한 것은 WHY였는데 말이다. 직원들의 사기는 말할 필요가 없을 정도로 떨어졌다. 기업의 출발인 WHY는 1997년 잡스가 애플에 다시 돌아온 후에야 살아나기 시작했다. WHY의 명확성을 되찾은 애플은 다시 혁신을 일으키고 다르게 생각하며 업계를 재정의할 힘을 빠르게 키워나갔다. 잡스가 애플을 지휘하자 개인에게 힘을 실어주고 현실에 도전하려는 문화가 회복되었다. 직원들은 WHY를 기준으로 모든 결정을 내렸고 좋은 성과를 냈다. 영감과 열의를 주었던 리더들처럼 잡스는 외부 조언보다 직감을 신뢰하는 사람이었다. 그는 맥 OS 복제를 허용하지 않는 정책 때문에 대중시장을 고려하지 않는다며 비판받아왔다. 하지만 잡스는 정책을 고수할 수밖에 없었다. 신념에 위배되는 일을 할 수는 없었기 때문이다. 맥 OS 복제 허용은 셀러리 테스트를 통과하지 못하는 행동이었다.

이 사례는 WHY 자체를 상징하는 사람이 회사의 존재 목적을 명료한 말로 표현해두지 않고 떠난다면 후임자가 추구할 대의를 남기지 않은 것과 같다는 사실을 보여준다. 그 상태에서 기업을 맡은 새로운 CEO는 좁은 의미의 회사 경영에 몰두할 것이고, WHY에 거의 관심을 두지 않은 채 당장 좋은 결과를 도출하는 데만 집중할 것이다. 더 심할 경우에는 직원을 단결하도록 만들었던 회사 대의를 잊고 자신의 비전을 실행하기 위해 기업문화와 반대되는 방향으로 나갈 수도 있다. 그럴수록 직원들의 사기가 저하되고 그들은 대거 이탈할 것이며 성과가 저조해질 뿐 아니라 서로 불신해 각자 자기 일만 하는 이기적인 문화를 만들어나갈 것이다.

이것이 바로 델에서 일어난 일이다. 마이클 델Michael Dell 역시 회사를 처음 세울 때는 대의가 있었다. 그는 더 많은 사람이 컴퓨터를 사용할 수 있도록 효율성을 높이는 데 집중했다. 그러나 시간이 흐르며 대의를 잊어버렸고 직원에게 충분히 대의를 전달하지 못한 상태에서 2004년 7월 CEO 자리를 물러났다. 그 후 회사는 고객 서비스가 곤두박질치면서 눈에 띄게 약해지기 시작했고 델은 떠난 지 3년도 지나지 않아 다시 회사로 돌아와야 했다.

마이클 델은 자신이 떠난 뒤 회사에서 WHY에 집중하는 사람이 없어진 탓에 점점 WHY의 비중이 줄어들었고 조직이 결과물에만 집착하는 방향으로 나아갔다는 사실을 깨달았다. 델은 2007년 9월『뉴욕 타임스』에 이렇게 말했다. "회사는 단기 목표에 초점을 맞추고 빠른 결과를 낼 수 있는 일에 지나치게 우선순위를 뒀다. 이것이 가장 중요한 문제였다." 델은 제대로 운영되지 못하는 상황이었고 몇몇 임원은 목표 매출을 맞추기 위해 2003년에서 2006년 사이의 실적 보고서를 위조하기에 이르렀다. 이는 경영진이 목표 이익을 달성해야 한다는 압박을 얼마나 많이 받는지 보여주는 사례다. 그동안 델은 시장 변화를 놓치고 잠재고객을 잃었으며 부품 공급업체와의 거래에서도 우위를 잃었다.

스타벅스 또한 적절한 예시다. 2000년 CEO 자리에서 하워드 슐츠Howard Schultz가 물러난 뒤 스타벅스는 처음으로 주간 매장 방문 고객이 5,000만 명을 넘길 정도로 잘됐다. 그러나 회사는 머지않아 균열을 보이기 시작했다.

역사를 돌이켜보면 스타벅스가 번창한 이유는 커피 맛이 독보적으로 뛰어나서가 아니라 고객에게 새로운 경험을 제공했기 때문이었다. 스타벅스에 처음으로 WHY를 가져온 사람은 슐츠였다. 그는 고든 보커Gordon Bowker, 제리 볼드윈Jerry Baldwin, 제브 시글Zev Siegl이 시애틀에서 처음 원두를 팔기 시작한 지 10년 뒤인 1982년 스타벅스에 합류했다. 초기 스타벅스는 그저 커피를 취급하는 곳이었다. 슐츠는 역대 스타벅스 창립자들이 더 큰 비전을 보지 못하는 것을 답답히 여겨 회사를 새로운 길로 이끌었다. 이것이 바로 우리가 아는 오늘날 스타벅스가 되었다. 이탈리아 에스프레소 바에 푹 빠져 있던 그는 직장과 가정 사이의 편안한 환경인 '제3의 공간'을 조성하겠다는 비전을 세웠다. 그 덕분에 스타벅스는 대학 캠퍼스에만 존재했던 커피숍 문화를 미국 전역으로 퍼뜨릴 수 있었다.

고객이 스타벅스의 상징을 인식하게 된 것도 그때부터였다. 당시 스타벅스는 세상을 향한 근본적인 믿음이 느껴지는 기업이었다. 사람들은 커피로 기업의 신념을 샀다. 스타벅스는 누군가에게 영감을 주는 존재였다. 하지만 이전의 수많은 기업처럼 스타벅스 역시 피할 수 없는 분기점에 직면했다. 직원들은 분기점에서 회사의 WHY를 잊고 결과와 제품에 초점을 맞추기 시작했다. 당시 스타벅스는 고객에게 도자기 식기에 음료와 베이커리를 내주는 서비스를 제공했다. 서비스는 직장과 가정 사이의 공간을 지향하는 회사 신념을 실현하기에 완벽했다. 그러나 도자기 식기를 유지하는 데는 비용이 많이 들었다. 스타벅스는 WHY를 잊자 도자기 식기를 종이컵으로 대체했다. 식기 유지비를 절감하고 나니 고객의 신뢰가 떨어지기 시작했다. 머그컵을 종이컵으로 대체하는 일은 "고객님을 사랑합니다. 하지만 빨리 나가주세요"라고 말하는 것과 같았기 때문이다. 스타벅스는 처음 비전으로 삼았던 '제3의 공간'이 아니라 그저 커피를 취급하는 곳이 됐고 WHY는 희미해졌다. 그나마 다행인 것은 당시 CEO가 슐츠였다는 사실이다. 스타벅스의 WHY를 물리적으로 형상화한 그는 직원들에게 유지비용보다 큰 대의를 상기시켰다. 하지만 그가 떠나자 상황은 다시 심각해졌다.

1,000개 미만이었던 스타벅스 점포는 10년 만에 약 1만 3,000개가 됐다. 8년간 두 명의 CEO를 거치면서 그 규모가 위험할 정도로 커졌다. 맥도날드와 던킨도너츠 그리고 다른 예상치 못한 회사들과 치열한 경쟁을 벌인 결과였다. 슐츠는 스타벅스로 복귀하기 몇 달 전 후임자 짐 도널드Jim Donald에게 간청하는 메모를 보냈다. "고객에게 진정한 경험을 제공하기 위해 스타벅스의 전통과 열정을 회복하는 데 필요한 변화를 만

들어주십시오." 회사가 위기를 겪은 이유는 급격한 규모 확장이 아니었다. 슐츠가 WHY를 확실히 새겨두지 않은 채 회사를 떠났고, 점포 수가 많아진 만큼 위기에 따른 문제점이 크게 드러났기 때문이다. 2008년 초, 슐츠는 도널드를 다른 리더로 교체했다. 분기점이 발생하기 전으로 회사를 되돌릴 수 있는 사람, 그는 바로 자기 자신이었다.

완벽한 경영인이라고 칭송받는 사람은 아무도 없다. 스티브 잡스는 망상장애로 아주 유명했다. 빌 게이츠는 사회성이 부족했다. 사람은 누구나 완벽할 수 없다. 게다가 이들의 회사는 거대기업이므로 경영인 혼자서 모든 일을 해내는 것이 불가능했다. 경영인은 회사의 확성기를 함께 키워줄 직원의 생각과 기술을 신뢰해야 한다. 그리고 신념에 공감하는 직원에게 의지해야 한다. 여기까지는 다른 평범한 경영인도 흔히들 실천하는 행동이다. 하지만 잡스와 게이츠처럼 뛰어난 리더에게는 다른 CEO에게 없는 공통점이 있다. 자신이 창립한 회사에서 대의를 물리적으로 형상화했다는 점이다. 형상화한 대의는 직원들에게 회사의 WHY를 상기시킨다. 간단히 말해 이 경영인들은 사람들에게 영감을 줬다. 하지만 자신이 떠난 뒤에도 회사가 단결할 수 있도록 대의를 분명히 표현하지는 못했다. 대의를 정확하게 드러내지 못하면 오직 그 리더가 쉬지 않고 조직을 이끌어야 한다. 그런 리더가 떠나면 조직은 과연 어떻게 될까?

어떤 규모의 기업이든 가장 큰 어려움은 단연 성공이다. 마이크로소프트가 성장하자 게이츠는 자신의 신념 대신 회사에서 '무엇을' 하고 있는지 말하기 시작했다. 그러자 회사가 변했다. 개인이 생산성을 높이고 잠재력을 마음껏 발휘하도록 만들겠다던 회사는 사라지고, 소프트웨어 제품을 만드는 단순한 회사로 변해갔다. 사소해 보이는 이 변화는 회사에 큰 영향을 끼쳤다. 그간의 행보와 다른 결정을 내리게 했고 회사가 미래를 대비하는 방법에도 영향을 끼쳤다. 마이크로소프트는 창립 시기와 분명 달라졌지만 빌 게이츠가 그곳에 여전히 남아 있었으므로 눈에 띄게 흔들리지 않았다. 대의를 상징하는 물리적인 존재가 있었기에 직원들은 그를 보며 열의를 느낄 수 있었다.

마이크로소프트는 게이츠가 신념을 이루고자 실천해왔던 여러 가시적인 일 중 하나일 뿐이다. 즉 게이츠가 WHY를 추구하려고 행동한 WHAT 중 하나였다. 그는 자신의 대의를 실현하기 위해 또 다른 길을 떠났다. 빌앤드멀린다게이츠재단을 통해 전 세계 사람들이 장애물을 극복하고 잠재력을 발휘할 기회를 누리도록 도왔다. 재단과 마이크로소프트의 유일한 차이는 소프트웨어를 수단으로 삼지 않는다는 점이다. 어느 모로 보나 유능한 사람인 스티브 발머도 게이츠의 비전을 물리적으로 형상화하지는 못했다. 발머는 숫자에 강하고 경쟁자와 시장을 잘 파악하는 유형이었다. 그는 WHAT을 관리하는 재능이 뛰어난 사람이었다. 애플의 존 스컬리나 스타벅스의 짐 도널드, 델의 케빈 롤린스 등 선구적인 경영인 뒤를 이어받은 CEO들처럼 발머도 선구자 옆에서 함께 일하는 사람으로는 완벽했을지 모른다. 그러나 선구자를 대체하기에 적합한 사람이었는지는 의문이 든다.

회사 문화는 대체로 한 사람의 비전을 중심으로 형성된다. 그러므로 경영승계가 성공적으로 이뤄지려면 방법은 딱 하나다. 회사 신념과 조직을 자신만의 비전으로 바꾸는 CEO가 아니라 대의를 그대로 이어나가려고 하는 CEO를 찾는 것이다. 발머가 회사를 단결시키는 법을 알고 있었다면 과연 사람들에게 열의를 불어넣는 방법도 알았을까?

경영승계는 적절한 능력을 갖춘 사람을 선택하는 일 그 이상이다. 경영승계란 회사 창립 이념에 부합하는 사람을 찾는 일이다. 위대한 2대, 3대 CEO들이 수장 자리에 앉을 수 있었던 이유는 그들이 새로운 비전을 꿈꿨기 때문이 아니다. 그들은 회사 창립 이념이라는 깃발을 다음 세대에 물려주는 사람들이었다. 그렇게 되면 비전은 연속성을 띠며 이어지고 이 과정은 '대체'가 아닌 '승계'라 불린다.

사우스웨스트항공이 승계를 잘하는 이유는 조직문화에 기

업의 대의가 워낙 깊이 배어 있기 때문이며 허브 켈러허 뒤를 이은 CEO들 역시 대의를 형상화했기 때문이다. 하워드 퍼트넘은 켈러허에게 수장 자리를 물려받은 첫 CEO였다. 항공사 경력이 풍부한 그가 사우스웨스트항공 CEO로 적합했던 진짜 이유는 화려한 이력이 아니라 회사에 잘 어울리는 사람이기 때문이다. 퍼트넘은 면접을 보러 가서 켈러허를 만난 날을 기억한다. 그는 의자에 앉아 몸을 뒤로 젖히다가 우연히 켈러허가 책상 밑으로 신발을 벗어놓은 것을 봤다. 켈러허의 양말에는 구멍이 나 있었다. 그 모습을 본 퍼트넘은 자신이 후임에 어울리는 사람이라고 느꼈다. 그는 켈러허가 다른 사람과 다르지 않다는 사실이 무척 마음에 들었다. 사실 그의 양말에도 구멍이 나 있었기 때문이다.

퍼트넘은 면접 때 켈러허를 보며 사우스웨스트항공이 자신과 잘 맞을 거라고 짐작할 수 있었다지만, 다른 사람들은 그가 켈러허 후임에 어울리는 사람이라는 점을 어떻게 알 수 있었을까? 언젠가 퍼트넘을 만나 반나절쯤 이야기를 나눈 적이 있다. 나는 그에게 스타벅스에서 음료를 마시자고 제안했다. 내 가벼운 제안에 그는 다소 높아진 목소리로 이렇게 말했다. "나는 스타벅스에 가지 않습니다! 커피 한 잔에 5달러씩이나 쓰고 싶지 않아요. 그리고 프라푸치노가 대체 뭡니까?" 순간 나는 퍼트넘이 사우스웨스트항공에 잘 어울리는 사람이라는 사실을 깨달았다. 그는 평소 스타벅스 커피보다 저렴한 던킨도너츠 커피를 선호했고, 그의 선호도와 가치관은 사우스웨스트항공의 신념과 접점이 있었다. 그는 켈러허에게 횃불을 넘겨받아 조직을 앞으로 이끌 수 있는 사람이었다. 켈러허는 회사 대의를 마음대로 바꾸지 않고 기존의 대의를 대표할 만한 인물, 퍼트넘을 뽑았다.

오늘날 사우스웨스트항공 경영승계 과정은 자리를 잘 잡은 덕에 거의 자동으로 이뤄진다. 2001년 이 기업의 CEO가 된 콜린 배럿Colleen Barrett도 마찬가지다. 배럿은 샌안토니오에 있는 로펌에서 켈러허의 비서로 30여 년을 근무했다. 2001년 사우스웨스트항공은 약 3만 명의 직원과 비행기 344대를 보유한 회사가 됐다. 배럿은 CEO가 되고 나서 '회사 경영은 전 직원의 노력이 필요한 일이다'라고 말했다. 켈러허가 기존에 아주 강한 기업문화를 만들어두었기 때문에 배럿은 직접 복도를 돌아다니며 직원에게 열의를 심어줄 필요가 없었다. 켈러허 뒤는 그가 만들어둔 문화가 대신했다. 그가 명확하게 세워두고 간 기업문화는 WHY가 계속 이어지도록 도왔다. 배럿은 자신이 가장 똑똑한 임원은 아니라고 이야기한다. 이런 말을 한 이유는 그가 자기 평가에 인색한 편이기도 하지만, 가장 똑똑한 사람이 되는 일이 리더로서 맡은 역할은 아니라는 사실을 알기 때문이었다. 배럿의 역할은 대의를 지키며 직원들을 이끄는 것이었다. 즉, 회사 가치관을 형상화해 보여주고 직원들이 일하며 지향해야 할 WHY를 상기시켜주는 것을 뜻했다.

다행히도 후계자가 올바른 횃불을 들고 있는지는 쉽게 확인해볼 수 있다. 셀러리 테스트를 해보고 후계자의 행보가 회사 신념에 어울리는지 따져보면 된다. WHAT이 WHY를 뒷받침하는지 확인하는 것이다. 만약 우리가 어떤 회사의 제품이나 서비스, 마케팅, 대외 발언 등을 보고도 그 기업의 신념을 쉽게 판단할 수 없다면 후계자도 WHY를 모르고 있을 확률이 높다. 그들조차 이를 모른다면 고객도 당연히 WHY를 알 수 없다.

기업이 진심을 외면당하는 이유

1992년 4월 5일 아침 8시경 월마트는 WHY를 잃었다. 그날 월마트의 의욕적인 리더이며 자신의 대의를 세계 최대 유통업체로 형상화한 샘 월튼이 리틀록Little Rock에 있는 아칸소 주립대학교 병원에서 골수암으로 세상을 떠났다. 얼마 지나지 않아 월튼의 맏아들 S. 로브슨 월튼S. Robeson Walton이 아버지 뒤를 이어 회장직을 물려받았다는 사실을 공식 발표했다. "기업 방향성과 경영, 정책에는 변화가 없을 것입니다." 그러나 안타깝게도 이 말은 사실이 아니었다.

샘 월튼은 평범한 사람의 대명사였다. 1985년 『포브스』Forbes는 그를 미국에서 가장 부유한 사람으로 꼽았지만 정작 그는 사람들이 돈을 그토록 중요한 우선순위로 여기는 것을 이해하지 못했다. 물론 월튼도 경쟁심이 있는 사람이었으므로 돈이 성공을 측정하는 쉽고 분명한 잣대라는 사실을 알고 있었다. 그러나 월튼과 월마트 직원들이 '성공했다'는 느낌을 받은 참된 이유는 돈 때문이 아니었다. 월튼이 무엇보다도 직원을 가치 있게 생각하기 때문이었다.

그는 자신이 직원을 돌보면 직원들도 자신을 따르리라 믿었고, 월튼이 보여준 일들은 이 신념을 증명했다. 창립 초기 월튼은 매장 직원들이 주말에도 출근하는 모습을 보고 자신도 형평성을 지켜야 한다며 토요일마다 회사에 출근했다. 그는 직원 생일과 기념일을 챙겼고 계산원의 어머니가 최근 담낭 수술을 받았다는 사실까지도 기억하는 세심한 리더였다. 또한 고급 차를 타는 임원들을 비판하며 수년간 회사 전용기 사용도 거부했다. 평범한 미국인을 옹호하는 사람이 이와 거리가 먼 것들을 사용하면 안 된다는 생각에서 나온 행동이었다.

월튼이 CEO로 있을 때 월마트에는 한 번도 분기점이 발생하지 않았다. 그 이유는 월튼이 초심을 잃지 않았기 때문이다. "내가 이발소에서 머리를 깎는 게 왜 뉴스가 되는지 아직도 이해되지 않는다. 그럼 어디에서 머리를 깎으란 말인가?" "왜 내게 픽업트럭을 타느냐고 묻는가? 그럼 내 개들을 어디에 태우란 말인가, 롤스로이스?" 그는 이렇게 말했다. 모직 재킷에 캡

차림으로 다니던 월튼은 자신이 섬기는 사람들, 즉 평범한 미국인 그 자체였다.

월튼은 직원과 고객, 지역사회의 사랑을 듬뿍 받는 리더였지만 매우 중요한 실수를 저질렀다. 자신이 세상을 떠난 뒤에도 직원들이 대의를 이어갈 수 있도록 명확한 말로 표현해두지 않은 것이었다. 이것이 온전히 월튼의 잘못은 아니다. WHY를 담당하는 뇌 부위에 언어 능력이 없기 때문이다. 그는 대부분 사람과 마찬가지로 대의를 '어떻게' 실현할지 표현하는 것이 최선이라고 생각했다. 그는 평범한 미국 노동자가 물건을 더욱 합리적인 가격에 구입하도록 제품을 저렴하게 공급할 방법을 고민했다. 고민 끝에 나온 방법은 노동자들이 도심까지 나갈 필요가 없도록 그 지역에 매장을 여는 것이었다. 모두 합당한 계획이었고 셀러리 테스트를 통과하는 결정이었다. 하지만 월튼은 결정적으로 회사가 '왜' 존재해야 하는지 말하지 않았다.

그는 건강 악화로 사망하기 직전까지 회사 일에 참여했다. 창립자가 리더로서 조직을 이끌 때는 그의 실재만으로도 WHY가 살아 숨 쉰다. 월튼이 계속 회사 일에 참여한 덕분에 모든 직원은 이 회사에서 일하는 이유와 방향성을 잊지 않을 수 있었다. 그는 사람들의 의욕을 고취했다.

애플은 스티브 잡스 사망 후에도 그의 흔적으로 잘 버텨왔지만 몇 년이 지나면서 중대한 문제들이 발생하기 시작했다. 월마트도 샘 월튼 사후 얼마간은 그의 WHY를 기억했다. 하지만 WHY가 점차 희미해지면서 회사 방향성은 틀어지기 시작했다. 그때부터 회사에는 새로운 동기가 생겼다. 그것은 바로 월튼이 그토록 경계하던 '돈을 좇는 일'이었다.

한편 코스트코는 1983년 WHY 유형의 짐 시니걸Jim Sinegal과 HOW 유형의 제프리 브로트먼Jeffrey Brotman이 공동 창립한 회사였다. 시니걸은 솔 프라이스에게 할인점이라는 개념을 배웠다. 솔 프라이스는 샘 월튼에게 사업에 대한 영감을 많이 준 인물이기도 했다. 시니걸은 월튼과 마찬가지로 사람을 우선시해야 한다고 믿었다. 그는 ABC 방송 시사프로그램 〈20/20〉에 출연해 이렇게 말했다. "우리는 모든 직원이 서로를 성이 아닌 이름으로 부르는 회사를 만들 것이다." 열의를 심어주었던 리더들과 같은 공식을 따른 코스트코는 직원을 최우선으로 돌봐야 한다고 믿었다. 코스트코는 직원에게 월마트 소유의 창고형 할인마트 샘스클럽Sam's Club보다 40퍼센트 높은 임금을 지급해왔다. 또한 90퍼센트 이상의 직원에게 의료보험을 제공하는 등 평균 이상의 복지 혜택을 제공했다. 그 결과 코스트코 이직률은 샘스클럽 5분의 1 수준이었다.

코스트코는 대의를 기반으로 설립된 다른 회사와 마찬가지로 자사 확성기를 사용해 성장해왔다. 코스트코는 홍보 부서가 따로 없으며 광고에 돈을 쓰지 않았다. 홍보는 그저 혁신 확산 이론에 맡겼다. 시니걸은 재치 있게 다음과 같이 말했다. "지속적으로 회사의 좋은 점을 널리 알리는 충성스러운 홍보대사가 12만 명이나 있다고 상상해보라." 그는 광고나 홍보보다 직원 신뢰와 충성심이 가치 있다는 사실을 알고 있었다.

한동안 월스트리트 애널리스트들은 코스트코가 이윤과 주가를 극대화하지 않고 인건비를 필요 이상으로 많이 쓴다며 비판해왔다. 월스트리트는 코스트코가 WHY를 포기하고 WHAT에 집중하기를 바랐을지도 모른다. 도이치은행Deutche Bank의 한 애널리스트는 『포천』에 이렇게 썼다. "코스트코는 주주를 신경 쓰지 않고 계속해서 회원과 직원을 섬기고 있다."

다행히 시니걸은 월스트리트 애널리스트보다 자신의 직감을 믿었다. 그는 〈20/20〉에 출연해 이렇게 말했다. "월스트리트는 지금부터 다음 주 화요일까지 돈을 벌 생각으로 기업을 경영한다. 그러나 우리는 50년 뒤에도 건재할 조직을 만들겠다는 마음으로 사업을 한다. 직원에게 높은 급여를 주고 함께 일하도록 독려하는 것은 아주 훌륭한 사업이다."

시니걸은 놀라운 통찰력으로 사람들에게 열의를 주었다. 그의 행보는 월마트 창립자 샘 월튼과 비슷했다. 코스트코도 월마트와 같은 일을 하면서 성장을 이루었다. WHY에 먼저 집중하고 WHAT은 WHY를 증명하는 역할을 하도록 만들었다. 돈은 절대 대의가 될 수 없다. 돈은 항상 나중에 수반하는 결과다. 하지만 1992년 4월 월마트는 끝내 WHY를 향한 신념을 잃고 말았다.

샘 월튼 사후 월마트는 주주 가치를 위한다는 명목으로 직원과 고객을 형편없이 대하며 각종 스캔들에 휘말려왔다. 월마트의 WHY가 처음과 달리 매우 흐릿해지자 사람들은 기업이 잘하고 있을 때조차 월마트를 신뢰하지 않았다. 월마트는 폐기물을 줄이고 재활용을 장려하는 환경정책을 비교적 초기에 시행했다. 그러나 월마트에 신뢰를 잃은 사람들은 기업의 의도를 의심했고 환경정책을 가식으로 여겼다. 2008년 10월 28일 『뉴욕 타임스』 웹사이트에는 다음과 같은 내용의 칼럼이 올라왔다. "월마트는 몇 년 전부터 이미지 개선과 환경보호에 힘써왔다. 하지만 그들은 제품 생산에 들어가는 환경 비용 절감을 매장 안에서 먼저 실천하겠다고 약속하고도 여전히 소비를 조장한다." 반면 코스트코는 월마트보다 환경정책을 늦게 발표했지만 훨씬 큰 관심을 받았다. 차이점은 코스트코가 하면 사람들이 이를 신뢰한다는 것이었다.

기업의 WHY와 WHAT이 명확하면 사람들은 기업의 공로를 인정한다. 반면 WHY가 불분명하면 기업의 행보는 뜬금없는 일이 된다. 아무리 취지가 좋아도 사람들이 기업의 WHY를 명확하게 이해하지 못하는 상황에서는 이치에 맞지 않은 일을 하는 것처럼 보인다.

두 기업의 결과는 어떻게 됐을까? 샘 월튼 사망 직후 얼마간은 월마트 문화가 그대로 유지되었기 때문에 코스트코와 월마트 주가는 몇 년 동안 거의 비슷한 수준이었다. 하지만 월마트는 맞닥뜨린 분기점을 극복하지 못했고 코스트코는 WHY를 명확하게 유지한 덕에 둘의 주가는 확연하게 벌어졌다.

짐 시니걸이 CEO로 있는 동안 코스트코는 WHY를 형상화했다. 그가 하는 말과 행동은 회사가 어떤 가치를 위해 존재하는지 직원에게 상기시켰다. WHY를 철저하게 지켰던 시니걸의 연봉은 2009년 당시 43만 달러로 회사 규모와 성과에 비하면 적은 액수였다. 샘 월튼의 연봉 역시 성과가 가장 뛰어났을 때도 35만 달러를 넘긴 적이 없었다. 그도 자신의 신념을 지켰던 것이다. 샘 월튼에게 최초로 CEO 자리를 넘겨받은 후계자이자 그와 상당한 시간을 함께 보낸 데이비드 글래스David Glass는 이렇게 말했다. "요즘 고공행진하는 회사와 기업 꼭대기에서 과도한 연봉을 받으며 직원을 착취하고 자기 안위만 신경쓰는 CEO들 때문에 정말 화가 난다. 이는 비즈니스에서 가장 잘못된 사고방식이다."

이후 여러 명이 월튼의 횃불을 이어받았다. 횃불 전달이 거듭될수록 명확한 목적의식과 대의, 신념은 점점 희미해져갔다. 2009년 초 월마트의 희망은 당시 CEO가 된 마이클 T. 듀크Michael T. Duke 손에 달려 있었다. 듀크의 목표는 월마트의 뚜렷한 WHY를 되찾고 초창기 영광을 회복하는 일이었다.

그는 자신에게 연봉 543만 달러를 지급하며 목표를 향한 여정을 시작했다.

6부

답은
우리 안에
있다

13장

시간을 거슬러가면 보이는 것들

이 일은 베트남전쟁 당시 반정부적 의식과 중앙집권에 대한 경멸이 만연하던 캘리포니아 북부 지역에서 시작됐다. 캘리포니아에 거주하던 두 청년은 정부와 기업의 권력을 적으로 여겼다. 권력 자체가 문제는 아니었다. 문제는 정부와 기업이 개인의 정신을 짓밟는 데 있었다. 두 청년은 개인이 목소리를 낼 수 있는 세상을 상상했다. 권력, 오래된 이념, 만연한 사고방식에 굴하지 않고 개인이 도전할 수 있는 시대를 꿈꿨다. 심지어 기존 방식을 아예 바꿀 수도 있다고 생각했다. 당시 두 청년은 신념이 비슷한 히피와도 어울렸지만 그들처럼 체제에 저항하거나 불법을 저지르지 않고도 세상을 바꿀 다른 방법을 찾아냈다.

당시 캘리포니아 북부는 혁명정신이 고조된 지역이자 컴퓨터 혁명의 중심지였다. 그 시기에 워즈니악과 잡스는 컴퓨터 기술에서 혁명을 일으킬 기회를 발견했다. 워즈니악은 이렇게 회고했다. "애플은 개인에게 기업과 동등한 일을 할 수 있는 힘을 선사했다. 덕분에 역사상 처음으로 개인이 기업에 맞설 수 있게 됐다. 이는 개인이 기업과 똑같은 기술을 사용할 수 있었기 때문이다." 워즈니악은 애플I과 애플II를 만들 때 개인이 컴퓨터를 잘 활용할 수 있도록 사용자 친화적으로 설계했다. 그리고 잡스는 컴퓨터를 어떻게 판매해야 할지 잘 알고 있었다. 애플 컴퓨터라는 기업은 그렇게 시작됐다. 애플에는 명확한 목적의식이 있었다. 개인이 기존 권력에 맞설 힘을 주고, 몽상가와 이상주의자가 현실에 도전해 성공할 수 있도록 힘을 실어주는 것이었다. 하지만 그들의 대의인 WHY는 애플이 창립되기 한참 전부터 시작됐다.

1971년 캘리포니아 대학교 버클리 캠퍼스 기숙사에서 워즈니악과 잡스는 블루박스Blue Box를 만들었다. 블루박스는 전화 시스템을 해킹해 장거리 통화요금이 나오지 않도록 해주는 장치였다. 애플 컴퓨터가 아직 존재하지 않을 때도 잡스와 워즈니악은 이미 권력을 지닌 빅 브라더에 도전하고 있었다. 이때 빅 브라더는 마벨Ma Bell이라는 별칭으로 불렸던 독점 전화 회사 AT&T였다. 엄밀히 말하면 두 사람의 블루박스는 불법이었다. 잡스와 워즈니악은 법을 어기면서까지 권력에 대항하고 싶은 마음이 없었으므로 실제로 그 장치를 사용하지 않았다. 하지만 두 사람은 개인에게 독점적인 권력에 놓아나지 않을 힘을 준다는 개념에 만족했다. 그리고 이 개념은 훗날 애플에서 몇 번이고 반복되었다.

1976년 4월 1일, 잡스와 워즈니악은 비슷한 일을 또 해냈다. 빅블루Big Blue로 알려진 거물급 컴퓨터 기업에 도전장을 내민 것이다. 애플이 없던 시절, 컴퓨터 기술이란 펀치 카드를 사용해 어딘가에 있는 컴퓨터 센터의 거대한 메인프레임에 명령을 내리는 것을 의미했다. 당시 IBM은 기업에 컴퓨터 기술을 제공하는 것을 목표로 삼았으며, 기술을 개인이 기업에 대항할 수단으로 바라보지 않았다. 한편 목적의식이 뚜렷하고 뛰어난 행동원칙이 있었던 애플은 신념을 실현하는 데 성공했고 이는 혁신확산 이론을 보여주기 위해 일부러 만들어낸 것처럼 보이기까지 했다. 애플은 창립 첫해 신념이 같은 사람들에게 컴퓨터 100만 달러어치를 판매했다. 그 후 두 번째 해에는 매출 1,000만 달러, 세 번째 해에는 1억 달러를 기록했으며 6년 만에 무려 10억 달러를 달성했다.

이름만 대면 누구나 아는 회사가 된 애플은 1984년 매킨토시를 출시하며 그해 슈퍼볼 기간에 〈1984〉 광고를 내보냈다. 영화 〈블레이드 러너〉Blade Runner로 알려진 리들리 스콧Ridley Scott 감독이 제작한 이 광고는 매우 유명해졌고 광고업계의 방향성까지 바꿨다. 최초의 '슈퍼볼 광고' 〈1984〉 덕분에 매년 슈퍼볼 기간이 되면 여러 기업이 예산을 많이 들여 영화 같은 광고를 만들었다. 애플은 매킨토시로 다시 한 번 표준을 깨뜨렸다. 그리고 퍼스널 컴퓨터 사용자 대다수가 쓰던 운영체제인 마이크로소프트 도스DOS에 도전했다. 매킨토시는 그래픽 기반의 사용자 인터페이스와 마우스를 이용한 최초의 대중시장용 컴퓨터였다. 사람들은 이제 코드를 입력하는 대신 마우스 클릭으로 프로그램을 실행했다. 그런데 아이러니하게도 애플의 사용자 중심 인터페이스가 대중시장에 널리 퍼진 시점은 마이크로소프트 그래픽 인터페이스인 윈도우가 출시되고부터였다. 혁명에 불을 붙이는 애플의 능력과 그 아이디어를 대중시장에 퍼뜨리는 마이크로소프트의 능력은 각 기업과 창립자의 WHY를 완벽하게 보여주었다. 잡스는 항상 도전했고, 게이츠는 항상 많은 사람에게 퍼뜨렸다.

애플은 같은 신념 아래 다양한 제품을 출시함으로써 도전을 계속해나갔다. 아이팟과 아이튠즈가 그 예다. 애플은 아이팟과 아이튠즈로 당시 음악업계 사업모델에 도전장을 내밀었다. 음악업계가 지식재산권과 기존 사업모델을 보호하고자 불법 음원 복제자들과 소송을 벌이는 동안 애플은 온라인 음악시장을 재정립했다. 이런 현상은 애플이 아이폰을 출시했을 때도 반복됐다. 당시 휴대전화 시장에서는 이동통신사가 기기 특징과 기능을 정하고 제조사에 제작을 지시했다. 그때 애플은 휴대전화 기능을 스스로 정하겠다고 발표해 업계 표준을 바꿨다. 그러자 아이러니하게도 수십 년 전 애플이 블루박스로 도전했던 빅 브라더 AT&T가 기존 통신사들과 달리 얼리어답터처럼 행동했다. 기존 통신사들은 애플의 도전을 거부했지만 AT&T는 새로운 사업모델에 동의했고 이로써 또 다른 혁명의 불꽃이 피어올랐다.

애플의 예리한 혁신 능력은 WHY에서 생겨났으며 창립 이래 잡스가 자리를 비운 시기를 제외하면 그들의 WHY는 변한 적이 없었다. 기존 사업모델을 고수하고 있는 산업은 표준에 도전하는 애플을 주의해야 한다. 애플이 WHY를 잃지 않는다면 예기치 못한 경쟁자가 될 수 있기 때문이다. 다음 표적은 TV나 영화 산업이 될지도 모른다.

애플이 이런 혁신 능력을 발휘할 수 있었던 이유는 뛰어난 전문성을 갖췄기 때문이 아니다. 다른 기업도 우수한 인재와 자원에 접근할 수 있고 같은 품질의 제품을 생산할 수 있다. 애플의 능력은 수십 년 전 캘리포니아주 쿠퍼티노Cupertino에 거주하던 두 이상주의자 청년의 목적의식, 대의, 신념에서 나왔다. 스티브 잡스는 이렇게 말했다. "나는 우주에 흔적을 남기고 싶다." 그의 말대로 애플은 도전하는 모든 산업에 흔적을 남겼다. 애플은 창립자의 WHY에서 시작됐다. 이 기업과 창립자의

WHY는 동일하다. 애플은 잡스와 워즈니악이 WHY를 추구하는 데 필요한 WHAT이다. 사실 이 기업에 본능적으로 이끌리는 사람들 또한 잡스와 성향이 비슷한 경우가 많다. 애플 직원과 고객 모두 마찬가지다. 한쪽은 애플의 WHY를 믿고 입사한 사람들이고, 다른 한쪽은 애플의 WHY를 믿고 제품을 구매하는 사람들이므로 행동이 조금 다를 뿐이다. 충성심 깊은 주주도 크게 다르지 않다. 각자 선택하는 제품은 다를 수 있지만 제품을 구매하며 오랫동안 브랜드에 애정을 쏟은 이유는 같다. 애플 제품은 구매자의 정체성을 상징한다. 또한 회사 밖에 있는 팬은 애플 추종자, 회사 안에 있는 팬은 애플의 정신을 지지하는 직원이라 불린다. 이들의 상징, 즉 WHAT은 각자 다르지만 대의를 향한 헌신은 일치한다. 사람들이 이들을 보며 '추종'이라는 단어를 사용하는 것은 팬들이 구매 이상의 감성적인 신념을 공유하고 있다는 사실을 인지한다는 뜻이다. 이는 사실이다. 회사와 충성스러운 직원 그리고 고객 모두는 기존의 경계를 허무는 애플의 정신에 동의한다. 이들은 선한 혁명을 꿈꾼다. 잡스는 떠났지만 애플이 계속해서 신념의 방향을 지킨다면 대의는 쉽게 사라지지 않을 것이다.

애플의 WHY가 명확하다고 해서 모든 사람이 끌리는 것은 아니다. 애플을 좋아하는 사람도 있고 싫어하는 사람도 있다. 그들의 가치관을 수용하는 사람도 있고 거부하는 사람도 있다. 하지만 애플이 상징하는 바가 있다는 점은 선호도와 상관없이 결코 부정할 수 없는 사실이다. 이론에 따르면 혁신가 유형은 전체 인구의 2.5퍼센트뿐이다. 이 유형은 직감을 믿으며 다른 이들보다 큰 위험을 감수할 의향이 있다고 대답한다. 마이크로소프트 윈도우가 전 세계 컴퓨터의 약 80퍼센트를 점유하고 있는 반면 애플이 약 10퍼센트를 점유하고 있는 것은 어쩌면 우연이 아닐지도 모른다. 사람들은 대부분 큰 위험을 감수하면서까지 현상에 도전하는 정신을 반기지 않는다.

애플 직원이라면 기업의 성공 이유로 제품을 꼽겠지만 사실 그 정도 품질의 제품을 만들 수 있는 회사는 많다. 그래도 애플 제품이 더 낫다고 주장할 수도 있겠지만 기준에 따라 판단은 달라질 수 있다. 애플의 WHY에 공감한 사람에게는 애플 제품이 단연 최고일 것이다. 이 기업의 행보는 신념과 일치한다. 이들은 WHY를 아주 효과적으로 나타낸다. 제품명 맨 앞에 알파벳 'i'를 붙여 제품을 확실하게 식별할 수 있도록 한 것이다. 이는 그저 알파벳 하나가 아니다. 'I'는 '나'를 의미한다. 애플은 개인의 창조적인 정신을 지지하는 회사이며 제품과 서비스, 마케팅이 신념을 증명하고 있다.

WHY가 시작되는 곳

1415년 10월 말이었다. 프랑스 북부 아쟁쿠르Agincourt에서 영국군은 그들보다 규모가 훨씬 큰 프랑스군과 전투할 준비를 하고 있었다. 영국 국왕 헨리 5세의 전망은 좋지 않았다. 수적 열세를 보수적으로 보는 사람들은 상황을 3 대 1쯤으로 추측했지만 역사학자 중에는 영국군이 6 대 1까지 밀렸다고 보는 이들도 있었다. 하지만 헨리 5세에게는 수적 열세 말고도 다른 문제가 있었다.

영국군은 거의 3주 동안 400킬로미터가 넘는 거리를 행군했고 질병으로 40퍼센트의 병력을 잃은 상태였다. 반면 프랑스군은 휴식을 충분히 취했고 사기도 드높았다. 훈련 수준이 높고 전투 경험도 풍부했다. 프랑스군은 지난 전투의 굴욕적인 패배를 만회하고 복수하겠다는 생각에 부풀어 있었다. 게다가 그들의 장비는 영국군보다 뛰어났으며 갑옷도 훨씬 무겁고 두꺼웠다. 반면 영국군 갑옷은 프랑스군과 비교도 안 될 만큼 얇았다. 하지만 중세 유럽 역사를 아는 사람이라면 아쟁쿠르 전투 결과가 어땠는지 잘 알 것이다. 프랑스군이 압도적으로 우세했지만 실제 승리를 거둔 쪽은 영국군이었다.

영국군은 프랑스군을 혼란에 빠뜨려 패배하게 만들 중요한 무기를 확보하고 있었다. 바로 장궁이었다. 영국군 장궁은 당시 사거리가 매우 긴 무기였다. 영국군은 무거운 갑옷이 필요 없을 정도로 멀리 떨어진 언덕 위에서 아래를 내려다보며 프랑스군에게 화살 세례를 퍼부었다. 화살이 힘을 발휘한 이유는 성능이나 사거리만이 아니었다. 화살은 끝이 뾰족하고 깃털이 달린 얇은 나무 막대기에 불과했다. 이런 화살만으로는 칼에 맞설 수도 갑옷을 뚫을 수도 없었다. 영국군은 결론적으로 전장 경험, 훈련 수준, 병력, 갑옷 등 모든 요소에서 밀리는 셈이었다. 그런데도 이들이 장궁 하나로 맞붙을 수 있었던 비결은 장궁을 날아가게 하는 추진력이었다. 이 가는 나무 막대기 화살은 공기를 관통하며 한 방향으로 빠르게 날아가 힘을 얻었고 화살의 추진력으로 인해 이들은 승리를 거머쥐었다. 그런데 아쟁쿠르 전투가 당신의 WHY를 찾는 일과 무슨 관계가 있을까?

화살은 목표물에서 180도 반대 방향인 뒤로 당겨져야 빠르게 날아가면서 힘을 얻으며 WHY도 이 같은 방식으로 힘을 얻는다. WHY는 성취하고 싶은 바를 내다보고 달성 전략을 모색하는 과정에서 찾을 수 있는 것이 아니다. 시장조사나 고객, 직원 등을 심층 인터뷰해서 알게 되는 것도 아니다. WHY는 오히려 현재 위치와 정반대 방향을 바라볼 때 드러난다. WHY는 발명이 아니라 발견해나가는 과정이다.

애플의 WHY가 1960~1970년대 반체제 분위기가 강했던 시기에 시작됐듯 모든 개인이나 조직의 WHY는 과거에서 출발한다. 이는 개인이나 조직의 성장 과정과 경험에서 생긴다. 모든 사람과 조직에는 WHY가 있다. 조직은 신념을 보여주는

WHAT이 되어야 한다는 사실을 잊어서는 안 된다. 회사란 창립자가 자신의 WHY를 증명하려고 눈으로 볼 수 있게끔 실행한 일이다.

영감을 불어넣는 모든 조직과 집단은 자신보다 큰 가치를 추구하려는 열의가 있는 사람에게서 시작된다. WHY를 명확하게 하는 일은 어렵지 않다. 자신의 직감을 믿으며 목적의식이나 대의, 신념에 충실할 수 있는 행동원칙을 세우면 된다. 가장 어려운 일은 균형과 진정성을 유지하는 것이다. 신념을 기반으로 회사를 세우고 제대로 된 확성기까지 만든 소수만이 다른 이들에게 열의를 불어넣을 능력을 얻을 수 있다. 그들은 보통 사람이 상상하기 어려울 정도의 강력함으로 사람들을 이끈다. 회사나 조직 그리고 사회운동의 WHY를 아는 일은 언제나 한 가지에서 시작한다. 바로 자기 자신을 아는 것이다.

실패를 거듭하며 깨달은 진실

나에게는 인생에서 잊히지 않는 시간이 있다. 2005년 9월에서 12월 사이, 나는 밑바닥을 경험했다.

2002년 2월 사업을 시작했고 나는 매우 들떠 있었다. 옆에서 이를 지켜본 할머니는 그때 내게 에너지가 넘쳤다고 말한다. 내 목표는 어릴 때부터 사업을 하는 것이었다. 나는 내게 아메리칸드림 같았던 일을 마침내 해냈다. 목표를 달성했다는 사실에 무척 뿌듯했고 날아갈 듯했다. 당시 내게 직업이 뭐냐고 물으면 〈슈퍼맨〉Superman 주인공 조지 리브스George Reeves 같은 포즈로 "저는 기업가입니다"라고 당당하게 대답하곤 했다. 이런 행동은 내 자부심을 보여주었다. 열의에 가득 차 있던 내 모습은 슈퍼맨 같은 사람이 아니라 슈퍼맨 그 자체였다.

사업가라면 누구든 알겠지만 사업이란 흥미진진한 경주 같다. 경쟁적 성향을 가졌거나 자신을 기업가라고 여기는 사람은 신규 사업체 90퍼센트 이상이 첫 3년 안에 망한다는 놀라운 통계자료에도 주눅 들지 않으며 오히려 활활 타오른다. 사업가는 자기가 3년을 넘길 소수라 믿으며 낮은 확률에 도전한다. 열정에 끌려 비이성적으로 보일 수도 있는 행동을 하는 일은 어쩌면 기업가를 기업가답게 하는 한 부분일 수도 있다.

1년 뒤 우리는 자축했다. 회사는 망하지 않았고 역경을 이겨내며 꿈을 이루고 있었다. 그렇게 2년이 지나고 3년이 지났다. 그때를 돌이켜보면 제대로 된 체계와 절차가 하나도 갖춰지지 않았는데 일을 어떻게 해냈나 싶은 생각이 든다. 어쨌든 내 사업체는 희박한 성공 확률을 깼다. 중요한 건 오로지 목표를 달성했다는 사실뿐이었다. 나는 통계자료를 언급하며 중소기업 소유주라고 자랑스럽게 말하는 극소수 집단의 일원이었다.

하지만 4년째부터 완전히 달라졌다. 기업가로서 발휘하던 참신함은 사라졌고 나는 더 이상 슈퍼맨 포즈를 취하지 않았다. 누군가가 내게 직업을 물으면 사업가가 아니라 '기업 포지셔닝과 전략 컨설팅'을 하는 사람이라고 대답했다. 일은 전보다 재미없었고 흥미진진한 경주로 느껴지지 않았다. 내게 사업은 열정을 추구하는 것이 아니라 일일 뿐이었다. 게다가 사업은 내가 생각한 것처럼 장밋빛이 아니었다.

사업이 엄청난 성공을 거둔 것은 아니었다. 먹고살 정도로 수익을 올렸지만 그 이상의 결과를 내지는 못했다. 우리는 포천 500대 기업에 속하는 대형 클라이언트와 일하며 나름 좋은 성과를 거두고 있었다. 우리가 무엇을 하는지, 경쟁사와 어떤 점이 다른지, 즉 우리가 일을 '어떻게' 하는지 알았다. 그러니 어느 순간부터 이 분야의 다른 사람들처럼 나 역시 우리가 어떻게 일하는지, 다른 회사보다 어떤 점이 낫고 어떻게 다른지를 설명하며 고객을 설득하려 애쓰고 있었다. 무척 어려운 일이었다. 사실 회사가 희박한 확률을 이겨낸 것은 내 에너지가 넘쳤기 때문이지 사업 능력이 뛰어나서가 아니었다. 사업을 지속하려면 더 나은 체계와 절차가 필요했다.

이 사실을 깨닫자 자신감이 바닥으로 떨어지기 시작했다. 머리로는 무엇을 해야 할지 알고 있었지만 아무것도 행동으로 옮길 수 없었다. 2005년 9월, 나는 인생에서 한 번도 겪어보지 못한 극심한 우울감에 빠졌다. 걱정 없이 낙천적으로 살아온 나는 평소 불행하다는 느낌이 드는 것을 힘들어했다. 그런데이 우울감은 그 느낌을 뛰어넘는 수준이었다.

우울감에 시달리자 부정적인 생각이 끊이지 않았다. 회사가 망할 것만 같았고 집세를 내지 못해 아파트에서 쫓겨날 것 같은 기분이 들었다. 직원들은 전부 나를 싫어하고 고객들은 나를 사기꾼으로 여기는 것 같았다. 내 주변의 모든 사람이 나보다 똑똑해 보였고 나보다 못한 사람은 없어 보였다. 그때 나는 남은 힘으로 간신히 버티며 잘 지내는 척하느라 사업에 신경 쓰기가 힘들었다.

이런 상황을 바꾸려면 모든 것이 무너지기 전에 회사를 탄탄하게 만들 방법을 찾아야 했다. 그래서 콘퍼런스에 참석하고 책을 읽으며 성공한 친구들에게 어떻게 해야 할지 조언을 구했다. 그런데도 좋은 말이 귀에 들어오지 않았다. 사람들이 뭐라고 조언하든 다 내가 잘못하고 있다는 말처럼 들렸기 때문이다. 문제를 해결하려고 노력해도 기분이 나아지기는커녕 힘들어지기만 했다. 아무것도 할 수 없었고 기업가에게 자살보다 나쁘다는 '어딘가에 취직해야 할 것 같다'란 생각마저 들었다. 매일 나락으로 떨어지는 기분을 나아지게 할 수 있다면 무엇이든 하고 싶었다.

그해 추수감사절, 곧 매부가 될 사람의 어머니 집에 방문했다. 사람들은 거실 소파에 둘러앉아 이런저런 이야기를 했지만 내겐 아무 말도 들리지 않았다. 나는 상투적인 대답만 늘어놓았다. 대화를 나누고 싶지도 않았고 그럴 힘도 없었다. 그런데 문득 진실을 깨달았다. 마의 3년을 넘겼으므로 통계자료에는 어긋나지만 나는 결론적으로 실패자였던 것이다.

대학에서 인류학을 전공하고 마케팅과 광고업계에서 전략을 담당했던 나는 사람들이 특정 행동을 하는 이유에 줄곧 호기심을 느꼈다. 사회 초년생 시절 이 호기심을 기업 마케팅 분야에 적용했다. 마케팅업계에는 '모든 마케팅의 반은 성공한다'라는 말이 있다. 그렇다면 누가 그 반에 들어가는 걸까? 나는 수많은 기업이 이렇게 불확실한 상황에 회사를 내던져 사업을 한다는 사실이 매우 놀라웠다. 돈이 그리도 많이 드는 마케팅을 어떻게 동전 던지기 같은 성공 확률에 맡길까? 마케팅이 애초에 반의 확률로 성공할 수 있는 일이라면 남은 반의 성공 이유도 찾을 수 있으리라는 확신이 들었다.

같은 수준의 자원이 있는 기업이라면 광고 대행사, 인재, 대중매체 접근성 등 여러 여건이 비슷할 텐데 왜 어떤 마케팅은 효과가 있고 어떤 마케팅은 효과가 없을까? 나는 광고업계에서 일하며 이런 경우를 수도 없이 목격했다. 비슷한 상황에서 같은 팀이 광고 캠페인을 만들었지만 어느 해에는 흥행하고 다른 어느 해에는 실패했다. 그래서 성공한 마케팅의 공통점을 찾아보기로 했다. 효과가 없었던 이유보다는 효과가 있었던 이유에 초점을 맞췄다. 다행히도 공부할 것은 그리 많지 않았다.

'애플은 어떻게 매번 경쟁사를 앞지를까? 할리데이비슨은 무엇을 잘했기에 사람들이 기업 로고를 문신할 정도의 충성심을 이끌어낼 수 있었던 걸까? 사람들은 왜 사우스웨스트항공을 좋아할까? 사실 별로 특별하지도 않은데.' 이런 고민들을 품으며 공부를 시작했다. 나는 이 기업들이 성공한 이유를 법칙으로 만들고자 했고 골든서클이라는 간단한 개념을 만들었다. 하지만 이 이론을 딱히 알리지 않은 채 컴퓨터에 저장해두었다. 이는 내게 흥미로운 프로젝트였을 뿐이고 실제로 어딘가에 적용하려던 목적으로 진행한 일은 아니었다.

그런데 한 행사에서 내 마케팅 관점에 흥미를 보이는 사람을 만났다. 학구적인 가정에서 자란 빅토리아 더피 호퍼Victoria Duffy Hopper는 인간의 행동 이유에 관심이 무척 많고 나와 비슷했다. 나는 그녀에게 처음으로 뇌 변연계와 신피질에 관한 이야기를 들었다. 그 후 이 주제에 호기심이 생겨 뇌과학 분야 책을 읽기 시작했고 진정한 발견을 했다.

인간 행동의 생물학적 원리와 골든서클은 완벽하게 겹쳤다. 나는 효과적인 마케팅과 그렇지 않은 마케팅의 이유를 알아내면서 그보다 심오한 사실을 발견했다. 바로 사람들이 특정한 행동을 하는 이유였다. 동시에 내가 스트레스를 받고 우울감에 빠졌던 이유도 깨달았다. 내가 겪고 있던 문제는 무엇을 어떻게 해야 할지 모르는 게 아니었다. 진짜 문제는 WHY를 잊었다는 사실이었다. 당시에는 몰랐지만 그때가 내 분기점이었던 것이다. 나는 WHY를 다시 찾아야 했다.

내가 한 유일한 일

헨리 포드는 이렇게 말했다. "할 수 있다고 생각하면 할 수 있고, 할 수 없다고 생각하면 할 수 없다." 그는 업계 전체를 바꾼 탁월한 WHY 유형이었고, 훌륭한 리더의 본보기이자 관점의 중요성을 이해하는 사람이었다. 내가 힘든 시기를 겪었던 이유는 사업을 시작했을 때보다 무지해졌기 때문이 아니다. 나는 방법이 아니라 관점을 잃은 상태였다. '무엇을' 하는지는 알았지만 WHY를 잊었다. 온 마음을 다해 열심히 달린다고 해도 눈을 감고 달리는 것과 눈을 뜨고 달리는 것은 차이가 있다. 3년간 나는 마음을 다해 달렸지만 눈을 감고 있었던 것임을 깨달았다. 열정과 에너지는 있지만 초점과 방향성이 없었다. 그래서 내 열정을 불러일으킨 것이 무엇이었는지 다시 생각해내야 했다.

나는 WHY라는 개념에 열렬히 동의했고 완전히 사로잡혔다. 지난 시절을 돌아보면 나에게는 돋보이는 특징이 있었다. 나는 학교나 직장에서 항상 낙관주의자였다. 주변 사람에게 어려운 일도 할 수 있다고 힘을 실어주는 사람이었다. 나의 특징이자 WHY는 바로 사람들에게 열의를 불어넣는 것이었다. WHY를 실현하는 일은 마케팅이든 컨설팅이든 분야와 크게 상관없었다. 어느 곳에서나 일하는 사람들이 각자 열의를 느낄 수 있도록 영감을 주고 함께 세상을 바꾸는 것, 이것이 내가 나아가야 할 방향이자 인생을 바칠 길이었다. 아마 헨리 포드도 나를 보면 보람을 느낄 것이다. 몇 달 동안 아무것도 할 수 없다고 스스로 자책했던 나는 드디어 할 수 있다는 희망을 발견했다.

나는 먼저 실험대상이 되어 이 개념을 실천해보기로 했다. 내가 밑바닥을 경험한 이유가 정말 골든서클의 균형을 잃었기 때문이라면 균형을 바로잡아야 했고, WHY로써 시작하는 것이 중요하다면 모든 일을 WHY에서 시작해야 했다.

이 책에서 내가 해보지 않은 개념은 단 하나도 없다. 나는 사람들이 내 이야기를 들을 수 있도록 확성기에 대고 WHY를 전했다. 내 대의에 공감한 얼리어답터들은 나를 본인의 WHY를 실현해줄 수단으로 생각했다. 그리고 열의를 심어주고 싶은 사람에게 나를 소개했다. 혁신확산 법칙은 그렇게 실현됐다.

골든서클과 WHY의 개념이 나에게 효과적이었기 때문에 다른 사람에게도 보여주고 싶었다. 그때 나는 특허를 내어 수입을 올릴지, 무료로 널리 알릴지를 결정해야 했다. 결정의 기준은 내 첫 셀러리 테스트가 되었다. 그 결과 나의 WHY는 사람들이 각자 열의를 느끼는 일을 하도록 영감을 주는 것이고, 이 대의를 진정으로 실현하고 싶다면 할 수 있는 결정은 단 하나, 바로 최대한 많은 사람에게 나누는 것이었다. 나만 아는 특제 소스나 비밀 레시피는 없어야 했다. 내 비전은 모든 사람과 기업이 자신의 WHY를 발견하고 하는 일에 WHY를 적용해 이익을 얻게 하는 데에 있다. 그래서 나는 이 일을 하고 있다. 비전을 실현하기 위해 WHY의 개념과 자연스럽게 따라 발생하는 골든서클 패턴만 이용한다.

실험은 효과를 보이기 시작했다. WHY로 시작하기 전에는 강연을 요청받은 경험이 딱 한 차례뿐이었다. 그러나 WHY로 시작한 후 국가를 막론한 다양한 청중 앞에서 골든서클을 주제로 연간 30~40번씩 강연했다. 기업가, 대기업, 비영리 단체, 정부 기관뿐 아니라 미 국방부에서 합참의장과 공군 참모총장에게도 강연했다. 골든서클을 발견하기 전에는 군대에 아는 사람이 한 명도 없었는데 말이다. 또한 TV에 출연한 경험이 전혀 없었던 나는 WHY로 시작하고 2년도 지나지 않아 MSNBC에 정기적으로 출연하게 됐다. 이전에는 정부나 정치에 관련된 일을 한 번도 맡은 적이 없었지만 지금은 국회의원과 함께 일하기도 한다.

나는 전과 똑같은 사람이다. 예전보다 많은 지식을 알게 되지도 않았다. 지금과 이전의 유일한 차이점은 WHY로 시작한다는 것뿐이다. 똑같은 직원과 장비로 콘티넨털항공을 다시 일으킨 고든 베순처럼 나도 이미 알고 있고 행하던 일로써 일어섰다.

사실 나는 인맥이 넓은 사람이 아니다. 세상에는 나보다 열심히 일하는 사람도 많다. 나는 아이비리그 출신도 아니고 대학 성적도 평균 수준이었다. 심지어 아직도 회사를 어떻게 키워야 하는지 잘 모를 수도 있다. 사람들 대부분이 하지 않았지만 내가 한 유일한 일은 WHY로 시작한 것밖에 없다.

14장

우리가 바라봐야 할 곳은 어디일까?

당신이 넘어서야 할 대상

"탕!" 총소리가 울리고 경주가 시작됐다. 주자들이 경기장을 가로질렀다. 전날 비가 와서 아직 땅이 축축하고 기온은 선선했다. 일렬로 늘어섰던 주자들은 물고기 떼처럼 하나로 모여 움직였다. 무리는 완주할 때까지 에너지를 극대화할 수 있도록 완급을 조절했다. 시간이 조금 지나면서 여느 경주처럼 강한 주자는 앞서가고 약한 주자는 뒤처지기 시작했다. 하지만 벤 코멘Ben Comen은 달랐다. 벤은 총소리가 울리자마자 바로 뒤처졌다. 가장 느린 주자였던 그는 해나 고등학교Hanna High School 크로스컨트리 팀에서 단 한 번도 우승한 적 없었던 뇌성마비 장애인이었다.

뇌성마비는 주로 출생 시 합병증으로 발생하며 운동 기능과 균형에 영향을 준다. 신체 문제는 평생 지속된다. 환자는 척추 변형으로 자세가 뒤틀리고 약한 근육 때문에 움직임이 느려진다. 또한 근육과 관절이 경직되어 균형을 잡기가 어렵다. 뇌성마비 환자는 대개 다리가 뒤틀려 있기 때문에 걸음이 불안정해 보인다. 이 병을 잘 모르는 사람에게는 환자가 이상하게 행동하거나 골절된 것처럼 보인다.

무리를 이룬 주자들이 달려 나가는 동안 벤은 점점 뒤처졌다. 젖은 풀밭에 미끄러져 넘어졌다. 그러나 천천히 몸을 일으켜 세워 달렸고 다시 넘어졌다. 이번에는 꽤 아팠지만 다시 일어나서 계속 달렸다. 포기하지 않았다. 주자들은 그의 시야에서 사라졌지만 묵묵히 혼자 달렸다. 주위는 쥐 죽은 듯 고요했고 자신의 가쁜 숨소리만 들려왔다. 그는 외로웠다. 자기 발에 걸려 넘어지고 또 넘어졌다. 정신력이 강한 그였지만 얼굴에서 고통과 좌절이 감춰지지 않았다. 계속 달리기 위해 온 힘을 다해 다시 일어서는 동안 그의 얼굴은 점점 일그러졌다. 이런 일은 그에게 일상이었다. 사람들은 대부분 25분 안에 완주했지만 그는 보통 45분이 걸렸다.

벤은 결국 결승선을 통과했다. 지쳐 녹초가 된 모습이었다. 그는 완주에 온 힘을 쏟았다. 넘어지고 일어나는 과정을 반복하면서 몸은 멍으로 얼룩지고 상처투성이에 진흙도 잔뜩 묻은 상태였다. 하지만 많은 사람이 그의 도전을 보며 큰 영감을 받았다. 이 이야기의 요점은 '힘든 상황에서 앞으로 나아가는 사람은 힘센 사람이다'나 '넘어져도 다시 일어서라'가 아니다. 물론 삶에는 이런 교훈도 쓸모가 있겠지만 목적이 이것이라면 벤 코멘을 언급할 필요도 없었을 것이다. 이런 극적인 이야기는 수없이 많기 때문이다. 경기를 몇 달 앞두고 부상을 입은 올림픽 선수가 이를 극복하고 메달을 딴 사례는 심심찮게 들을 수 있는 이야기다. 그러나 벤의 이야기는 이런 사례보다 훨씬 깊은 교훈을 주었다.

벤이 혼자 외로운 경주를 하고 있을 무렵 놀라운 일이 일어났다. 완주한 주자 전원이 다시 돌아가 벤과 함께 달리기 시작한 것이다. 넘어지면 다른 사람이 일으켜주는 유일한 주자, 결승선에 도착했을 때 자기 뒤로 100명이 함께 달리는 주자는 오로지 벤뿐이었다.

이 이야기는 특별한 깨달음을 준다. 보통 경쟁 상황에서는 아무도 서로를 도와주지 않는다. 하지만 상대가 아닌 자신을 이기려고 노력하는 사람은 많은 이의 도움을 받을 것이다. 올림픽 선수는 서로 돕지 않는다. 그들은 경쟁자이기 때문이다. 벤은 매번 아주 분명한 WHY를 마음에 품고 경주를 시작했다. 그는 자기 자신을 넘어서고자 그 자리에 섰다. 그리고 자신의 WHY를 결코 잊지 않았다. WHY를 되새김으로써 앞으로 나아갈 힘을 얻었고 계획대로 자신을 밀어붙일 수 있었다. 벤은 넘어진 몸을 일으켜 다시 달릴 힘을 자신에게서 얻었다. 그 힘으로 도전을 반복했다. 앞으로도 그가 달릴 때마다 넘어서야 할 상대는 바로 자기 자신일 것이다.

그렇다면 우리가 어떻게 일하고 있는지 생각해보자. 우리는 항상 타인과 경쟁하고 그보다 잘되기 위해 노력한다. 기업 또한 타사보다 뛰어난 품질, 다양한 기능, 세심한 서비스를 갖추려고 애쓴다. 우리는 항상 자신을 타인과 비교한다. 하지만 그러면 아무도 나를 도우려 하지 않을 것이다. 그런데 우리가 지금의 나보다 나은 사람이 되려는 마음으로 출근한다면 어떨까? 지난주보다 잘하는 게 목표라면 어떨까? 지난달보다 성장하는 게 목표라면 어떨까? 조직을 더 나은 곳으로 만드는 일이 목표라면 어떨까?

처음에는 많은 조직이 WHY에서 출발한다. 하지만 시간이 지나면 위대한 조직만 WHY를 명확하게 유지한다. 자신이 '왜' 세워졌는지 잊은 조직은 자신이 아니라 타인을 능가하려고 경쟁한다. 경주에 참여하는 참된 목적을 잊은 주자는 메달을 따거나 누군가를 이기는 데에만 의의를 둔다.

누군가가 이렇게 물어본다고 가정해보자. "당신의 경쟁사는 어디입니까?" 우리는 "모릅니다"라고 답한다. 다음에 누군가가 다시 묻는다. "당신의 회사가 경쟁사보다 나은 점은 무엇입니까?" 우리는 "여러 면에서 나은 점이 없을 수도 있습니다"

라고 답한다. 누군가가 또 이렇게 묻는다. "그렇다면 내가 당신과 왜 거래해야 합니까?" 우리는 바로 이럴 때 자신 있게 대답할 수 있어야 한다. "지금 하는 일이 6개월 전보다 낫기 때문입니다. 그리고 6개월 뒤에는 지금보다 좋아질 겁니다. 매일 아침 우리는 '왜' 이 일을 하는지 생각하며 출근합니다. 그리고 사람들이 각자 열의를 느끼는 일을 하도록 영감을 주고자 일합니다. 경쟁사보다 뛰어나냐고요? 만약 당신과 우리가 신념이 같고 우리의 일이 당신에게 도움이 된다면 더 나은 파트너는 우리 회사일 것입니다. 그러나 서로 신념이 다르고 우리가 하는 일이 당신에게 도움이 되지 않는다면 우리는 타사보다 뛰어나지 않을 것입니다. 우리 회사의 목표는 신념이 같은 고객을 찾아 함께 일하고 모두가 함께 성공하는 것입니다. 우리는 같은 목표를 추구하며 서로 어깨를 나란히 할 사람들을 찾고 있습니다. 테이블에 마주 앉아 거래 조건을 더 유리하게 협상하는 일에 목적을 두지 않습니다. 회사는 대의를 추구하고자 이런 일들을 하고 있습니다." 그러고는 HOW와 WHAT의 세부 사항을 제시한다. 이 같은 전개가 WHY로 시작하는 대화다.

모든 조직이 WHY로 시작한다고 상상해보자. 의사결정이 간단해지고 충성심은 깊어지며 조직에서 신뢰감이 형성될 것이다. 리더가 WHY에서 출발하고자 노력한다면 조직에는 낙관주의가 퍼지고 혁신이 꽃필 것이다. 이 책에서 보여주듯 성공 사례가 여럿 있다. 조직 규모나 산업, 제품이나 서비스가 어떻든 간에 우리가 WHY로 시작하고 다른 사람도 그렇게 하도록 열의를 불어넣는다면 우리는 함께 세상을 바꿀 수 있다.

그리고 각자 하는 일에서 영감이 샘솟을 것이다.

◆◆◆

이 책을 읽고 열의를 얻었다면 당신이 열의를 주고 싶은 사람에게 전해주길 바란다.

나오며 나는 왜 이 일을 하는가

리더가 되기 위한 절차를 거치기 전에 우리는 리더에 대해 분명한 정의를 내리고 이에 동의해야 한다. 리더십은 권력이나 권위가 아니다. 그보다 인간적이다. 리더가 되는 데는 오직 한 가지, 따르는 사람들이 필요하다. 이들은 리더가 가는 길을 자진해서 따라나선 사람들이다. 누군가가 지시해서가 아니다. 보상이나 협박 때문도 아니다. 단지 리더를 신뢰하기에 따르는 것이다. 여기서 중요한 점은 '사람들이 왜 리더를 따르고 싶어 하는가'에 있다.

개인이나 조직이 진정한 리더가 되고 싶다면 사람들이 따르고자 하는 마음을 가질 수 있도록 사고하고 말하며 행동해야 한다. 리더십이란 항상 '사람'을 이끄는 일이다. 사람이 아닌 '회사'의 리더가 될 수는 없다. 회사는 법적인 개념이므로 체계를 관리하는 것에 가깝다. 따라서 회사를 이끄는 사람은 진정한 리더가 될 수 없다. 진정한 리더는 오직 '사람'의 리더가 되어야 한다. 그러려면 두 가지가 필요하다.

낯선 사람들과 보트 투어를 떠나서 배가 무인도에 갇혔다고 상상해보자. 그곳에서 어떻게 탈출할 수 있을까? 몇몇은 겁에 질렸고 몇몇은 탈출 방법을 찾으려고 작은 무리를 형성한다. 그때 누군가 일어서서 선언하듯 말한다. "제가 리더가 되겠습니다." 인간은 사회적 동물이라 자연스레 리더를 따른다.

리더는 앞으로 나가서 이렇게 묻는다. "탈출 방법이 생각나신 분 있나요?" 그때 한 사람이 손들고 말한다. "불을 피워 지나가는 배나 비행기가 볼 수 있게 합시다." 리더가 대답한다. "좋은 생각이네요." 그러자 다른 사람이 "잠시 갇힐 수도 있으니 식량을 찾아야 해요"라고 말한다. 리더는 이번에도 "좋은 생각이네요"라고 대답한다. "비바람과 추위를 피해야 하니 은신처부터 만듭시다." 리더는 엄지손가락을 치켜세운다. "그것도 좋은 생각이군요. 그럼 투표로 정합시다."

그때 누군가가 일어서서 이렇게 말한다. "해안가로 들어올 때 섬 서쪽에 돛대 몇 개가 있었고 거기서 연기가 피어오르는 것을 봤습니다. 어촌이 있는 게 분명해요. 그리로 가면 도움을 받을 수 있을 겁니다. 그런데 그곳으로 가려면 무성한 숲을 통과해야 해서 혼자 가기가 힘들 것 같습니다. 저와 함께 나설 분이 있다면 좋겠습니다. 함께 가지 못하더라도 걱정하지 마십시오. 도움을 받게 되면 데리러 오겠습니다."

당신이라면 누구를 따르겠는가? 여러 사람에게 탈출 방법을 물은 첫 번째 사람인가 아니면 숲을 통과해 도움을 요청하자고 한 두 번째 사람인가? 두 사람 다 자신감이 있으며 사람들을 무인도에서 탈출시키고 싶어 한다. 하지만 우리가 누구를 따를지는 너무나 명백해서 질문 자체가 어리석게 느껴질 정도다. 우리는 두 번째 사람을 따르고 싶어 한다.

그런데 우리 중 누구도 어촌을 보지 못했다는 사실을 명심해야 한다. 사진도 없고 자료도 없다. 우리에게는 미래를 긍정하는 그의 신념과 밝은 미래를 명확히 상상하도록 돕는 소통 능력뿐이다.

리더에게는 두 가지가 필요하다. 아직 존재하지 않는 세상을 향한 비전과 이를 명확히 전할 소통 능력이다. 두 번째 사람의 경우 어촌에 도움을 요청하겠다는 계획을 공유하지 않고 첫 번째 사람에게 "그렇게 해선 탈출할 수 없어요"라고 말한 뒤 혼자 어촌이 있는 쪽으로 갈 수도 있었다. 그랬다고 해도 사람들을 탈출시켰다면 그는 선구자라고 불릴 테지만 비전을 전달할 능력이 없는 사람은 리더가 될 수 없다. 우리는 비전을 분명하게 드러내는 능력이 부족한 사람과 일하는 경우가 많다. 그들은 마음속에 답을 정해두고 아무도 이해하지 못한다며 좌절한다. 그러나 조직 구성원은 그들이 보는 것을 보지 못한다. 비전을 제대로 제시하지 못하면 그들은 선구자 이상의 진정한 리더가 될 수 없다.

말재주가 좋고 소통 능력이 뛰어난 사람도 있다. 하지만 비전이 없는 이들은 단지 뛰어난 소통가일 뿐 리더는 아니다. 두 번째 사람은 우리가 힘을 모아야 한다는 주제로 기운을 북돋우는 연설만 할 수도 있었다. 그랬다면 우리는 희망을 잠시 느꼈겠지만 무인도를 탈출할 방법은 알지 못했을 것이다. 그래서 리더에게는 두 가지, 아직 오지 않은 세상을 향한 비전과 이를 전달하는 능력이 필요하다.

비전은 어디에서 오는가? 바로 WHY의 힘에서 나온다. 비전은 우리가 상상하는 세상이자 WHY를 추구해 눈으로 볼 수 있는 변화를 만드는 것이다.

리더는 훌륭한 아이디어를 혼자 내는 사람이 아니다. 참여를 원하는 이들에게 지지를 보내는 사람이다. 리더가 홀로 성취할 수 있는 일은 거의 없다. 그러므로 사람들이 집단 이익을 위해 힘을 합하도록 열의를 불어넣어야 한다. 또 진정한 열의로 자발적인 행동을 끌어내야 한다. 리더는 '무엇을 해야 하는가'에서 시작하지 않는다. '왜 이 일을 해야 하는가'에서 시작한다.

옮긴이 윤혜리

중앙대학교 영어영문학과를 졸업하고 금융기관에 근무하던 중 영어를 우리말로 적절하게 옮기는 데 흥미를 느껴 출판번역을 시작했다. 글밥아카데미 수료 후 바른번역 소속 전문 번역가로 활동하며 정확하면서도 공감을 불러일으키는 번역으로 독자들에게 가치 있는 책을 전하는 데 보람을 느끼고 있다. 옮긴 책으로 『리더 디퍼런트』『내_일을 쓰는 여자』『긱 워커로 사는 법』『어떻게 원하는 미래를 얻는가』 등이 있다.

스타트 위드 와이

나는 왜 이 일을 하는가

초판 1쇄 발행 2021년 10월 26일
초판 12쇄 발행 2024년 9월 4일

지은이 사이먼 시넥
옮긴이 윤혜리
펴낸이 최동혁
디자인 this-cover.com

펴낸곳 (주)세계사컨텐츠그룹
주소 06168 서울시 강남구 테헤란로 507 WeWork빌딩 8층
이메일 plan@segyesa.co.kr
홈페이지 www.segyesa.co.kr
출판등록 1988년 12월 7일(제406-2004-003호)
인쇄·제본 예림

ISBN 978-89-338-7168-3 (03320)